우리, 학교교과서 만들자

우리, 학교교과서 만들자

펴 낸 날/ 초판1쇄 2021년 10월 15일
　　　　　초판3쇄 2022년 9월 30일
지 은 이/ 이윤미

펴 낸 곳/ 도서출판 기역
펴 낸 이/ 이대건
편　　집/ 책마을해리

출판등록/ 2010년 8월 2일(제313-2010-236)
주　　소/ 전북 고창군 해리면 월봉성산길 88 책마을해리
　　　　　경기도 파주시 회동길 363-8
문　　의/ (대표전화)070-4175-0914, (전송)070-4209-1709

ISBN 979-11-91199-24-6 93370

우리,

학고고과목으로 고육과정 개발

학교교과서

만들자

이윤미 지음

ㄱ

학교교과목은
교사교육과정을 담는 그릇이자 형식이다

이 책은 필자가 썼던 교육과정 관련 논문 여덟 편을 모아 재구성한 것으로, 필자가 재직하고 있는 학교의 '학교교과목 이야기', 필자가 평소 교육과정에 관해 생각해온 다양한 '교육과정 이야기'로 이루어져 있다. 교육과정 실천가이자 연구자로서 갖고 있던 생각들을 동료 교사들과 나누고 싶은 마음에 논문을 책으로 엮어보았다. 이 책이 교육과정에 관한 자신만의 관점과 철학을 튼튼하게 세우는 데 기여할 수 있기를 바란다.

이 책을 읽기 전에 꼭 알아야 할 세 가지!

하나, '교육과정 재구성'에서 '교사교육과정 개발'로의 전환이 필요하다.
'교육과정 재구성'에서 '교육과정'은 무엇을 의미하는지 명확하지 않고, 이미 있는 것을 가져다 다시 구성한다는 의미인 '재구성' 또한 교사의 창조성, 자율성의 의미를 퇴색시키는 단어이다. 따라서 필자는 교육과정을 만든 주체에 따라 국가교육과정, 지역교육과정, 교사교육과정(학교, 학년, 학급교육과정 포함)이라 명확히 하고, 여기에 '개발'이라는 단어를 조합해서 교사교육과정 개발'이라는 용어를 사용할 것을 제안한다.

'교사교육과정'의 의미

교사교육과정은 교원이 교육과정 문해력을 바탕으로 학생의 삶을 중심에 두고 국가, 지역, 학교교육과정의 기반 위에 학교공동체의 철학을 담아 계획하고 실천하면서 만들어가는 교육과정이다. 교사교육과정을 통해 교사는 교육과정-수업-평가 전문성을 높일 수 있으며, 이를 학급(교실) 단위, 학년 단위, 학교 단위로 실천할 수 있다. 교과서 재구성, 성취기준 활용, 성취기준 재구조화, 성취기준 개발 등의 유형으로 실현한다. 개발된 교사교육과정을 토대로 범위와 계열성을 갖춘 교과목은 학교운영위원회의 심의를 받은 후 학교교육과정에 학교교과목으로 편제할 수 있다.(전라북도 초등학교 교육과정 총론, 고시 제2021-12(2021.8.30))

둘, '학교교과목'은 '교사교육과정'을 담는 그릇이자 형식이다.

'교사교육과정 개발'이 화두가 되고 있는 현시점에서 교사교육과정을 담을 그릇이 필요하다. 이 그릇의 이름은 무엇이어야 할까? 나는 교사가 만든 교육과정을 '재구성', '활동' 등의 차원으로 인식하는 것에서 벗어나 '학교교과(school subject)'로 부르는 것이 적절하다고 생각한다. 그러나 현재 우리나라는 교사에게 '교과' 개설 권한이 없어 '교과'라고 부를 수 없는 상황이다.

이에 전라북도교육청 및 학교 현장에서는 '교과'와 '과목'의 의미를 모두 포함한 '학교교과목'이라는 명칭을 사용하고 있다. 이 책 또한 현재 상황을 반영하여 '학교교과목'이라는 용어를 사용하고 있다. 그러나 독자들은 '학교교과목'을 '학교교과'로 읽어주면 좋겠다. 이 두 가지 용어를 같은 것으로 생각하면 좋겠다.

필자는 머지않은 미래에 '학교교과'로 당당하게 표기할 수 있는 날이 올 것이라 믿는다. 그리고 이 책이 그런 날을 조금이라도 앞당길 수 있기를 기대한다.

'학교교과목'의 의미

단위학교의 교사교육과정 차원에서 교과와 범교과 영역을 포괄하여 지역과 학생의 실정에 맞게 학교 자체적으로 범위와 계열성을 갖추어 개설하는 교과목이다. 학교는 학교교과목을 주제에 따라 교과 내 또는 교과 간 통합으로 개발하여 실천할 수 있다. 주요 주제에는 마을, 언어, 수리, 사회탐구, 과학 탐구, 예술 및 신체 활동, 민주시민, 환경, 인권, 평등, 평화 등이 있다. 국가 교육과정의 교과(군)별 기준 수업 시수의 20% 범위 내에서 교과 시수를 감축하여 창의적으로 편성·운영할 수 있다.(전라북도 초등학교 교육과정 총론, 고시 제2021-12(2021.8.30))

셋, '학교교과목 확산'으로 2022 개정 교육과정의 '편제'를 바꾸어보자.

전라북도 지역 혁신학교를 중심으로 '학교교과목'을 학교교육과정 편제에 넣는 사례가 늘고 있다. 필자가 근무하는 이리동산초등학교의 경우, 학교교육과정 편제가 '교과', '학교교과목', '창의적 체험활동' 세 개로 구성되어 있다. 전라북도 이외의 지역에서도 학교교과목 개발이 활발해진다면 향후 개발될 2022 개정 교육과정에 영향을 미칠 수 있지 않을까? 가능하다면 '학교교과목'이 아니라 '학교교과'라는 이름으로 편제가 추가되기를 기대한다.

아래 제시된 교과의 의미를 살펴보며 '교과'라는 개념이 국가교육과정이나 학교교육과정 영역을 구분하지 않고 모두 사용할 수 있는 개념이라는 점을 기억했으면 좋겠다.

'교과'의 의미

- 교육내용을 학교교육의 목적에 맞게 조직해 놓은 묶음(서울대학교 교육연구소, 1999)

- 어떤 고정된 실체의 이름이 아니라, 각 급 학교의 교육과정에서 수업과 학습을 위한 활동 영역의 단위(이돈희, 1994)

- 학교교육 목적에 맞는 교육내용을 선정하고 이를 묶은 것의 이름으로 일련의 교육내용을 모아 놓은 범주 명(김현규, 2020)

※ '교과'라는 개념은 국가교육과정이나 학교교육과정 영역을 구분하지 않고 모두 사용할 수 있는 개념으로 볼 수 있음.

"함께 꾸는 꿈은 현실이 됩니다."

2021년 9월 이윤미

함께 만들고 가르치는 수업 속에서
'선생님'이라는 자긍심을 느껴

이리동산초에서 학교교과목을 접하며 새로운 세계를 경험했습니다. 교육과정 문해력, 전문성 신장, 교육과정 자율성 등 교사라면 누구나 품고 있을 갈증과 고민을 해소하는 장치가 학교교과목입니다. 교사들은 이미 교육과정 재구성이나 교사교육과정 개발을 실천하고 있지만 구조적, 제도적 한계로 교사의 교육과정 자율성이 제한되는 현실에 답답함과 안타까움을 느끼고 있습니다.

학생을 중심에 둔 살아 있는 교육이 필요하다는 목소리는 많지만, 실제 교육은 지역과 학교, 학생의 상황은 뒤로 한 채 교과서 중심의 획일적인 교육이 이루어지는 경우가 많습니다. 이러한 현실에서 벗어나기 위해서는 혁신적인 대안이 필요합니다. 우리 학교를 소재로 자신이 주인공이 되는 수업에서 아이들은 행복해합니다. 동료들과 함께 학교 철학을 세우고 학교교과목 교육과정을 개발하는 과정에서 교사들은 함께 성장합니다. 함께 만들고 가르치는 수업 속에서 '선생님'이라는 자긍심을 느끼게 합니다. 앞서 걸어간 발자국이 없는 땅에서 길을 만드는 일은 결코 쉬운 일이 아니지만, 학교교과목을 놓지 못하는 이유가 바로 여기에 있습니다.

학교교과목은 학교의 특성과 학생의 경험을 중심에 두고 교사들이 함께 개발하는 그 학교만의 고유의 교육과정입니다. 이 책에는 저자가 실제 학교 현장에서 동료들과 함께 학교교과목이라는 새로운 길을 만들어온 여정이 생생하게 드러나 있습니다. 학교교과목이 낯선 선생님들에게 이 책은 학교교과목의 필요성과 개발 과정뿐 아니라 교육과정에 대한 안목을 길러주는 든든한 길잡이가 되어줄 것입니다.

조현정(이리동산초등학교 연구·혁신부장)

지역 교육환경에 맞게 운영되는
현장 교사교육과정

사실 학교교과목에 대한 저서의 추천사를 쓰는 날이 이렇게 빨리 올지 상상하지 못했습니다. 이윤미 선생님이 지난 1년 동안 학교에서의 교육과정 운영과 틈틈이 연구한 논문을 중심으로 학교교과목 관련 책을 낸다고 했을 때, 선생님이 하는 일은 어떤 상황에 놓인다 해도 적극적으로 지지한다고 했는데, 이 말이 추천사의 씨앗이 되지 않았나 생각합니다.

학교교과목 관련 정책은 교육과정 재구성 역량을 키워주기 위한 연수를 진행할 때 멘토 교사로 참여한 한 교사가 '우리는 언제까지 누군가 만들어 놓은 교육과정을 번역만 해야 하나요?'라고 물으며, '자신이 교육과정을 직역하지 않고 의역하며 교육과정 문해력을 키울 수 있었던 것은 나만의 교육과정을 구성하여 운영한 경험이 있기 때문'이라고, '나에게 어떤 권한이 주어졌는지 명료하게 제시해주고, 그 권한으로 실천한 것을 담을 수 있는 그릇을 만들어달라'는 요구에서 시작되었습니다.

정책을 기획하고 추진한 사람으로서 교육과정 대강화나 교육내용 난이도 등에 관한 현장 교사들의 문제 제기와 변화 요구를 검토하며, 전북교육청은 국가 차원의 제도 변화를 수동적으로 기다리기보다 학교교육과정 발전을 막는 제도를 먼저 변화시키고, 학교에 주어졌다고 하는 자율권 20%를 기존 틀에 기형적으로 맞추기보다 이를 '학교교과목'이라는 틀로 구체화하여 지역 교육 환경과 학생 발달 상황에 맞게 운영되는 현장의 교사교육과정을 오롯이 담아내야 한다고 생각했습니다.

이는 국가에서 준 교육과정을 주어진 다양한 환경에서 묵묵히 실천해온 현장 교사들의 목소리를 존중해야 하며, 이제는 교사들이 구성하는 교육과정을 담을 그릇을 만들어주어서 혁신학교가 운동적 차원에서 제도적 변화의 차원으로 전환해야 하며, 그들의 땀에 '응답해야 한다'는 교육 정책을 담당하는 장학사로서의 책무성을 띤 발걸음이었습니다.

이를 통하여, 국가에서 독점해온 교과를 매개로 교실에서 학생들을 직접 만나는 교사들의 목소리를 담아서 교실 현장과 연구·개발 사이의 교육과정 차이(간격)를 극복하거나 좁히고자 했습니다. 교사들이 국가에서 정한 규범화된 교과 지식 전달자라는 역할에서 교육과정 운영의 경험 지식에 기반한 새로운 교과 연구·개발·실현자로 살 수 있도록 그들의 교육과정 운영을 지지하고 보충함으로써 교육과정에 대한 '효능감', '존재감'을 찾아주고자 했습니다.

이는 평생을 교실에서 제자들을 가르친 교사들이 그 누구보다도 더 존경받는 교육과정 문화를 만들고자 하는 작은 꿈에서 시작된 발걸음이었습니다.

마음속에 있는 자기 목소리를 내지 못하면 권리를 찾지 못하고, 자기 권리를 인식하지 못하면 권한이 주어져도 제대로 활용하지 못하기에 교사들에게 교육과정과 관련된 자기 목소리를 낼 수 있는 환경을 조성해 주는 것이 우리나라 교육과정 발전을 위해서 중요한 정책이라 생각합니다.

이 책이 씨앗이 되어 초등학교 교사들이 '교육과정 생산자'로서 우뚝 서며, 학교교과목이 대한민국 교사들에 의해서 아름드리나무로 자라나기를 소망합니다.

이현근(전라북도교육연구정보원 연구사)

| 차례 |

펴내는 글 ········ 004

추천글 ········ 008

Ⅰ. 학교교과목(School Subject) 이해하기 ········ 015

 1. 학교교과목, 그게 뭐지? ········ 017

 2. 학교교과목, 어떻게 만들지? ········ 049

 3. 학교교과목, 어떤 모습일까? ········ 103

 4. 학교교과서를 소개할게 ········ 142

 5. 학교교과서, 어떻게 만들지? ········ 150

 6. 학교교과목 Q&A ········ 184

Ⅱ. 교사교육과정 개발을 위한 관점 세우기 ········ 187

 1. 아비투스로 교육과정 실행 탐색하기 ········ 189

 2. 교육과정을 바라보는 다양한 시선들 ········ 226

 3. 교육과정 실행의 다양한 모습들 ········ 259

 4. 창의적 체험활동 다시 보기 ········ 290

참고문헌 ········ 326

I
학교교과목 이해하기
(School Subject)

1. 학교교과목, 그게 뭐지?

2. 학교교과목, 어떻게 만들지?

3. 학교교과목, 어떤 모습일까?

4. 학교교과서를 소개할게

5. 학교교과서, 어떻게 만들지?

6. 학교교과목 Q&A

1부의 주인공 이리동산초등학교

이리동산초등학교는 1941년에 개교한 30개 학급, 725명 학생 수(2021년 5월 기준) 규모
의 학교이다. 이 학교는 2015년 '혁신학교', 2019년 '광역형 혁신+학교 준비 학교', 2020
년 '광역형 혁신+학교'로 지정된 바 있다. 이리동산초등학교는 '광역형 혁신+학교 준비
학교'로 지정받은 2019학년도부터 본격적으로 학교교과목을 개발하기 시작했고, 2021
년 현재 전라북도에서 가장 적극적으로 학교교과목 개발을 추진하고 있다.

1. 학교교과목, 그게 뭐지?[1]

숲과 인간, 학교 철학, 감성, 자립, 집짓기와 농사짓기, 형태 그리기, 오이리트미[2] 수공예, 동네학, 사물학…

위에 제시된 단어들은 산청 간디학교와 청계자유발도르프학교의 교육과정 편제표에 나오는 과목 이름이다. 교육과정이라는 용어를 접했을 때 2015 개정 교육과정과 같은 국가교육과정이나 국어, 수학과 같은 특정 교과 이름을 떠올리는 사람들에게는 이러한 과목 이름들이 생경하게 다가올 것이다. 그러나 위에 제시된 과목들은 해당 학교가 지향하는 가치와 철학을 바탕으로 만든 학교교육과정의 구성물이고, 현재 학생들이 실제로 배우고 있는 교육과정이다.

이런 과목들은 불과 얼마 전까지만 해도 공립학교가 아닌 대안학교에서나 운영 가능한 것으로 인식되어 왔다. 그러나 교육자치 일환으로 '교육과정 자치' 개념이 도입되고, 교육과정의 지역화, 분권화, 자율화가 지속적으로

---

1) 이 글은 다음 논문을 재구성한 것임. 이윤미(2020), 「한 초등학교에서 개발한 '학교교과목'의 의미 탐색」, 초등교육연구, 33(3), 27-48.

2) 오이리트미(Eurythmie)는 그리스어로 '아름다운 리듬', '아름다운 움직임'이라는 뜻으로 언어와 음악을 움직임으로 표현한다. '발도르프' 교육의 창시자인 독일 인지학자 루돌프 슈타이너(1861~1925)가 창안, 1912년 선보였다.

추진되면서 학교교육과정, 교과, 과목을 바라보는 새로운 시선들이 등장하고 있다. 이에 대안학교뿐 아니라 일부 공립학교에서도 중앙정부에서 설정한 기준과 방향에서 크게 벗어나지 않으면서도 해당 학교가 지향하는 철학, 처한 환경과 여건, 학생의 경험과 요구를 반영한 교육과정을 개발하며 교육과정의 학교화, 학생화를 추구하고 있다. 그리고 이를 반영하듯 학교 차원의 과목(이하 학교교과목[3]) 개설을 통한 학교교육과정 활성화 정책이 본격적으로 등장하고 있다(전라북도교육청, 2019).

최근 초등교사의 교육과정 재구성 행위와 현상을 살펴보면 교사 차원에서의 프로젝트 수업, 주제통합 수업과 같은 교사교육과정 개발을 쉽게 볼 수 있다. 이런 행위와 현상들은 지역과 학교 단위 교육과정 개발의 바탕이 되어 학교 차원의 교과목 개설에 대한 기대를 높여주고 있다. 그러나 아직까지는 초등교사가 개발한 교육과정을 교육과정이 아닌 수업 차원으로 바라보는 시각이 다수를 이루고 있어 교사교육과정이 학교 차원의 교과목으로 발전할 수 있는 제도적 장치는 마련되지 못하고 있다(김현규, 2020).

일부 시·도교육청은 초등학교에서도 과목 생성이 가능하다는 교육과정 편성·운영 지침을 내리고 있지만(울산광역시교육청, 2018; 충청북도교육청, 2016) 이를 적극적으로 추진하지 않고, 그 외 대다수 시·도 교육청은 초등학교의 선택과목 개설 권한과 절차조차 명확하게 안내하지 않아 과목 개설을 시도하는 초등학교를 찾기 어려운 실정이다. 이렇듯 과목 생성을 통해 학교교육

---

3) 2015 개정 교육과정 문서에서는 '과목'이라는 용어를, 전라북도교육청에서는 교과와 과목을 포괄하는 '교과목'이라는 용어를 사용하고 있다. 전라북도교육청은 이 용어의 의미를 '학교에서 지역과 학생의 실정에 맞게 학교 자체적으로 개설할 교과목', '교과와 범교과 영역을 포괄하여 언어적 사고, 수리적 탐구, 사회적 탐구, 과학적 탐구 및 마을교육과정 운영을 위한 통합교과 영역들을 위하여 학교에서 지역과 학생의 실정에 맞게 학교 자체적으로 개설한 것'으로 제시하고 있다. 이를 통해 전라북도교육청은 '학교교과목'을 현 교과 아래의 과목 신설뿐만 아니라, 교과와 범교과 주제를 포함하는 통합교과 성격의 교과 생성까지 아우르는 개념으로 사용하고 있음을 알 수 있다. 이 책에서는 전라북도교육청이 제안하는 '학교교과목'이라는 용어와 의미를 그대로 사용하였다.

과정을 활성화하려는 학교가 거의 없는 현실에서 전라북도교육청이 2019년부터 추진하고 있는 초등학교 학교교과목 개설 정책은 현장 교사들로부터 관심과 호응을 받고 있다.

전라북도교육청은 2018년부터 해당 학교구성원들이 학교 교육철학 및 비전을 구현하는 학교교육과정을 개발하고, 이를 학교교과목이라는 이름으로 공식화하여 학교교육과정 편제에 포함할 수 있도록 하는 정책을 본격적으로 추진해 왔다. 그리고 이러한 정책이 제대로 구현될 수 있도록 구체적 계획을 수립하여 안내하고 있다. 또한 '광역형 혁신+학교'를 지정하여, 학교의 학교교과목 개발과 관련한 실험과 연구를 동시에 추진하고 있다(전라북도교육청, 2019, 2020).

이 글에서는 전라북도교육청 소속 '광역형 혁신+학교' 중 학교교과목 개발을 적극적으로 시도하고 있는 이리동산초등학교에서 개발한 학교교과목 사례를 제시하고, 그 의미를 탐색하고자 한다. 이를 위해 2019년에서 2020년부터 이리동산초등학교에서 생산한 학교교과목 관련 문서 분석, 교사들과 인터뷰를 통해 학교교과목 개발 및 실행 과정을 기술하고, 이를 바탕으로 학교교과목이 갖는 의미를 논의하였다.

1) 교과, 과목, 교과목의 의미 구분과 개발 근거 탐색

19세기 이후 학교에서 가르치는 교과는 국가가 관리하고 있고(Boyd, 1921), 우리나라 또한 국가교육과정 개발을 통해 새로운 교과를 생성해왔다(함종규, 2003). 이러한 사실에 익숙한 이들에게 학교에서 교과목이 생성될 수 있다는 것은 낯선 현상일 수 있다. 그러나 일반적으로 국가는 거시적인 시대변화나 사회문화 변화를 고려할 수는 있지만, 미시적인 학교의 모든 상황을 고려하기는 힘들 뿐 아니라 학생에게 탄력적으로 적응하는 교과를 만들기 어렵다. 이런 점에서 각 국가는 국가 차원 교육과정 공통성과 학교 차원 교육과정 자율성, 이 둘의 상보적 관계를 고려하여 지역이나 학교에서 특정 교과를 선택할 수 있는 권한을 주기도 한다.

국가마다 중앙의 필수교과와 지역 및 학교의 선택교과를 마련하는 방식을 취하는가 하면, 중앙의 필수교과를 대상으로 학교별로 새로운 교과목을 생성하도록 요구하기도 한다. 우리나라(특히 초등학교)의 경우에는 실제로 후자의 현상이 나타나고 있다. 초등교사들은 교육과정 재구성이나 동학년 교사교육과정 개발을 통해 국가 수준의 필수교과를 대상으로 지역이나 단위학교에서 새로운 학습주제(subjects)로 수업을 만들고 있다. 법률적인 근거나 교육과정 관련 공식적인 문서들, 시·도 교육청 지침 등을 살펴보면, 학교에서 이런 방식의 학습주제를 개발해서 운영하도록 분위기를 조성하고 있고, 이런 주제들을 단위학교의 교과목 생성으로 진화하게 하려는 논의들을 진행하고 있다.

이런 논의를 좀 더 활성화하기 위해서 무엇보다 먼저 교과, 과목, 교과목이라는 개념을 구분할 필요가 있다. 교과가 Tyler(1949)의 학습경험 조직의 구조요소 중 광역(broad fields) 수준이라면, 과목은 교과 세부 영역들에 해당한다. 즉, 국어, 도덕, 사회, 과학 등은 교과이지만, 문학, 문법, 작문, 화법 등은 국어 세부 영역에 속하는 과목에 해당한다. 이러한 맥락에서 우리나라 교육과정의 교과 편제표에서는 교과와 과목을 구분하고 있으며, 이 두 가지를 모두 아우르는 개념이 교과목이다(교육부, 1997; 교육부, 2015c).

첫째, 법률 측면에서 교과 생성 주체를 확인해볼 수 있다. 초·중등교육법

제23조 제3항은 '학교의 교과(敎科)는 대통령령으로 정한다'고 명시하고 있으며, 초·중등교육법 시행령 제43조에서 구체적인 내용을 진술하고 있다.

제43조(교과) ① 법 제23조 제3항에 따른 학교의 교과는 다음 각 호와 같다.

1. 초등학교 및 공민학교 : 국어, 도덕, 사회, 수학, 과학, 실과, 체육, 음악, 미술 및 외국어(영어)와 교육부장관이 필요하다고 인정하는 교과

…

4. 특수학교 및 고등기술학교 : 교육부장관이 정하는 교과

② 다음 각 호의 어느 하나에 해당하는 고등학교의 장은 산업계의 수요를 교육에 직접 반영하기 위하여 필요한 경우에는 제1항 제3호의 교과와 다르게 자율적으로 교과(제1호에 해당하는 학교의 경우에는 해당 학과의 교과로 한정한다)를 편성·운영할 수 있다. <신설 2013.10.30., 2017.1.10.>

1. 제76조의3 제1호에 따른 일반고등학교 중 산업 분야의 인재 양성을 목적으로 하는 학과로서 교육감이 지정한 학과를 설치·운영하는 고등학교

…

(대통령령 제28686호)

초·중등교육법 시행령 제43조에서는 교과 생성권을 법으로 정하도록 규제하면서 그 권한을 교육부장관에게 주고 있다. 2013년 이 법을 개정하면서, 산업수요 맞춤형 고등학교와 산업 분야 인재 양성 관련 특성화고등학교에 교과 생성권을 주었고, 2017년부터는 일반고등학교 중 산업 분야의 인재 양성을 목적으로 하는 학교에 교과를 생성하는 권한을 부여하고 있다. 즉 여기에서 학교 교과 생성은 '산업 분야'라는 요구조건이 충족되는 고

등학교에 한정하여 권한을 부여하고 있다.

둘째, 교육과정 문서에서는 고등학교에서 과목을 개발할 수 있음을 진술하고 있다. 일반고등학교에서 과목을 생성할 수 있도록 하는 내용은 제6차 교육과정에 처음 등장한 이후로 개정을 거쳐 왔다. 현행(2015 개정) 교육과정에 의하면 중학교와 고등학교에서 새로운 과목을 개설할 수 있다.

[중학교]

학교는 필요한 경우 시·도 교육청의 교육과정 편성·운영 지침에 의거하여 사전에 필요한 절차를 거쳐 새로운 선택 과목을 개설할 수 있다. 즉 국가 수준에서 제시한 선택 과목[한문, 환경, 생활 외국어(독일어, 프랑스어, 스페인어, 중국어, 일본어, 러시아어, 아랍어, 베트남어), 보건, 진로와 직업 등] 외에도 학교는 필요한 경우, 시·도 교육청에서 정한 절차에 따라 새로운 선택 과목을 개설할 수 있다.(교육부, 2015b: 70)

[고등학교]

학교가 국가교육과정에 제시된 과목 이외에 새로운 과목을 개설하고자 할 경우 시·도교육청의 승인절차를 거쳐야 한다. 이때 새로운 과목이라는 것은 국가교육과정에 제시된 과목과 성격, 목표, 내용 등이 다른 과목을 의미한다. 따라서 시·도 교육청의 지침에는 국가 수준 교육과정의 체계에 준하여 과목 개설의 필요성, 교육과정 편성안, 지도 교사 확보 계획 등에 관한 사항을 포함하는 것이 바람직하다. 아울러, 학교의 필요에 의해 신설된 과목은 진로 선택 과목으로 편제한다.(교육부, 2015c: 93)

이에 교육과정 문서에서는 중·고등학교의 과목 신설에 대한 지침을 규정하고, 교육과정 연구 분야에서는 주로 고등학교에 신설해서 운영하는 과목들을 분석하고 연구하는 데 집중되어 있다(성열관 외, 2018; 이현애, 2017; 홍원표 외, 2018).

셋째, 초등학교에서의 교과목 생성은 시·도 교육청 편성·운영 지침에 의거하고 있다. 울산과 충청북도교육청은 초등학교에서의 교과목 생성에 대해 다음과 같은 지침을 제시하고 있다.

> 학교가 국가교육과정에 제시되지 않은 교과목을 설치, 운영할 수 있도록 관련 지침을 학교에 제공하고 학교로 하여금 필요한 사전 절차를 밟도록 지원한다.(울산광역시교육청, 2018: 33; 충청북도교육청, 2016: 18)

시·도 교육청 편성·운영 지침에는 없지만 실제로 초등학교 교과목을 자세히 규정한 곳은 전라북도교육청이다. 전라북도교육청은 '혁신교육 기본계획'을 통해 초등 혁신학교 교과목 생성에 대한 근거를 마련하였고, 이를 일반학교로 확대하기 위하여 2021년 8월 전라북도 초등교육과정 총론을 개발, 고시하였다. 전라북도교육청은 2019년부터 학교교과목 개설을 실험하고 연구하는 광역형 혁신+학교를 지정하여 초등학교의 학교교과목 개발을 확대하기 위해 노력하고 있다. 즉, 전라북도교육청이 가장 적극적으로 초등학교에서의 학교교과목 생성을 추진하면서 학교교과목 개설 기반을 마련하고 있다(전라북도교육청, 2020).

> 교과를 주제(Subject)에 따라서 주제 관련 교육내용(교과지식)으로 묶어놓은 것으로 보고, 국가에서 제시한 편제와 전라북도교육청에서 제시한 편제를 포괄하여 학교 실정에 맞는 해당 영역(주제)별로 재편제할 수 있도록 한다. 이 과정에서 자율학교(혁신학교)에서 자체적으로 편제된 교과목을 학교교과목이라 부른다. 학교교과목은 교과와 범교과 영역을 포괄하여 언어적 사고,

수리적 탐구, 사회적 탐구, 과학적 탐구 및 마을교육과정 운영을 위한 통합교과 영역 등을 위하여 학교에서 지역과 학생의 실정에 맞게 학교 자체적으로 개설할 교과목을 말한다.(전라북도교육청, 2020: 43)

전라북도교육청에서는 '학교교과목'의 의미를 '학교에서 지역과 학생의 실정에 맞게 학교 자체적으로 개설할 교과목을 말한다'로 제시하고, 혁신학교와 자율학교에서 학교교과목을 생성할 수 있도록 안내하고 지원하고 있다.

2015 개정 교육과정 문서에서는 '과목'이라는 용어를, 전라북도교육청에서는 교과와 과목을 포괄하는(교육부, 1997) '교과목'이라는 용어를 사용하고 있다. 이는 현 교과 아래의 과목 신설뿐만 아니라, 새로운 교과 생성의 의미를 아우르고 있음을 의미한다. 전라북도교육청은 학교교과목을 교과와 범교과 주제를 포함하는 통합교과적 성격으로 안내하고 있다. 국가가 교과를 국가교육과정에서 규제해서 학교의 교육과정을 안정화하려고 한다면, 학교는 교과목을 개발하면서 교사에게 학교교육과정 개발에 필요한 자율성을 부여할 필요가 있음을 제안하고 있다.

이리동산초등학교는 2018년 10월 15일 학교교육과정을 개발하기 위한 간담회를 시작으로 본격적으로 학교교과목에 대한 논의를 시작했다. 그리고 2019학년부터 공식적으로 학교교과목을 개발하기 시작했다.

① 학교교과목 개발을 위한 간담회 개최

이리동산초등학교는 2018년 10월 15일 학교교과목에 대한 내부 구성원들의 이해를 돕기 위해 교사들이 자발적으로 간담회를 개최했다. 이 간담회에 전주교육대학교 L교수, 전라북도교육청 교육혁신과 J장학사, 경기도 삼

리초등학교 K교사가 참석하였다. 이 간담회에 참석한 28명은 '학교교과'의 필요성, '학교교과목' 개발의 가능성에 관해 이야기했다.

학교에서 교사가 개발하는 통합교육과정을 부를 수 있는 개념이 필요합니다. 이 점에서 '학교교과'라는 용어를 도입할 수 있습니다. 이 학교에서 운영하는 교육과정을 교과의 형태 또는 교과의 틀로 만들어놓는 것이 중요하다고 봅니다. … (그래야 전·출입으로) 교사들이 바뀌더라도 지속 가능할 수 있기 때문입니다.(2018. 10. 15. K교사)

교과인지 교과목인지 확실히 구별해야 할 것 같습니다. 전라북도교육청에서 생각하는 것은 '교과목'입니다. 교육과정 증감권 20퍼센트가 있으니, 학교에서 개발하는 교과목 시수를 확보할 수 있다고 봅니다. 이런 맥락으로 학교교과목 개설을 추진하고 있습니다.(2018. 10. 15. J장학사)

교사가 통합수업(통합교육과정)을 만들어서 하면, 대체로 창체(창의적 체험활동) 시수로 커버하면 된다고 말합니다. 그러나 실제로 통합교육과정을 개발해서 실행하다 보면, 창체 시수로 유지하기 힘듭니다. 제 경우 통합수업을 만들 때 관련이 있는 교과의 성취기준을 가지고 와서 시수를 확보합니다. 이렇게 제가 만든 통합수업을 증명하기 위해서는 교과의 성취기준과 시수를 연결하는 별도의 노력을 해야 합니다. 그리고 이렇게 개발한 통합수업은 NEIS에 기록할 수도 없습니다. 학교교과목을 만들면, 이 교과목을 증명하기 위한 별도의 수고를 생략할 수 있다는 점에서 확실히 의미 있어 보입니다.(2018. 10. 15. A교사)

각 교과의 수업 시수를 20퍼센트 감축시키고, 그렇게 모은 시수를 가지고 학교에 필요한 '학교교과목'을 개발해서 실행하는 것은 불가능하지 않습니다. 여기서 말하는 '학교교과목'은 결국 학교에서 교사가 개발하는 과목입니다. 물론 국공립학교 교사들은 5년마다 학교를 옮겨야 하는 상황에서, 이런 학교교과목이 지속 가능할 수 있는가는 고민이 됩니다. … (그럼에도 불구하고) 왜 학교교과목이 필요한가 하는 질문의 답을 생각해보면, '학교자치'라고 답할 수 있을 것 같습니다. 지역사회와 단위학교에 맞는 교육과정을 만드는데 학교교과목 개념은 유용하고 필요하다고 봅니다.(2018. 10. 15. L교수)

이날 간담회에 참석한 사람들은 학교교육과정을 개발해서 운영하는 것에 대한 저마다의 생각을 나누었고, 이 과정에서 이리동산초등학교 교사들은 K, J, A, L의 이야기를 긍정적으로 이해했다. 참석자 대부분은 학교에서 교사들이 만드는 교육과정을 명시적으로 가리키는 개념(용어)이 필요하다는 점에 대해 공감했고, 그 개념(용어)을 '학교교과목'이라고 부르는 것에 동의했다. 또한 국가교육과정에서 현재 제도적으로 보장하고 있는 수업 시수 20퍼센트 증감권을 활용하여 학교교과목을 만들어보자는 J장학사의 권고에도 긍정적으로 반응했다. 이 간담회 이후, 이리동산초등학교 교사들은 '광역형 혁신+학교'의 방향인 '학교교과목' 개발에 관심을 갖고 공감대를 형성하였다.

② '광역형 혁신+학교' 신청

2018년 10월 15일 간담회 이후, 이리동산초등학교 교사들은 학교교과목 개발에 중점을 둔 '광역형 혁신+학교'를 신청해보자는 분위기가 형성되었다. 이에 2018년 11월 26일 A교사가 '광역형 혁신+학교' 신청 안건을 교무회의에 상정했고, 이 안건은 만장일치로 통과되었다. 이리동산초등학교는 2019년 2월 13일 '광역형 혁신+학교'를 신청하여 2019년 3월 1일자로 전라북도 '광역형 혁신+학교 준비학교'로 지정받았다. 그리고 1년 동안 준비 기간을 거쳐 2020년 정식으로 지정받기로 하였다. 이리동산초등학교는 '광역형 혁신+학교' 지정 결과가 나오기 전부터 학교교과목 개발에 관한 논의를 공론화하기 시작했다. '광역형 혁신+학교' 지정 여부와 관계없이 학교교과목 개발을 시도해보기로 했기 때문이다. 2019년 2월 20일 교육과정 워크숍에서부터 2019학년도 학교교과목을 개발하기 시작했다.

③ 2019학년도 학교교과목 개발

이리동산초등학교는 음악, 미술, 체육을 제외한 나머지 교과에서 시수 20퍼센트를 순감하여 확보한 시수를 학교교과목 운영에 사용하였다. 이리동산초등학교의 학교교과목은 지금까지 개발해서 실행해온 통합수업 중에서 가치 있고 꾸준히 실행할 만한 것, 이리동산초등학교의 상황 및 해당 학년 학생의 상황을 반영한 것으로 구성되었다.

이리동산초등학교가 2019학년도 개설한 학교교과목은 '온작품 읽기', '적응과 성장', '계기교육', '꿈자람', '학교탐험'이다. 이 중 '온작품 읽기', '적응과 성장', '계기교육', '꿈자람'은 그동안 이리동산초등학교 교사들이 꾸준히 실행해오고 있던 것이며, '학교탐험'은 공간혁신 공사를 앞두고 추가로 개발한 것이다.

'온작품 읽기'는 학생들의 독서 수준을 고려해서 학년별로 온작품 읽기 도서를 체계화하고, 이 도서를 교재로 사용하면서 교과교육뿐만 아니라 생활교육, 인성교육에 종합적으로 접근할 수 있도록 개발한 교과목이다. 그동안 이리동산초등학교에는 온작품 읽기 교육을 적극적으로 실행해온 교사들이 많았다. 그러나 개별적으로 실행하다 보니 학년별로 도서와 활동이 중복되거나 수준의 심화가 체계적으로 진행되지 못하는 문제가 발생했다. 이에 온작품 읽기를 학교교과목으로 설정하고 도서목록을 정비하여 학년 간

2019학년도 학교교과목 현황

학교 교과목	1학년	2학년	3학년	4학년	5학년	6학년
	학년별 교과목명(시량)					
온작품 읽기	도서관에 간 우리(35)	온작품 읽기(50)	온작품 읽기의 즐거움(40)	삶 속에서의 책 읽기(26)	온작품 읽기 (20)	삶과 하나 되는 온작품(20)
적응과 성장	·모두가 꽃이야, 우리는 친구 (57)	·틀려도 괜찮아(10) ·함께 달리는 바퀴(10) ·우리들은 3학년(10)	·친구 사랑(20)	·친해지고 싶어 (1학기)(19) ·더 친해지고 싶어(2학기)(15)	·친해지고 싶어(8) ·나를 지켜요(8)	·친구가 되는 멋진 방법(7) ·나와 너를 이해하는 시간, 사랑(10)
계기교육	·추석, 우리나라(9)	·나라 사랑(7)	·미션 한가위 (12)	·지구를 부탁해 (14) ·잊지 않을게요 4·16(4) ·뿌리깊은 한글(7) 독수리 오형제(6)	·우리명절 한가위(6) ·자랑스런 한글 (4)	·가족과 하나되 는 멋진 방법(5) ·지구를 지키는 멋진 방법(5) ·민주시민이 되는 멋진 방법(20)
꿈자람	·꿈꾸는 우리(9)	·꿈자람(12)	·내가 만나는 오색빛깔 꿈(6)	·두근두근 꿈 레시피(12)	·꿈을 키우는 아이들(15)	·Love yourself, 꿈길(11)
학교탐험	·우리가 상상한 학교 (7)	·교실이와 계단이의 변신 (12)	·동산 크래프트 (10)	·네모의 꿈(16)	·꼬마 건축가 (15)	·생각하는 건축가(15)
총시수	117	111	88	119	86	93

중복을 해결하고, 학년이 올라갈수록 내용과 활동의 깊이가 심화될 수 있도록 개발하였다. 이 교과목은 20퍼센트를 순감하여 얻은 시수뿐 아니라 국어 교과와의 통합을 통해 시수를 추가로 확보하여 비교적 많은 시수를 배정하는 경향을 보였다.

'적응과 성장'은 기초 적응, 학기 말 성장, 사춘기, 예비 중학생 수업 등 학생들의 적응과 성장을 주 내용으로 한다. 이 교과목은 학생의 관계, 변화 등으로 구성되어 있어 삶에 큰 영향을 주지만, 교사에 따라서 실행하지 않는 교사도 있고, 실행하더라도 학생에 대한 이해도가 달라 교사에 따라 질적인 차이를 보였다. 이에 교사들이 협의를 통해 학생의 적응과 성장 관련 교육내용을 체계화하고 다양한 활동을 개발했다.

'계기교육'은 학년별 학생 수준에 따라 세시풍속, 사회, 환경, 정치 등의 주요 기념일을 선정하여 해당 시기에 가르쳐야 할 내용을 개발한 교과목이다. 계기교육은 학교 밖 세계와 쉽게 연계될 수 있어 교육적 효과가 높았으나, 5~6학년 정치 영역을 제외하고는 적절한 맥락과 연결점을 찾지 못해 2학기에는 학교교과목으로서의 존립 근거가 약해졌다.

'꿈자람'은 이리동산초등학교에서 해마다 9~10월 사이에 전체 학년이 동시에 실행해온 교육과정으로, 학생들이 자신의 꿈을 탐색하고 키워나갈 수 있도록 하는 교과목이다. 이리동산초등학교 교사들은 꿈을 키우는 교육이 단순히 직업을 탐방하는 것에서 벗어나 학생들이 자기 자신을 탐색하고, 자신의 꿈을 주제로 보다 의미 있는 교육을 할 수 있어야 한다고 생각했다. 이에 꿈을 탐색하고, 성장할 수 있는 교육내용과 활동으로 교과목을 구성하였다.

'학교탐험'은 학교 공간을 혁신하는 데 학생들이 주인공이 될 수 있는 권리를 보장하기 위해 개발한 교과목이다. 이 교과목을 통해 학생과 교직원들이 주체가 되어 공간을 설계하는 경험을 할 수 있었다. 학생과 교직원이 직접 만든 학교 설계는 추후 실제 공사를 통해 구현되었다.

④ 2019학년도 '학교탐험' 교과목 실행 사례

'학교탐험' 교과목은 이리동산초등학교 공간혁신 공사를 앞두고 있던 공간 구성에 대한 학생 의견과 생활을 반영하기 위해 개발한 교육과정이다. 이 교과목은 무엇보다 학생들의 공간 감수성과 공간 주권 개념을 교육과정에 담기 위해 시작한 교과목으로 다음과 같은 과정을 거쳐 개발·실행되었다.

첫째, 전체 교사가 함께 모여 각 학년에 적합한 공간과 영역에 대해 토의하였다. 그 결과, 학생들이 사용하는 교실과 복도는 필수로 하고 그 외 공간은 학년별로 나누기로 하였다. 1, 2학년은 학생들이 가장 자주 가는 놀이 공간, 3, 4학년은 운동장, 놀이터, 중앙현관, 5, 6학년은 새롭게 만들어질 본관과 후관 사이의 놀이 공간을 맡았다. 의견을 효율적으로 수렴하기 위해서 공간을 나누기는 했지만, 맡은 공간이 아니어도 수업 과정에서 학생들의 의견을 비교적 자유롭게 수렴하기로 했다.

둘째, 각 학년 교사들은 자신들이 가르치는 학생들에게 적합한 교과목 계획을 수립했다. 이 교과목을 실천하는 데 필요한 수업시수는 20퍼센트를 순감하여 확보한 시간뿐 아니라 교과목과 연관된 교과들을 연결하여 시수를 확보하였다. 이 과정에서 교사들은 자체적으로 성취기준을 개발했고, 이렇게 개발한 성취기준에 국가교육과정의 성취기준을 추가로 연결하여 시수를 확보하였다.

셋째, 각 학년에서 개발한 학교교과목 계획을 전체 학년이 공유하며, 학년의 수준과 내용을 조정하는 과정을 거쳤다. 이 과정은 각 학년의 교과목 계획, 성취기준, 구성한 활동들을 점검하면서 서로 조언하는 방식으로 진행되었다.

넷째, 각 학년에서 개발한 교과목 계획은 학년 상황에 맞춰서 자율적으로 실행하였지만, 종료일은 미리 정하였다. 이는 학교탐험 교과목의 마무리 활동인 '동산박람회'를 전체 학년이 함께하기 위해서였다. 이 마무리 활동을 통해서 학생들은 다른 학년에서 한 수업내용과 활동까지 공유할 수 있었다.

다섯째, 교과목을 실행하고 난 후 교사들은 교과목의 실행 경험을 기술하면서 이 교과목 개발과 실행을 완료했다. 이 기록물을 통해서 교사들은 다른 학년의 교과목을 좀 더 구체적으로 파악할 수 있었고, 다른 학년의 교육과정에 대한 이해도 높일 수 있었다. 기록물을 남긴 이유는 다른 해 다른 학년을 담임하게 될 경우, 학생들이 어떤 배움의 궤적을 가졌는지 이해하는 데 도움을 받기 위함이었다.

아래에 제시한 '네모의 꿈'은 '학교탐험' 교과목 중 4학년 수업이다. 학교탐험 교과목의 목표는 '학교 공간의 변화를 상상하고 학생이 주체가 되어 디자인해본다'이다. 이에 4학년 교사들은 이 교과목의 성취기준을 '학교 공간을 디자인하는 일에 학생이 직접 참여함으로써 학교에 대한 주인의식과 관심을 높인다'로 정하였다. '네모의 꿈'은 총 16차시의 시량으로 구성되어 있다.

['네모의 꿈' 구성(16차시)]

1-4. 공간혁신 워크숍

5-6. 학교, 얼마만큼 알고 있니?

7-8. 학교, 어디까지 가봤니?

9-10. 학교의 꿈

11-16. ○○박람회

4학년 교사들은 학생들이 학교 공간의 주인으로서 이 공간들을 마음껏 탐색·상상하고, 자신들의 의도가 반영된 학교 공간이 만들어지는 것을 실감할 수 있도록 하는 데 주안점을 두었다.

학교 이곳저곳을 탐방하며, 평소 무심코 지나쳤던 공간들을 새로 발견한 것만으로도, 아이들은 마치 사건을 파헤치는 탐정이 된 듯 신나 했다. '우리가 사용하는 공간이니, 우리가 살펴보고 다듬어야겠다'라는 생각도 자랐다. 무엇보다 네모난 교실, 반듯하게 놓여 있는 책상, 쭉 늘어선 교실 배치와 복도 등 학교 공간에 대한 고정관념에서 벗어나 자유롭고 창의적인 생각을 할 수 있는 기회가 되어, 아이들이 유연하게 사고해 보는 기회가 된 것 같다.(4학년 교사들의 수업 기록 중에서)

학교탐험 교과목을 실행하고 난 후, 4학년 교사들은 이 교과목을 꽤 긍정적으로 평가했다. 이들은 이 교과목을 통해 학생들의 배움과 삶을 연계할 수 있다는 점, 학교의 상황에 맞는 교육내용을 생성할 수 있다는 점에 만족스러워했다.

⑤ 2020학년도 학교교과목 개발

2020학년도에 실행할 학교교과목은 2019년 11월 6일에 실시한 교육과정 워크숍에서 잠정적으로 결정한 후, 2020년 2월 29일 새 학년 준비 워크숍에서 새로 전입해온 교사들과 함께 확정했다. 이 학교 교사들은 11월부터 2월 말까지 세 차례의 교육과정 워크숍을 거치면서 2019학년도에 개발해서 실행한 교과목을 토대로 교과목을 수정·보완하였다. 그 결과 '적응과 성장', '꿈자람'은 2020학년도 학교교과목으로 유지하기로 했고, '온작품 읽기'는 국어 교과 수업에 포함하기로 하면서 제외했다. '계기교육'은 범위가 너무 넓어서 체계적으로 연결하는 데 어려움이 있다고 판단하고 범위를 좁혀 인권교육인 '그래서 인권'으로 바꾸었다. 그리고 도시형 마을교육과정인 '나는 동산이다'를 신설했다. 이리동산초등학교 교사들은 학생이 살고 있는 지역인 동산동이라는 삶 터에 대한 이해를 높이는 교육과정이 필요하다는 데 합의하고, 이리동산초등학교가 있는 익산시 동산동을 중심으로 동산동의 지리, 역사, 경제 내용을 선정해서 조직하기로 하였다. 그리고 '나는 동산인이다' 교과목을 이리동산초등학교의 대표적 학교교과목으로 정착시키기로 했다. 또한 2020년 교과목을 실행하면서 구축한 자료를 바탕으로 2021학년도에는 '나는 동산인이다' 교재(학생용, 교사용)도 만들기로 했다.

이리동산초등학교는 다음과 같이 학교교과목을 개발하기로 확정한 후, 학년별 계획에 따라 교과목을 실행하였다.

2020학년도 이리동산초등학교 학교교과목 현황

학교교과목			교과목명(시수)					
2019학년도	···	2020학년도	1학년	2학년	3학년	4학년	5학년	6학년
적응과 성장	유지	적응과 성장	모두 다 꽃이야(28)	세상에서 가장 아름다운 말, 우리(44)	친해지고 싶어요(19)	친구 퀴즈온더 친해지기(29)	친해지고 싶어(26)	멋진 나(21)
계기교육	수정	그래서 인권	소중한 나와 너(15)	다 같이 놀자, 친구와 함께(44)	우리는 모두 소중해요(10)	흔들리는 인권 속에서 네 친절함이 느껴진 거야(12)	누구나 꽃이 피었습니다(15)	인정해요 다름을, 존중해요 권리를(14)
꿈자람	유지	꿈자람	꿈꾸는 우리(8)	세상에서 가장 아름다운 이야기, 나의 꿈(24)	내가 만나는 오색빛깔 꿈(13)	나를 알고 꿈을 알면 백전백승(14)	꿈 job go! 행복 job go!(30)	미래의 나(22)
학교탐험	신설	나는 동산인이다	동산에 살어리랏다(10)	다같이 돌자, 동산동(12)	동산동에서 익산까지(32)	동산동 클라스(20)	동산에 다 있소!(20)	동산의 문제, 내 손으로!(16)
온작품 읽기	제외	국어 교과						
총시수			61	136	74	67	91	73

⑥ 학교교과목에 대한 교사들의 이야기

2019년에 학교교과목을 실행하고 나서, 이리동산초등학교 교사들에게 몇 가지 변화가 나타났다.

첫째, 이 학교 교사들이 학교교육과정을 바라보는 관점이 좀 더 명확해졌다는 점이다. 2020년 3월, 이리동산초등학교 교사들에게 학교교육과정은 자신들이 직접 만든 학년교육과정, 학급교육과정으로 구성된, 자신들이 주체가 되는 교육과정이다.

교사들이 만든 교육과정을 담을 그릇, 형식이 필요하다는 생각을 해요. 교사들이 만든 교육과정을 담을 적절한 그릇 같은 형식이 없다 보니, 통합수업, 프로젝트 등 수업이라는 이름으로 산발적으로 존재하는 것 같아요. 이런 식으로는 교사들이 개발한 교육과정이 공식화, 체계화되지 못하는 것, 그래서 안타까워요. 우리 학교가 광역형 혁신+학교를 지원하게 된 이유도 이런 문제점을 해결해보고 싶었기 때문이에요. 교사들이 만든 교육과정에 학교교과목이라는 이름을 붙이고, 좀 더 공식화하면서 좀 더 체계적으로 관리할 수 있다는 확신이 들어요. 그래서 해를 거듭할수록 우리 학교만의 교육과정으로 거듭날 수 있을 것이라 믿게 되었어요.(2020. 01. 14. A교사)

이리동산초등학교에서는 교사들이 만든 학교교육과정을 학교교과목이라는 형식으로 표현하고 있다. 다시 말해서 이리동산초등학교 교사들은 동학년별로 개발한 교육과정을 '적응과 성장', '꿈자람', '나는 동산인이다'와 같은 학교교과목으로 형상화했다.

학교교과목이라고 해서 뭘 새롭게 만든 것이 아니에요. 기존에 만들었던 동학년 수업을 잘 다듬어서 발전시키는 것이라고 생각해요. 학교 차원에서 조직을 다듬어서 학년별로 겹치는 부분을 점검해볼 수 있게 된 것도 의미 있다고 생각해요. 그래서 저는 우리가 만든 교육과정을 학년별로 조율하고 정선하는 과정을 학교교과목을 개발하는 과정이라고 봅니다. 그리고 각 학교교과목별로 자료를 이렇게 계속 모아나가면, 교과목별 교재도 만들 수 있지 않을까요? 동학년별로 교육과정을 개발하고, 나아가서 이를 학교교과목으로 발전시켜보는 이런 경험은 교사로서 엄청난 교육과정 자산이 된다고 생각해요.(2020. 01. 13. D교사)

D교사에게 학교교과목 개발은 그동안 교사로서 만들어온 수업들을 점검하면서 체계적으로 조직하는 활동이다. 그는 이 활동 자체를 학교교육과정을 개발하고 개정하는 일로 보았다. 실제로 이리동산초등학교는 동학년 교사들이 개발한 학년교육과정을 학교교과목이라는 형식 아래 체계적으로 조직하여 실행하고 있다. 교사들은 지금까지 개발해온 학년교육과정을 학교교과목으로 확장해서 이해했다. 그리고 국가교육과정에서 교과별로 교육과정 자료인 교과서를 개발하여 활용하듯이, 학교교육과정에서도 학교교과목별로 교육과정 자료(교재)까지 개발하려는 계획도 갖고 있다.

둘째, 이리동산초등학교 교사들은 학교교과목을 개발하면서 (교사)성취기준을 개발할 수 있다는 점을 의식하기 시작했다. 이는 학교교과목 개발이 논의될 때부터 교사들이 국가교육과정으로부터 좀 더 자유로운 시수 20퍼센트 증감권을 사용하며 출발했기 때문에 가능했다.

작년까지 만들었던 주제통합 수업과 올해 만든 학교교과목의 차이점을 생각해보았어요. 주제통합 수업을 만들 때는 어떤 교과의 성취기준을, 몇 시간 가져왔는지를 쓰는 일이 저에게는 복잡했거든요. 하지만 학교교과목을 개발하면서 성취기준을 직접 만들고, 교과 시수에도 얽매이지 않아서 수월했어요. 이런 것이 교사 자율성이구나 하는 느낌이 들어요. 다른 교사들도 이런 경험을 할 수 있었으면 좋겠어요. 저는 학교교과목이 학교교육과정을 혁신할 수 있는 발판이 될 수 있다고 생각해요.(2020. 01. 12. C교사)

흔히들 창의적 체험활동 시간을 이용하면 되지 않느냐고 반문해요. 그러나 창의적 체험활동 시수로는 우리가 기대하는 의도를 충분히 펼치기가 어려워요. 교육부를 비롯해서 교육청도 창체 시간에 해야 하는 것들을 내려주고, 무엇보다 해야 하는 범교과 주제로 시간 쓰고 나면 남는 시간이 거의 없는데 … 어떻게 창체를 활용할 수 있겠어요. 그리고 교사가 만든 교육과정을 체험활동이라는 범주에 넣는 것도 동의하기 어려워요.(2020. 01. 13. B교사)

C교사, B교사는 학교교과목을 개발하면서 국가수준 교과별 성취기준과 시수로부터 자유로워서 교육과정을 개발하기가 수월했다는 것, 나아가서 교사의 교육과정 자율성을 체험한 것에 큰 의의를 부여했다. 대다수 교사도 수업시수 20퍼센트 증감권을 사용해서 확보한 시수를 이용해 학교교과목을 개발하는 방식이 학교나 교실에 필요한 교육과정을 만들기에 수월하다는 점에 동의했다.

작년에 6학년 아이들에게 정말 필요했던 것은 학교 폭력을 예방하는 것이었어요. 저희 6학년은 '적응과 성장' 교과목의 '친구가 되는 멋진 방법'을 통해서 충분히 수업할 수 있었어요. 학교교과목이 그 학년에 꼭 필요한 교육을 적기에 할 수 있도록 해준다는 점이 좋아요.(2020. 01. 14. E교사)

이리동산초등학교 교사들은 학교교과목을 개발하면서 자체 성취기준을 개발했다. 이들은 학생의 삶을 적극적으로 반영하면서 (교사)성취기준을 개발하였다. 교육과정에 학생의 삶을 반영한다는 점에서 학교교과목은 교사들에게 적지 않은 호응을 받았다. 교사들은 학교교과목을 개발하고 실행하면서 이것이 학생들에게 적기에 적절한 내용을 다루거나 활동하고 경험하게 하는 기회와 여건이 된다는 점을 실감했다.

이런 점에서 이리동산초등학교에서 개발한 학교교과목은 교육내용의 지역화, 학교화를 실현하는 매개체가 되고 있었다. 이 학교 교사들은 국가교육과정과 교과서에 구애받지 않고 자유롭게 학교교과목을 개발하였다. 이 과정에서 이들은 학교교육과정이나 학급교육과정 개발이 추구하는 본질인 교육내용의 지역화 및 학교화를 직접 체험했다.

초등학교에서의 학교교과목 생성은 학교교육과정을 표현하는 하나의 형식으로 이미 실행되고 있다. 이에 학교교과목이 가능한가, 불가능한가를 논의하기보다는 학교에서 교사들이 개발한 교육과정이 어떻게 형상화되고 있는가, 교사들이 개발한 학교교과목이 어떤 의미를 지니고 있는가 등을 파악하고 이해하려는 관점을 갖고 접근해야 한다.

이런 관점에 기반해서 이리동산초등학교의 사례를 바탕으로 학교교과목이 갖는 의미를 다음 두 가지로 논의해보았다.

첫째, 초등학교에서 교사들이 개발한 '학교교과목'은 교사들이 만든 교육과정을 공식적 교육과정으로 형상화하고 있다. 이리동산초등학교에서 교사들이 개발한 학교교과목들은 지금까지 동학년 교사들이 함께 개발하여 실행해온 수업들이다. 이 수업들은 프로젝트 수업, 주제통합 수업, 동학년 교육과정 등의 이름으로 불리며 실제로 학교에 존재하고 있는 것들이다. 더 확장해 , 교육과정 재구성(김종훈, 2017; 방기용, 강현석, 2014; 서경혜, 2009), 교육과정 구현(서명석, 2011), 교사 수준의 교육과정 개발(이영선, 2015; 하언지, 정광순,

2018), 교사교육과정 개발(김현규, 2020; 이윤미, 2020a; 이한나, 2019)과 같이 다양한 이름으로 연구적 주목을 받아온 행위와 현상이기도 하다.

이리동산초등학교는 이러한 교사교육과정을 학교 단위로 조직하고 정비하여 학교교과목으로 형상화하였다. 이러한 형상화는 이리동산초등학교 학교교육과정을 체계적으로 정비하는 계열화 효과, 표면적으로 드러나는 가시화 효과, 계속해서 실행하게 만드는 지속성 효과를 지니고 있다. 결국 이리동산초등학교의 학교교과목은 학교교육과정을 드러내는 핵심 구성요소라 할 수 있다. 국가교육과정을 교과들로 구성하듯이, 학교교육과정 또한 학교교과목으로 구성될 수 있다. 교사들이 개발한 교육과정이 학교교과목으로 표현되고, 학교교과목이 모여서 학교교육과정을 이룬다는 점에서 학교교과목은 학교교육과정의 핵심 구성요소라 할 수 있다.

최근 교과서에서 벗어나 교과서 재구성, 성취기준 중심의 교육과정 개발 등을 통해 자신만의 교사교육과정을 실행하는 교사들이 꾸준히 증가하고 있다. 그리고 각종 온라인 커뮤니티를 통해 다른 교사의 교육과정과 수업 자료를 공유하면서 교사교육과정 개발 활성화를 지원하고 촉진해왔다. 이렇듯 교사의 교육과정 재구성, 교육과정 개발은 활성화되고 널리 확산하는 추세지만, 실제로 이것을 단순히 수업 차원으로만 간주하거나 국가교육과정을 구현하는 활동으로만 보는 등 교사가 교육과정을 개발해서 실행하는 현상을 좀 더 심층적으로 이해할 수 있는 계기는 좀처럼 잘 만들어지지 않고 있다.

Marsh & Wills(2003)는 '학교 밖에서 개발한 국가교육과정'을 궁극적으로 교실에서 실제로 '교사가 가르치는 교육과정(taught curriculum)'과 '학생이 실제로 배운 혹은 경험한 교육과정(learned or experience curriculum)'을 지원하는 일종의 '계획으로서 교육과정(planned curriculum)'으로 본다. 이런 관점에서 보면 국가교육과정에 후속해서 교사와 학교가 개발하는 교육과정을 조명하고, 이를 공식적 교육과정으로 동등하게 인식하려는 노력이 필요하다. 이에 국가교육과정, 지역교육과정, 학교교육과정, 학년교육과정, 학급교육과정 등이 각각 동등한 개념적 지위를 가질 수 있게 하는 논의가 필요하다.

그러나 현재 우리나라는 지역, 학교, 교실 차원에서 만들어진 교육과정을 교육과정으로 공식화하고 명시화하려는 논의가 제대로 진행되지 못하고 있다. 교사가 개발하는 교육과정들은 교육행정정보시스템(NEIS)뿐 아니라 학교교육과정 문서에도 그 존재를 드러내지 못하고 있다. 실체로 존재하는 교사교육과정이 학교교육과정 문서로 드러나지 않는 일이 빈번하게 일어나고 있다. 따라서 교사들이 만든 교육과정을 공식적 교육과정의 모습으로 형상화할 수 있는 방안을 제안하려는 노력이 필요하다. 본 연구에서 기술한 이리동산초등학교의 학교교과목은 교사가 개발해서 실행하는 교육과정의 존재를 가시적으로 드러낼 수 있는 하나의 방안으로써 그 의미가 크다.

둘째, 이리동산초등학교에서 교사들이 개발한 '학교교과목'은 결국 학교가 새로운 교과 생성의 장이 될 수 있음을 보여주고 있다. '교과'를 국가교육과정에서 독점해야 하는 개념으로 봐야 하는가? 교육과정이라는 용어를 국가교육과정, 지역교육과정, 학교교육과정, 학급교육과정 등 개발 주체나 차원(단위)에서 사용하듯이 '교과'라는 용어도 이런 다양한 차원에서 사용할 수 있지 않을까? 국가교육과정이 교과들로 구성되듯이, 지역교육과정은 '지역교과'로, 학교교육과정은 '학교교과'로 구성되는 것으로 간주하면, 국가, 지역, 학교가 개발하는 교육과정이 무엇을 가리키는지를 좀 더 명확하게 제시할 수 있을 것이다. 이리동산초등학교에서 개발한 '학교교과목'은 이리동산초등학교에서 개발한 학교교육과정을 좀 더 명확하게 보여주었다.

교과(subjects)를 교육과 구성물로 보면, 교과는 '학습할 것들을 묶어놓은 범주명 혹은 학습 영역'을 의미한다(이돈희, 1994). 교과가 이런 의미라면, 국가, 지역, 학교교육과정 모두 국가교과, 지역교과, 학교교과로 구성된다고 볼 수 있다. 국가교과는 국어, 수학, 사회 등으로 국가교육과정 개발 과정에서 정하고, 지역교과는 지역성을 대변하는 주제들로 지역교육과정 개발 과정에서 정하며, 학교교과는 학교의 특성을 재현하는 주제들로 학교교육과정 개발 과정에서 정할 수 있는 것이다. 이런 의미에서 학교교과는 학교교육과정을 조직하면서 발현하는 '범주의 작명을 기다리는 개념'(김현규, 2020)이다.

우리가 통상적으로 사용하는 '교과'(가령, 국어, 수학, 사회, 과학)는 학문을 원천(orientation)으로 하지만, 학문 그 자체는 아니다. Stengel(1997)은 교육과정 분야, 즉 학교교과(school subjects)의 모습을 세 가지 갈래 ─학문을 반영한 교과, 학문과 관계없는 교과, 학문과 모종의 관계를 맺는 교과─ 로 나누어서 교과 형성과 개념을 담론화했다. 즉 교과는 학문이기도 하지만 사회적 요구나 교육의 의도를 반영해서 창조된 다른 측면의 산출물이기도 하다. 이에 국가교육과정의 국어, 수학 등의 교과는 결국 성취기준이라는 모습으로 개발되고 실체를 드러낸다.

오늘날 국가교육과정을 구성하는 교과들의 명칭은 학문 분야의 명칭을 통합하거나 융합한 새로운 이름으로 나타나기도 한다. 그리고 각 나라의 국가교육과정을 구성하는 교과들의 이름도 동일하지 않다. 이런 맥락에서 각 지역들의 지역교과가 있을 수 있고, 각 학교들의 학교교과가 있을 수 있다. 이렇게 국가, 지역, 학교교육과정을 저마다의 교과로 재현할 수 있을 때,

각 주체들이 교육과정을 개발한다는 것이 무엇을 의미하는지 명확하게 소통할 수 있고, 각각의 교육과정 개발을 촉진·활성화할 수 있다. 또한 각 교과 관계를 좀 더 명시적으로 설명할 수 있는 개념적 도구를 갖게 된다.

이리동산초등학교에서 개발한 학교교과목인 '적응과 성장', '학교탐험' 등은 학교나 학생을 출발점으로 삼아서 개발한 학교교육과정이며, 학교와 학생의 요구나 필요에 충실한 교육내용 및 활동을 선정·조직한 교과이다. 이리동산초등학교에서 개발한 학교교과목들은 궁극적으로 듀이(J. Dewey)의 실험학교에서 개발한 교육과정들과 크게 다르지 않다(정건영, 1979; Boyd, 1921). 학교교과는 무엇보다 그 학교가 가진 맥락, 즉 Schwab(1973)이 말하는 교육과정 공통요소(교사, 교과, 학생, 환경)들이 어떻게 조합되는가에 따라서 학교교과의 성격이나 특성이 정해진다. 즉 학교교과는 국가교육과정의 교과, 교사 자신, 학생이라는 존재, 학교가 처한 여러 상황 등을 바탕으로 탄생한다. 그리고 이 과정에서 어떤 학교교과는 교과에 더 중점을 두기도 하고, 또 다른 학교교과는 학생을 초점에 둔 다양한 교과의 모습을 보여준다.

교과를 '학문을 기반으로 하며, 다른 어떤 것으로 대체 불가능한 고정된 것'으로 보는 관점을 '교육과정을 구성하는 교육이 의도하는 지향이나 목적을 담은 내용으로 융통성 있는 것'으로 그 관점의 범위를 넓힐 수 있다면, 교과에 관한 연구는 더 깊어지고 활발해질 것이다. 지역교과, 학교교과의 생성과 창조에 대한 연구는 다시 국가교육과정의 교과 생성 및 창조로 환류할 수 있는, 교과가 진화할 수 있는 또 하나의 경로 및 가능성을 열 수 있을 것이다. 결국 학교교과목을 통해 학교가 새 교과 생성의 장이 될 수 있음을 확인할 수 있을 것이다.

부록1. 2021학년도 이리동산초 학교교과목 현황

이리동산초가 학교교과목을 개발한 지 3년째가 되는 2021년!

어느 정도 학교교과목이 자리를 잡아가고 있다. 2년간의 시행착오를 겪은 후 지속적으로 개설할 교과목의 윤곽이 잡혀간다. 이 학교 교사들은 2021학년도에 확정한 교과목을 향후 지속적으로 발전시켜나가기를 희망하고 있다.

2021년 학교교과목 현황

학년	학교 공통 교과목			학년 고유 교과목	총시수
	나는 동산인이다	손끝에서 피는 마음	꿈자람		
1	동산에 살아리랏다	꼼지락 마음 열기	꿈꾸는 새싹들	1. 학교야 반가워 2. 놀며 쓰며, 놀며 세며	116
2	다같이 돌자, 동산동	조물조물 마음 빚기	꿈꾸는 우리	1. 세상에서 가장 아름다운 말, 우리 2. 우리는 대한민국 어린이 3. 세상에서 가장 아름다운 별, 지구	136
3	동산동에서 익산까지	알록달록 마음 엮기	내가 만나는 오색빛깔 꿈	1. 친해지고 싶어요 2. 함께 지켜요, 초록지구!	92
4	동산동 클라쓰	한땀 한땀 마음 뜨기	두근두근 꿈 레시피	1. 친한 친구 2. 꼬마과학자 3. 경제야 노올자	103
5	동산에 다 있소!	토닥토닥 마음 키움	꿈 job go! 행복 job go!	1. 친해지고 싶어 2. 스스로 바꾸는 시간 3. 어쩌다 작가	126
6	동산의 문제, 내 손으로!	뚝딱뚝딱 심성 키움	미래의 나	1. 멋진 나 2. 나도 작가 3. 드론	84

2020년 개발한 '나는 동산인이다'와 '꿈자람'은 꾸준히 수정·보완해나가기로 확정하였고, 이리동산초만의 특색 있는 교과목으로 '손끝에서 피는 마음'을 신설하였다. '손끝에서 피는 마음'은 인성교육과 노작교육을 통합하여 만든 교과목으로 빚기, 엮기, 꿰기, 짓기 등의 기능을 통합의 실로 사용하였다.

부록2. 전라북도 초등학교 교육과정 총론 중 일부 발췌(2021년 8월 고시)

1. 배경 및 목적

O 전라북도 교육의 특성과 지향점을 살린 지역교육과정 개발 필요

- 국가교육과정에 제시된 교육과정 자율권의 실질적 작용

- 전북교육청 주요 정책(참학력) 기반 교육과정의 체계적인 현장 안착 필요

O 학교교육과정의 전문성과 자율성 지원 필요

- 지역과 학교의 특성을 살린 학교교육과정 편성·운영 지원

- 교육과정 개발자로서 교사교육과정 편성·운영 전문성 신장 지원

2. 총론 주요 사항

O (교육과정 결정의 지방분권화) 우리 지역과 학교의 특성을 살린 전라북도 초등학교 교육과정 총론 신설을 통한 교육과정 결정 권한배분 가시화

- 국가교육과정, 지역교육과정, 학교교육과정의 대등한 관계 확립

- 교육과정 편성·운영상 지역교육과정의 편제 내용 명시

O (상향식 지역교육과정의 현실화) 현장교원의 실천을 토대로 한 상향식 교육과정 총론 수립과 고시를 통한 실천중심의 지역교육과정 현실화

O (교사의 교육과정 개발 명문화) 학생의 삶을 중심에 두고 교사의 전문성과 자율성에 기반한 교사교육과정 편성·운영, 학교교과목 개설에 대한 사항 명문화

- 국가교육과정에서 부여한 교과(군) 20% 범위 내 자율성 활용

- 학교교과목 개설 시 승인 절차, 학교교육과정 편제 가능 시수 구체화

구분		1~2학년	3~4학년	5~6학년
교과(군)	국어	국어 448 수학 256 바른생활 128 슬기로운생활 192 즐거운생활 384	408	408
	사회/도덕		272	272
	수학		272	272
	과학/실과		204	340
	체육		204	204
	예술(음악/미술)		272	272
	영어		136	204
학교교과목	[학교교과목]	0~140	0~256	0~297
소계		1,408	1,768	1,972
창의적체험활동		336 안전한생활(64)	204	204
학년군별 총 수업 시간수		1,744	1,972	2,176

① 교과(군): 학교의 특성, 학생·교사·학부모의 요구 및 필요에 따라 교과(군)별 20% 범위 내에서 시수를 증감하여 편성·운영할 수 있다. 단, 체육, 예술(음악/미술) 교과는 기준 수업 시수를 감축하여 편성·운영할 수 없다.
② 학교교과목: 교사교육과정 차원에서 교과(군)별 20% 이내로 지역이나 학교가 국가교육과정에 제시되지 않은 교과목으로 개설할 수 있다.

3. 주요 용어

① 교사교육과정

교원이 교육과정 문해력을 바탕으로 학생의 삶을 중심에 두고 국가, 지역, 학교교육과정의 기반 위에 학교공동체의 철학을 담아 계획하고 실천하면서 만들어가는 교육과정이다.

이를 통해 교사의 교육과정-수업-평가 전문성을 높일 수 있으며, 학급(교실) 단위, 학년 단위, 학교 단위로 실천할 수 있다. 교과서 재구성, 성취기준 활용, 성취기준 재구조화, 성취기준 개발 등의 유형으로 실현한다. 교사교육과정으로 개발하여 범위와 계열성을 갖춘 교과목은 학교운영위원회의 승인을 받은 후 학교교육과정에 학교교과목으로 편제할 수 있다.

교육과정의 구분

국가교육과정	지역교육과정	학교교육과정	학년(급)교육과정
국가에서 개발하여 고시한 교육과정으로서, 교육과정 지침에 해당하는 총론과 교과교육과정에 해당하는 각론을 아우르는 것	지역에서 개발한 교육과정으로서, 전라북도 교육의 지향점과 특징을 반영한 전라북도 초등학교 교육과정 총론과 각론을 아우르는 것	학교에서 개발한 교육과정으로서, 학교구성원이 학교 공동체의 가치와 철학 및 학생의 특성을 반영하여 민주적 의사결정 과정을 거쳐 개발한 것	교사가 학년(급)에서 개발한 교육과정으로서, 학교공동체의 철학 및 학년(급) 학생의 특성을 반영하여 계획·실천·평가·환류하는 모든 과정을 아우르는 것
교사교육과정			

② 학교교과목

　단위학교의 교사교육과정 차원에서 교과와 범교과 영역을 포괄하여 지역과 학생의 실정에 맞게 학교 자체적으로 범위와 계열성을 갖추어 개설하는 교과목이다. 학교는 학교교과목을 주제에 따라 교과 내 또는 교과 간 통합으로 개발하여 실천할 수 있다. 주요 주제에는 마을, 언어, 수리, 사회탐구, 과학 탐구, 예술 및 신체 활동, 민주시민, 환경, 인권, 평등, 평화 등이 있다. 국가교육과정의 교과(군)별 기준 수업 시수의 20% 범위 내에서 교과 시수를 감축하여 창의적으로 편성·운영할 수 있다.

학교교과목의 이해

용어	내용		
공통(기본) 교과(군)	국가에서 대통령령으로 고시한 교과로 교육과정 편제표에 제시된 교과 및 교육부 장관이 필요하다고 인정하는 교과로서, 모든 초등학교에 적용함		
학교 교과목	**주제**	**개념**	**활용 가능 범위**
	가	학교*에서 지역, 학교, 학생의 실정에 맞게 개발하여 학교운영위원회의 심의를 받은 교과목 * 학급(교실), 학년, 학교	단위 학교 내
	나	학교에서 개발한 학교교과목 중에서 일정한 절차에 따라 교육감의 승인을 받은 교과목	도내 모든 초등학교
	다	전라북도교육청*에서 개발한 교과목 * 도교육청, 직속기관, 교육지원청 포함	

③ 국가-지역-학교교육과정의 교과(목)

　학교의 교사교육과정의 편성·운영과 학교교과목의 개설에 관한 사항은 교사의 교육과정 전문성과 자율성을 기반으로 학교 구성원 공동의 노력과 민주적인 절차에 따라 자율적으로 결정할 수 있다. 학교는 함께 만들어가는 교육과정으로서 교사교육과정을 편성·운영하기 위하여 노력한다. 나아가서 학급(교실), 학년, 학교 단위로 범위와 계열성을 갖춘 교과목으로 개설하는 경우에는 학교교육과정의 학교교과목으로 편제할 수 있다.

교육과정 편성·운영상 교과(목)의 편제

교육과정 편성·운영		
범위	국가교육과정(교육부)	지역교육과정(전라북도교육청)
편제	교과(군)	학교교과목
시수 배당	교과(군) 시수의 80~100%	교과(군) 시수의 0~20%
학교교육과정 편성·운영	교과(군), 학교교과목, 창의적 체험활동	

교사교육과정과 학교교과목의 관계

교사교육과정은 어떻게 학교교과목이 되는가?			
교사교육과정		**학교교과목**	
유형	실천 단위	절차	편제
교과서 재구성 국가에서 예시 활동으로 제공한 교과서를 재구성하는 것	학급(교실) 학년 학교	학교운영위원회 승인	학교교육과정의 학교교과목으로 편제
성취기준 활용 성취기준을 해석하여 새로운 활동으로 실현하는 것			
성취기준 재구조화 성취기준을 통합하거나 일부 내용 압축, 내용 요소를 추가하는 것			
성취기준 개발 필요한 성취기준을 새롭게 개발하는 것			

① 활동의 의미: 신체를 움직이는 체험, 놀이 등에만 국한되지 않고, 인지·정서·사회적 기능을 아우르는 용어로서 지식을 이해하고, 분석·종합하고, 평가하고 표현하는 것을 의미한다.

② 성취기준을 재구조화하거나 개발할 때에는 성취기준의 내용 요소 일부가 임의로 삭제되지 않도록 유의해야 하며, 필요한 성취기준의 내용 요소를 추가해야 하는 경우에는 학생의 학습 및 평가 부담이 가중되지 않도록 다음 사항을 유의하여야 한다.
- 초등학교 교육목표인 기본 습관 및 기초 능력을 기르고 바른 인성을 함양하기에 적합한가?
- 학생의 인지·정서·사회적 발달 단계에 적합한 내용과 기능인가?
- 교과의 핵심 내용 요소 및 참학력의 역량과 연결되는가?
- 학생이 궁극적으로 어떠한 수행을 할 수 있는지 고려하고 있는가?

※ 참고「공교육 정상화 촉진 및 선행교육 규제에 관한 특별법」(2014. 3. 11.)
제8조(선행교육 및 선행학습 유발행위 금지 등) 제①항 학교는 국가교육과정 및 시·도 교육과정에 따라 학교교육과정을 편성하여야 하며, 편성된 학교교육과정을 앞서는 교육과정을 운영하여서는 아니 된다. 방과 후 학교 과정도 또한 같다.

2. 학교교과목, 어떻게 만들지?[4]

> **< 1952년 전주 풍남초등학교 교육과정의 구조 >**
>
> ·계통 과정: 지식 기능의 계통적 이해 연마를 주로 하는 과정(1-2:50%, 3-4:50%, 5-6:65%)
>
> ·생활 과정: 현실적 생활 문제의 해결을 주로 하는 과정(1-2:50%, 3-4:30%, 5-6:20%)
>
> ·특별 과정: 민주적 조직하의 학교 공동체적 사회 활동을 주로 하는 과정
>
> (홍웅선 · 김재복, 1989: 158)

2015 개정 교육과정이 크게 교과와 창의적 체험활동으로 이루어져 있다는 것을 떠올려본다면 풍남초등학교의 교육과정 구조는 낯설게 다가온다. 이 교육과정은 새 교육 운동을 바탕으로 한 교육과정 개조 운동의 결과물로서, 풍남초등학교는 그 당시 연구학교가 지닌 과제였던 교과형 교육과정을 생활형 교육과정으로 개조하는 과정에서 독특한 교육과정 구조를 만들어냈다. 구체적으로, 풍남초등학교는 기존 교과라 할 수 있는 것을 '계통 과정'으로, 학생의 문제 사태 및 경험과 관련된 것을 '생활 과정'으로 규정하고, 학년 군별로 생활 과정과 계통 과정의 비율을 달리하여 교육과정을 구

---

4) 이 글은 다음 논문을 재구성한 것임. 김세영, 이윤미(2020), 「학교교과목 개발 절차에 관한 사례연구」, 교육과정연구, 38(3), 7-32.

성하였다(홍웅선·김재복, 1989). 풍남초등학교뿐만 아니라 다른 연구학교들 역시, 그 당시 교육과정을 크게 생활 과정, 계통 과정, 특별 과정으로 구성하고 있었다(강일국, 2002a, 2002b). 이를 통해, 새 교육 운동으로 새로운 교육과정이 만들어졌다는 것, 교육과정 구조 및 편제가 학교를 중심으로 이루어질 수 있다는 것을 확인할 수 있다. 비록 그것이 1차 교육과정이라는 공식 문서에 반영되지 못했더라도, 학교를 중심으로 한 교육과정 개조 현상은 우리나라 교육과정 역사 속에 존재하고 있었다.

새 교육 운동과 교육과정 개조라는 연결고리는 현재 혁신학교와 학교교과목이라는 연결고리로 되살아나고 있다. 2010년경 본격적으로 확산된 혁신학교 운동을 통해 지난 10년간 학교는 교육과정 및 학교 운영에 있어 많은 변화를 겪었고, 현재 또 다른 혁신을 준비 중이다(경기도교육청, 2019a; 전라북도교육청, 2020). 이 중 하나가 초등학교에서의 학교교과목 개발 현상이다(김세영, 2019; 이윤미, 2020b; 전라북도교육청, 2020). 학교는 자신에게 주어진 학교교과목 개발권으로 교과목을 개발하며 교육과정 조직에 있어 새로운 바람을 불러일으키고 있다.

이 글은 이 학교교과목 개발 현상에 주목하고, 교사가 학교교과목을 어떠한 과정으로 만들어내는지, 그리고 그 과정에 어떤 특성이 있는지 주목하여 이를 밝히고자 하였다. 이는 국가에서의 교과목 개발이 지배적인 현시점에서, 학교의 학교교과목 개발이 국가 수준 교과 개발과 어떤 면에서 공통점과 차이점이 있는지 보여줄 것이다. 특히 초등학교에서의 '학교교과목 개발'은 생경한 현상이며, 그 개념과 실제가 아직 명확하지 않기 때문에 학교교과목에 관한 교사의 일들을 선제적으로 그릴 필요가 있다.

이에 이 글에서는 학교교과목 개발이 어떻게 일어나고 있는지 그 과정을 두텁게 기술함으로써 사례 자체를 오롯이 살펴보았다. 이를 위해 2019년부터 학교교과목을 운영하고 있는 이리동산초등학교를 대상으로 이들이 보인 학교교과목 개발 사례를 기술하였다.

1) 학교교과목 개발 현상을 둘러싼 배경

초등학교의 학교교과목 개발 현상은 현재 전북의 '광역형 혁신+학교'로 지정된 학교를 중심으로 나타나고 있다. '광역형 혁신+학교'라는 이름에서 알 수 있듯이 이 학교는 기존 혁신학교와 다소 차이가 있다. 혁신학교가 일반학교와 다른 일종의 권한과 역할이 있듯, '광역형 혁신+학교' 역시 혁신학교와 차별된 권한과 역할이 있다. 이 중 하나가 곧 학교교과목 개발과 관련된 역할인데, 현재 초등학교의 학교교과목 개발은 '광역형 혁신+학교'라는 특정 학교가 주도하고 있다. 즉, 특정 제도가 뒷받침되었기에 학교교과목 개발이라는 특수한 현상이 나타난 것이다. 또한 반대로, 여러 교육적 현상 중 왜 학교교과목 개발이라는 현상이 나타났는지 생각해볼 수도 있다. '광역형 혁신+학교'라는 제도는 일종의 권한과 역할을 학교에 부여하는 것으로, 학교교과목 개발 이외에도 다른 영역과 행위를 촉진, 권장할 수 있다. 그러나 학교교과목 개발이라는 행위가 특별하게 부각된 이유는 학교 내에서 행해지고 있는 일련의 행위 및 교사의 요구 등과 무관하지 않다. 즉, 학교교과목 개발 현상은 학교 바깥에서 진행된 광역형 혁신+학교라는 배경과 학교 안에서 이루어지고 있는 교육과정 지층의 축적 혹은 변화를 기반으로 탄생한 것이다. 이에 본 장에서는 이 두 가지를 각각 외부적 배경과 내부적 배경으로 보고, 학교교과목 개발 현상이 일어나기까지 어떤 흐름과 배경이 있었는지 살펴보고자 한다.

① 외부적 배경

학교교과목 개발을 가능케 하는 '광역형 혁신+학교'라는 제도는 혁신학교의 맥락에서 비롯된 것이기에, 혁신학교 운동을 배경의 시작점으로 삼는것은 의미가 있다. 혁신학교는 2009년 주민 직선 교육감 선거에서 경기도진보교육감 후보인 김상곤의 선거 공약으로 사용된 것으로, 학교 개혁을통해 혁신을 이뤘던 남한산초등학교를 모델로 하고 있다(경기도교육청, 2019a; 김승호, 2015). 김상곤 교육감의 당선과 함께 경기도교육청은 13개의 혁신학교를 지정하였으며, 이듬해인 2010년, 진보교육감이 대거 당선되면서 혁신학교는 각 시·도 교육청으로 확산되었다(박승배, 2012). 각 시·도 교육청은혁신학교 정책을 추진하였고, '강원행복더하기학교(강원)', '무지개학교(전남)', '다혼디배움학교(제주)', '행복씨앗학교(충북)', '행복학교(경남)' 등 지역형 혁신학교를 만들어냈다. 현재 혁신학교는 전국적인 교육 현상으로, "교육과정, 수업, 평가에 있어 의미 있는 변화가 시도되고, 이를 통해 결국 일반학교에영향력을 미치게 되는, 공교육의 표준이 되는 모델학교"로 자리매김하고 있다(문혜림, 2017).

혁신학교 운동의 성과 중 하나는 교육과정의 세 수준이라 할 수 있는 국가, 지역, 학교 중 지역과 학교의 주체적 변화다. 제6차 교육과정 이래로 국가, 지역, 학교는 교육과정에 있어 각각의 위상을 부여받았으나, 국가의 하향식 접근은 크게 변하지 않았다. 국가에서 무엇인가를 만들고, 시·도 교육청과 학교가 이를 적용·실천한다는 공식은 변하지 않은 채 일상처럼 그대로 유지되었다. 그러나 혁신학교 운동을 통해 시·도 교육청과 학교는 교육개혁 및 새로운 교육문화를 주도적으로 해나갈 수 있다는 것을 경험하였고, 이러한 경험은 곧 다음 혁신의 기폭제가 되었다. 시·도 교육청은 '온마을학교(강원)', '어울림학교(전북)' 등 다양한 학교 모델을 만들어냈으며, 학교의 자생적 교육과정 혁신을 위해 '교육과정-수업-평가-기록의 일체화', '교육과정 문해력' 등 관련 용어들을 적극적으로 도입·보급하기도 하였다(경기도교육청, 2016; 경상남도교육청, 2020; 서울특별시교육청, 2019). 또한 혁신학교 운영 10년 동안 끊임없이 변화를 시도하고 새로운 것을 추구하는 등, 시대적 필요 및 변화에 맞게 변모하기도 하였다. 구체적으로, 혁신학교를 혁신하려는 노력과 혁신학교에서 한 걸음 더 나간 미래학교를 구상하기 위해 또 다른 혁신학교를 만들기도 하였다.

· 경기: 혁신학교 → 거점혁신학교

· 전북: 혁신학교 → 혁신+학교

· 세종: 혁신학교 → 혁신자치학교

(경기도교육청, 2019b; 세종특별자치시교육청, 2019; 전라북도교육청, 2020)

전라북도교육청을 기준으로 살펴보면, 혁신+학교는 혁신학교의 미래 모습을 지향한다. 혁신+학교는 지역형과 광역형으로 나뉘는데, 지역형이 지역교육청을 중심으로 한 거점학교라면, 광역형은 도교육청(광역) 단위 거점학교로 도교육청, 교육부와 연계하여 다양한 교육 실험을 하는 일종의 실험학교다(전라북도교육청, 2020). 세종의 혁신자치학교 역시 광역형 혁신+학교와 같은 맥락이며, 이들 학교는 학교의 자율권 확대를 위해 다른 학교와 차별화된 제도를 두고 있다. 예를 들어, 자율학교 특례 조항을 활용하여 교육과정 운영의 자율성을 높인다거나, 교사 근무 연한과 유예의 확대로 학교 구성원의 공동체적 철학을 유지하는 등, 한 발 더 나간 미래학교를 그려내기 위해 제도적 변화를 시행하고 있다.

전북 혁신미래학교는 기존 학교나 혁신학교의 제도적·법적 한계를 초월하여, 단위학교 운영에서의 자율성과 창의성을 추구함으로써 초·중등 교육의 다양화와 특성화를 지향한다.

(전라북도교육청, 2018: 167)

혁신미래학교(이후, 광역형 혁신+학교)가 지향하는 것 중 하나는 단위학교의 교육과정 자율화다. 이를 위해, 2018년 당시 혁신학교 업무를 담당했던 전북교육청 교육혁신과는 제주도에서 운영하고 있는 자율학교의 교육과정 50퍼센트 자율권을 일선 학교 혹은 혁신학교에 도입할 수 있지 않을까 생각했다. 학교에 50퍼센트의 교육과정 자율성이 있다면, 학교 교육과정의 자율성을 요구하는 교사들의 목소리에 부응함과 동시에 학교가 새로운 형태의 교육과정을 만들어내지 않을까 하는 것이 교육혁신과의 생각이었다. 무엇보다 현 제도 안에서 교사들에게 최대한 교육과정 권한을 줄 수 있는 방안을 찾아내는 것이 이들의 과업이었다. 그러나 학교의 교육과정 운영 50퍼센트 자율권은 시도가 불가했고, 교육과정 20퍼센트 증감 운영을 통해 학교가 교육과정을 자율적으로 운영할 수 있는 공간을 마련하는 것으로 선회하게 되었다. 이것이 곧 '학교교과목'인데, 2018년 10월, 이리동산초등학교에서 열린 '혁신학교 운영을 위한 교사교육과정 개발' 간담회와 '2018 혁신미래학교' 연구보고회(2018.12.27.), '참학력 초등교육 실천 및 교육개발' 포럼(2019.11.22.) 등을 통해 학교교과목의 필요성과 역할은 더욱 명확해졌다.

전북교육청 교육혁신과를 중심으로 학교교과목 존립과 존재의 필요성, 역할 등이 정련되면서(전라북도교육청, 2020), 초등학교에서의 학교교과목 설치 및 인증을 위한 절차 역시 체계적인 모습을 갖추었다. 전북교육청은 학교교육과정 편제를 1)교과, 2)학교교과목, 3)창의적 체험활동으로 삼원화하고, 모든 초등학교에서 학교교과목을 신설할 수 있는 전라북도 초등교육과정 총론 마련을 추진하고 있다.

② 내부적 배경

시·도 교육청에만 변화의 바람이 있었던 것은 아니다. 학교 역시 변화를 주도하며 새로운 방향성을 만들어가고 있었다. 특히 혁신학교로 지정된 학교를 중심으로 변화가 일어났다. 물론 혁신학교도 처음에는 혁신학교 모델 적용이라는 외부로부터의 변화로 시작했다. 혁신학교는 전라북도교육청 기준 1)교육과정-수업-평가혁신, 2)민주적 학교운영 체제, 3)전문적 학습공동체, 4)따뜻한 학교공동체라는 기본적인 운영원리를 지니고 있다. 이는 곧 혁신학교가 지향하는 학교운영의 방향이자, 구축하고자 하는 틀로, 교사는 혁신학교 운영원리를 자신의 학교에 맞게 다양한 방식으로 실현해낸다. 구체적으로, 교육과정 워크숍 진행, 전문적 학습공동체 구성, 학부모와의 교육과정 간담회, 혁신학교 콘퍼런스 운영, 학생·학부모·교사가 함께하는 학년 말 대토론회, 혁신수업 공개 등 혁신학교 모델의 적용 및 구체화는 학교운영에 있어 많은 변화를 주었다.

교육과정 역시 마찬가지였다. 블록수업제, 자유놀이 시간 확보라는 시간표의 변화 이외에도 성취기준 기반 수업, 주제통합 수업, 프로젝트 수업 등 수업의 질적인 변화도 일어났다. 학기 시작 전 교육과정 워크숍에서 학년 교사들은 교사교육과정을 개발하였으며, 실행을 마친 후에는 협의를 통해 이듬해 교육과정에 수정·반영하기도 하였다.

이리동산초등학교 역시 이러한 변화의 중심에 서 있었다. 이리동산초등학교는 2015년에 혁신학교로 지정된 후 주제통합 수업이나 프로젝트 수업 등을 추진해왔고, 학교 속의 작은 학교(School in School)를 운영하며 다양한 학년교육과정, 특색 있는 학교교육과정을 만들어왔다. 교사들은 혁신학교를 이끌 교육철학을 스스로 만들었으며, 이를 바탕으로 창의적 교육과정 운영, 학교 조직개편, 학생과 수업에 대한 관점의 변화 등 새로운 변화를 시도하였다.

이리동산초등학교가 지향하는 바는 학생이 교육주체로 서는 것, 삶과 앎이 하나 되는 교육과정이다. 이를 위해 혁신학교 1기였던 2015년부터 2017년까지 3년 동안 이리동산초등학교는 도시형 혁신학교 교육과정 구축과 함께 체험 중심의 수업 개발, 차별화된 학년별 교육과정 구성 등 구체적 발판들을 마련하였다. '학교 속의 작은 학교'라는 학년 자치를 통해 학년 특성이 살아 있는 교육과정을 설계·운영하였고, 학생의 요구, 교사 철학, 사회적 이슈 등을 반영한 통합수업 및 교사교육과정을 만들어냈다. 학년 교사들은 학기 시작 전 교육과정 워크숍을 통해 올 한 해를 이끌어갈 굵직한 수업의 얼개(curriculum map)를 작성하였고, 학생들과 함께 이를 채워나가며 한 해를 운영하였다. 이리동산초등학교 교사들에게 공동연구와 공동실천은 일상이었고, 학년교육과정은 학년교사들이 공동으로 만들어낸 결과물이었다.

교육과정과 수업에 더 집중하여 살펴보면, 이리동산초등학교 교사들은 각 교과 수업 자체에 변화를 주기도 하였지만, 교과와 창의적 체험활동을 모두 아우르는 수업을 만들면서 교육과정 조직에 변화를 주기도 하였다. 교사들은 학생들에게 필요한 수업 목표와 주요 활동을 정한 후 관련 성취기준을 가져오는 방식으로 새로운 수업을 개발하였고, 이 수업은 자연스럽게 학생의 삶과 밀접한 경향이 있었다. 교사들은 이 수업에 학생들의 필요를 반영할 수 있었고, 학생으로부터 긍정적인 피드백을 많이 받았기 때문에 이 수업 형태를 더 지향했다.

이 과정에서 이리동산초등학교 교사들은 국가교육과정에 변화가 필요함을 느꼈다. 특히 이들은 국가교육과정 사용자로, 성취기준 중심의 수업을 지속적으로 해왔기 때문에 성취기준 사용에 민감할 수밖에 없었다. 교사가 교과보다 더 큰 맥락에서 큰 수업을 만들다 보면, 대주제 하에 각 교과가 도구로 들어가고, 수업 설계 과정에서 교사는 교과의 목표에는 적합하나 적절한 성취기준을 찾기 힘든 경험을 하게 된다. 이때쯤 필자가 작성한 아래의 글에는 국가교육과정 변화에 대한 이들의 목소리가 담겨 있다.

> 교사 차원의 성취기준 자율권을 제도적으로 보장해야 한다. 국가교육과정에서는 교과목표를 결정하고, 교사는 성취기준을 개발하는 방식으로, 성취기준을 필수 성취기준과 교사 자율 성취기준으로 나누어, 후자에 한하여 교사 자율권을 보장하는 것도 좋은 방법 중의 하나이다.
>
> (이윤미, 2018)

교사가 만든 교육과정이 일상적인 것으로 자리 잡게 되면서, 각 교사교육과정은 탄생과 소멸을 반복하는 일시적인 특성을 갖게 되었다. 교사들은 자신이 만든 교육과정이 교과와 창의적 체험활동 어디에도 속하지 않는다는 것을 발견하였고, 스스로 만든 수업에 시수를 부여하여 존재케 하고 싶어 했다. 그리고 이것은 곧 교사들이 자유롭게 쓸 수 있는 시수 확보라는 목소리로 드러났다.

또한 이리동산초등학교 교사들은 각 학년에서 산발적으로 이루어지고 있는 교사의 수업들을 정돈 및 조정할 필요성을 느꼈다. 뿐만 아니라 이를 공식화하고 공유할 필요성도 느꼈다. 이들은 동일한 통합수업이 학년을 달리하여 진행된다는 것과 몇몇 통합수업들은 계열성에 있어 조정이 필요하다는 것을 알게 되었다. 무엇보다 이들에게는 자신이 만든 교사교육과정, 즉, 교육과정의 새로운 조각을 담아낼 수 있는 모종의 공간, 그릇이 필요했다.

이런 열망이 있었기에 학교교과목에 대한 간담회가 이리동산초등학교에서 열렸을 때, 이들은 장학사, 대학교수와 이런 문제점들을 허심탄회하게 이야기할 수 있었다. 그리고 논의 끝에 학교교과목, 학교자치라는 개념에 다다랐고, 이듬해인 2019년, 혁신+준비학교로 지정되면서 학교교과목이라는 공간을 교육과정 편제표에서 마주하게 되었다.

학교교과목이라는 이름은 이리동산초등학교 교사들에게 '학교', '교과목', '학교+교과목'에 대해 숙고하는 기제가 되었다. 이들은 학교교과목이 자신의 수업을 담을 수 있는 형식이라고 생각하기도 했지만, 학교교과목이 무엇이어야 하는가, 라는 고민도 하기 시작했다. '이리동산초등학교에서만 배울 수 있는 것', '우리 학교 학생들에게 필요한 것', '학교, 지역, 학생 모두를 아우르는 것'에서부터 '지금까지 교사가 만들었던 교사교육과정' 등 교사의 마음속에는 학교교과목에 대한 형상이 자리 잡아가고 있었다.

2) 이리동산초등학교의 학교교과목 개발 과정

① 교과목의 의미 탐색 및 목표 설정

이리동산초등학교 교사들이 교과목을 개발할 때 가장 먼저 한 일은 교과목의 의미를 탐색하고 목표를 설정하는 일이다. 이 학교 교사들은 교육과정과 수업을 만들 때 '상생'을 가장 중요한 가치로 생각했다. 따라서 교육과정을 개발할 때 공동체, 더불어 사는 삶을 염두에 두고 숙의 과정을 통해 해당 교과목이 필요한 이유, 교과목의 의미, 교과목이 추구하는 가치, 교과목의 목표 등을 설정하였다.

'나는 동산인이다' 교과목의 경우, 학생들뿐 아니라 교사들도 이리동산초등학교에 대해 잘 알지 못한다는 자성에서부터 시작되었다. 이리동산초등학교는 80여 년의 전통을 자랑하는 학교지만 실제 이 학교의 역사에 대해 잘 알고 있는 교사는 드물었다.

> 우리 학교가 1941년에 개교한 유서 깊은 학교라는 걸, 20여 년 전에는 전북에서 몇 번째에 드는 큰 학교였다는 걸 얼마 전에 알았어요. ⋯ 문득 부끄러운 생각이 들었어요. 왜 학교를, 이 지역을 가르치지 않고 있었을까? 교사가 모르니 아이들이 모르는 것은 당연한 것 아닐까?(2020. 01. 13. 이리동산초등학교 학교혁신 워크숍 회의록, B교사)

이리동산초등학교 교사들은 2020년 1월 13~15일 개최된 학교혁신 워크숍에서 도시형 마을교육과정이 필요하고, 이를 우리 학교만의 정체성을 담는 교과목으로 발전시켜 꾸준히 가르칠 필요가 있음을 확인하였다. 가칭 '나는 동산인이다'라는 교과목 이름을 짓고 각 학년에서 이 교과목에 대해 고민해보기로 하였다. 이후 이들은 2월 20일부터 일주일간 각 학년 교육과정 워크숍을 실시하면서 '나는 동산인이다' 교과목이 필요한 이유, 의미, 가치, 목표 등을 설정하였다.

학생들이 주변을 통해 세상을 인식하고 자신이 사는 지역에 대한 애정, 관심, 애착을 키우는 일이 필요해요. 지역에 대한 긍정적인 마음을 갖는 기회가 될 수 있는 교과목을 만들어야 해요.(2020. 02. 20. 학년 교육과정 담당자 회의 회의록, C교사)

이 학교 교사들은 이 교과목을 통해 학생들이 자신이 살고 있고 늘 걸어 다니는 지역(학구 정도의 범위)에 대해 관심과 애정을 가졌으면 좋겠다는 바람을 갖고 있었다. 또한 '나는 동산인이다' 교과목이 이리동산초등학교만의 고유 교육과정 즉 이 학교에서만 가르칠 수 있는 교과목으로 자리 잡아야 한다고 생각했다.

이리동산초등학교 교사들은 전체 교사들 간의 회의, 각 학년 교사들 간의 회의 등을 통해 '나는 동산인이다' 교과목이 왜 필요한지, 무엇을 추구해야 하는지 등을 명료화하며 이 교과목의 의미를 찾았다. 이 과정을 통해 학교교과목 목표가 다음과 같이 설정되었다.

주변을 통해 세상을 인식하고, 우리 지역에 대한 애정과 긍정적인 마음을 형성한다.

아직 정확하게 문장화하고 정선하지는 않았으나, 교사들은 구두 합의를 통해 이 정도 수준까지 목표를 합의하였다. 그러나 개별 학년 교과목의 목표는 이 단계에서 아직 논의되지 않았다.

② 학생 관련 환경 분석

이리동산초등학교 교사들은 '나는 동산인이다'의 의미와 목표를 설정한 후, 학생을 둘러싼 제반 환경, 즉, 성취기준과 교과서, 학생들의 삶과 경험,

교사들의 필요와 요구, 사회적 요구 등을 분석하였다.

> 작년 성취기준이랑 올해 성취기준을 비교해보면, 작년에는 경제를 공부했는데, 올해는 경제가
> 없어요. 6학년에 가서 다시 경제를 공부하고, 역사는 올해부터 6학년까지 배우고…(2020. 02.
> 23. 5학년 교육과정 협의회 회의록, M교사)

이들이 가장 먼저 분석한 것은 국가교육과정 성취기준 및 교과서였다. 이들은 성취기준과 교과서를 분석할 때 해당 학년뿐 아니라 이전 학년과 이후 학년 내용까지 함께 살펴보았다. 성취기준과 교과서를 파악한 이후에는 학생들의 삶과 경험에 초점을 맞췄다. 이 학교에는 연임하거나 중임하는 교사들이 적지 않아 학생과 학생들이 경험한 것에 대한 이해도가 높았다.

> 우리 애들은 새로운 것에 관심과 호기심이 많으니까 좀 더 과감하게 나가자. 애들이 에너지가
> 많아서 작은 활동에도 신나게 참여하니까 올해도 시뮬레이션 수업을 많이 만들어보자.(2020.
> 02. 23. 5학년 교육과정 협의회 회의록, E교사)

교사들은 성취기준과 교과서, 학생들뿐 아니라 더 넓은 범위까지 확장하였다. 교사들이 필요하다고 생각하는 것, 사회적으로 필요하다고 생각하는 것까지 교육과정의 원천으로 생각하며 폭넓게 살펴보며 고민하였다. 이 과정에서 교사들은 학생을 둘러싼 제반 환경을 살펴보면서 '나는 동산인이다' 교과목을 어떤 방향으로 만들어가야 할지 논의하였고, 후반부에서는 어떤 영역을 매개로 접근해야 할지 그 범위를 좁혀나갔다.

③ 영역과 주제 설정

학생들을 중심에 두고 제반 환경들을 분석하며 대략적인 영역의 윤곽을 잡은 후, 각 학년 교육과정 담당자들은 학년에서 협의된 내용을 갖고 함께 모여 회의를 하였다. 이들은 각 학년에서 일차적으로 윤곽을 잡은 영역이나 주제를 공유하였다. 이 과정에서 서로의 영역이 적당한지 의견을 나누며 도움을 주고받았다.

> D교사: 1학년 통합교과에 학교라는 주제가 있어서 동산초를 탐구하되 교과서와 달리 학교에 대해 좀 더 깊이 들어가 보는 게 좋을 것 같아요.
>
> G교사: 3학년 국가교육과정은 익산시를 배우도록 되어 있는데 갑자기 너무 넓어지는 것 같아 고민이에요. 우리 동네를 좀 더 심화해서 공부하고, 익산시는 간단한 주제만 잡아서 확장시켜 보는 게 어떨까 싶어요.
>
> (2020. 02. 24. 학년교육과정 담당자 회의 회의록)

교사들은 1차 협의를 통해 각 학년에서 분석한 내용을 공유한 후 다시 학년으로 돌아가 협의하였다. 며칠 후 다시 2차 회의가 열렸다.

> E교사: 5학년은 동산동의 경제를 중심으로 동산동을 알아가기로 했어요. 학교 근처 가게부터 접근해보면서 동산동에 살아가는 사람들의 삶에 가까이 가보려고 해요.
>
> C교사: 1~3학년까지는 학교에서 동산동까지 점점 범위가 넓어지고, 4~6학년은 동산동으로 한정하되 지리, 경제, 정치적 측면에서 접근하는 것으로 협의가 되었습니다.
>
> (2020. 03. 06. 학년교육과정 담당자 회의 회의록)

2차 회의를 통해 각 학년의 영역과 주제는 좀 더 명확해졌다. 이 과정에서는 각 학년의 내용이 서로 겹치지 않고, 심화될 수 있도록 조정하는 작업을 하였는데, 영역과 주제가 성취기준 및 교과서와 연결되는 학년도 있었고, 국가교육과정에 없는 새로운 영역이나 주제를 만든 학년도 있었다. 이후 협의는 단체 온라인을 통해 실시하였다.

여러 차례 온라인, 오프라인 회의를 통해 '나는 동산인이다' 교과목의 기둥이 되는 영역과 주제가 확정되었다. 이리동산초등학교 교사들은 학교교과목에 한해서는 국가 차원의 기준이나 자료에 얽매이지 않아도 된다고 생각하고 있기에 영역이나 주제를 정함에 있어 자율성을 보였으며, 각 학년에서 다룰 범위가 서로 겹치지 않으면서 심화될 수 있도록 조정하는 모습을 보였다. 이 중 5학년의 영역과 주제를 살펴보면 다음과 같다.

- 5학년 주제: 골목상권
- 영역: 1)동네 가게 탐색, 2)윤리적 소비 실천, 3)경제의 의미 이해

④ 내용과 활동 개발

학년별로 영역과 주제가 정해지고 난 후, 각 학년에서는 본격적으로 교과목의 구체적인 내용과 활동을 설계하기 시작하였다. 이 과정에서 학년별 교과목(하위 교과목)의 이름도 정해졌다. 학년별 교과목의 이름은 그 학년이 무엇을 가르치고자 하는지 의도와 내용을 드러내는 제목으로 정하였다. 이리동산초등학교 교사들이 정한 학년교과목 이름은 학문을 떠올리는 이름이 아니라, 그 교과목이 추구하는 가치와 내용을 짐작할 수 있게 하는 이름이었다. 또한 학생들의 수준에서 이해할 수 있는 이름, 흥미를 느낄 수 있는

이름이었다. 학년 차원의 하위 교과목 이름이 정해지면 어떤 방향으로 교과목을 개발할 것인지는 합의된 상태라 할 수 있다.

> 회의하면서 자꾸 동산동보다 경제에 치중하게 되는 것 같아요. 경제를 통해 동산동을 알아가는 교과목이니까 근처 가게를 중심으로, 구멍가게들이 즐비한 학교 앞 골목상권에 대해 공부하며 동산동 사람들을 만나게 하면 좋겠어요.(2020. 03. 17. 5학년 교육과정 협의회 회의록, B교사)

이후에는 무엇을, 어떻게 가르칠 것인가의 문제를 두고 여러 차례 동학년 교육과정 회의가 이어졌다. '무엇을 가르칠 것인가'라는 질문에 대한 대답을 찾는 이 과정에서 가르칠 내용과 활동도 함께 논의되었다. 이리동산초등학교 교사들은 학교교과목에서 가르칠 내용과 활동을 정할 때 성취기준이나 교과서에서 자유로웠다. 이들은 성취기준을 만들 수 있다고 생각하기에 내용을 선정하는 데 자율성의 폭이 넓었다. 또한 학생들의 의견을 반영하여 가르칠 내용을 수정할 예정이기에 내용을 선정할 때 수정 가능성을 염두에 두고 비교적 성글게 짜는 편이었다.

> 행복한 소비라는 것은 합리적이면서도 윤리적이어야 해. 두 가지가 조화를 이루어야 할 것 같은데… 이 부분에서 천 원의 행복 어때? 아니면 모둠별로 만 원을 주고 계획을 해서 사보는 것도 좋을 것 같아 … 남부시장에 가보면 어떨까?(2020. 03. 17. 5학년 교육과정 협의회 회의록, E교사)

이리동산초등학교 교사들은 내용과 활동을 만들 때 학생들의 삶의 범위, 흥미, 발달단계를 중요하게 고려하였다. 이들은 학생들이 늘 다니는 공간, 친밀하게 느낄만한 실생활과 관련된 주제, 발달단계에 따른 특성 등을 고려하여 내용과 활동을 선정하였다.

다음은 5학년이 개발한 〈나는 동산인이다 - 동산에 다 있소!〉 교과목 내용과 활동 중 일부다.

- 5학년 교과목명: 동산에 다 있소

- 단원명: (파리) 풍성제과

- 주요내용과 활동: * 내가 자주 이용하는 가게 발표하기(경험)

    - 같은 종류 다른 가게 묶어보기(프랜차이즈 알아보기)

    * 백종원의 골목식당 영상보기

    * 우리 동네에만 있는 가게(비프랜차이즈)

    - 살아남은 비법 찾기(면담)

    * 동산동에 있어서 고마운 가게

    - 대동산○○지도 그리기, 홍보포스터, UCC 만들기

    * 동산동에 있으면 좋을 것 같은 가게(시설)은?

    - 창업계획서 만들기

학교교과목을 개발하는 일련의 과정 중에서 내용과 활동을 정하는 일은 꽤 많은 시간과 노력이 소요되는 절차였다. 학교교과목 개발은 기존에 없는 새로운 교육과정을 창조하는 일이기에 교사들은 자료를 찾아 공부하며 손수 수업자료를 만들어야 했다. 또한 각자가 나누어 개발한 자료들을 몇 차례에 걸쳐 서로 보완해주는 과정이 필요했다. 따라서 내용 및 활동 개발은 교사들의 사고력, 창의력, 집단지성의 힘이 많이 발현되는 과정이라 할 수 있었다.

⑤ 학년별 교과목 목표 설정

내용과 활동을 정하는 과정이 마무리될 즈음에는 학년별 교과목 목표도 구체화하였다.

5학년: 내가 살고 있는 동산동 골목상권을 살펴보고, 모두가 행복한 합리적 소비자로 살아가기 위한 자세를 기른다.

학년별 목표가 정해지고 나면 교사들은 교과목 계획을 문서화하기 시작했다. 수업개요도를 그리고, 소단원의 내용과 활동을 정리하는 과정을 거쳐 교과목의 계획은 성글게 윤곽을 드러냈다.

⑥ 각 단원의 성취기준 개발

이리동산초등학교 교사들은 내용과 활동, 학년에서의 교과목 목표 등을 설정하고 초안을 만든 후, 각 단원의 성취기준을 개발하고 확정하는 일을 했다. 이들은 국가교육과정의 성취기준과 연결하기도 하고, 학년에서 새로운 성취기준을 자체적으로 만들어 삽입하기도 했다.

성취기준은 '건강한 소비활동을 한다', 아니면 '동산동 구성원으로서 동산동 지역 활성화를 위한 소비활동에 참여한다'로 하면 어때? … 우리 지역을 사랑하는 마음이 중요하니까 '동산동이 잘 살고 발전하는 데 나도 기여한다는 생각으로 소비생활에 임한다'가 좋을 것 같아.(2020. 03. 25. 5학년 교육과정 협의회 회의록, E교사)

각 학년 교사들은 교과목 개발이 시작될 때 구축한 교과목의 의미와 목표에 기반해서 내용과 활동을 엮어 성취기준을 개발하였다. 즉, 교과목이 추구하는 가치를 중점에 두고, 내용과 활동 등을 고려하여 협의를 거쳐 성취기준을 개발하였다.

다음은 5학년이 개발한 '나는 동산인이다' 교과목 일부 단원의 성취기준이다. 코드가 있는 것은 2015 개정 교육과정 성취기준이고, 그 외의 것은 학년의 교사들이 개발한 것이다.

- 단원명: (파리) 풍성제과

- 성취기준:

[교사개발] 골목상권 탐방을 통해 동산동 경제활동에 대해 관심을 가진다.

[교사개발] 이웃들이 자주 이용하고 사랑받는 가게들의 특징을 이해할 수 있다.

[교사개발] 동산동의 발전에 기여할 수 있는 소비 활동을 찾아 실천한다.

[교사개발] 소비 활동의 결과물을 활용하여 경제개념을 이해할 수 있다.

[6국01-07] 상대가 처한 상황을 이해하고 공감하며 듣는 태도를 지닌다.

[6미01-05] 미술 활동에 타 교과의 내용, 방법 등을 활용할 수 있다.

[6실03-03] 용돈 관리의 필요성을 알고 자신의 필요와 욕구를 고려한 합리적인 소비생활 방법을 탐색하여 실생활에 적용한다.

⑦ 시수배정 및 시기 결정

이리동산초등학교 교사들은 내용과 활동, 성취기준이 확정되면, 어느 정도의 시간을 배정할지, 언제 가르칠지를 결정하였다. 이 과정은 긴 시간이 소요되지 않았다. 시수와 시기는 실행 과정에서 수정될 것을 염두에 두고 대략 결정하였다.

12차시도 너무 적어요 … 12차시로 확정 짓지 말고 우선 쭉 짜봐요. 어느 활동을 할지 일단 짜보고 모자랄 것 같으면 다른 교과 시간 끌어다 써봐요 … 2학기 10월쯤 하기로 하고, 그때 수업을 하면서 시간을 융통성 있게 조절해봅시다.(2020. 03. 25. 6학년 교육과정 협의회 회의록, K교사)

이들은 처음부터 대략적인 시수를 염두에 두었지만, 꼭 필요한 내용과 활동이 생기면 시수에 크게 얽매이지 않고 교과목을 개발하였다. 다른 교과, 창의적 체험활동 등과 통합하여 운영하는 방법을 선택할 수 있기 때문에 이들은 시수를 비교적 융통성 있게 보고 있었다.

⑧ 교과목 계획 공유 및 확정

이리동산초등학교 교사들은 학년 교과목 계획이 나오면 전체 학년이 함께 모여 서로 계획을 공유·확정했다. 이들은 중복되는 부분이 있는지, 학년별 위계는 맞는지 등을 확인하며 서로의 계획에 대한 이해를 높이는 과정을 거쳤다. 이는 다른 학년의 교과목 계획을 숙지하고 있으면 추후 교과목을 실행하는 과정에서 참고가 될 수 있고, 함께할 수 있는 활동이 있다면 통합해서 할 수 있기 때문이었다. 이 과정에서 의견 교환을 거치며 각 학년 교과목 계획에 소폭 수정이 일어나기도 했다. 회의를 통해 학교교과목 목표와 내용이 확정되면, 이들은 학교교과목과 관련된 모든 자료를 공유했다. 이리동산초등학교는 학교 서버의 공유폴더를 통해 서로의 교육과정, 교육과정 자료 등을 일상적으로 공유하고 있어 항상 다른 학년의 교육활동을 참고할 수 있는 시스템을 갖추고 있었다. 따라서 학교교과목과 관련된 자료 역시 이와 같은 방식으로 공유하였다. 또한 교사들은 학교교과목 문서화 작업을 통해 그 결과를 정리하여 학교교육과정 문서에 반영하고 교장, 교감과도 공유하였다.

⑨ 교과목 수업자료(package) 개발

학교교과목 개발의 핵심은 학생들에게 배움이 일어날 수 있는 일련의 수업자료를 개발하는 일이다. 앞의 과정이 잘 이루어졌다고 할지라도 이 과정에서 수업자료가 적절하게 개발되지 않으면 교과목의 질을 담보하기 어렵다. 따라서 교사들은 이 과정에 많은 시간과 노력을 들이고 있었다.

> 협의한 내용을 바탕으로 각자 다음 주 월요일까지 수업자료의 뼈대만 만들어 와서 다시 협의
> 합시다. 너무 자세하게 계획해오면 수정하기 아까우니까 대략적인 개요만 브리핑하고 의견 받
> 아서 자세하게 만들기로 합시다.(2020. 04. 08. 5학년 교육과정 협의회 회의록, I교사)

이리동산초등학교 교사들은 구체적인 수업자료를 개발할 때 집단지성의 힘을 중요하게 여기고 있었다. 기계적으로 단원을 나누어 각자 자료를 개발하는 방식이 아니라, 자료 개발을 위한 초안을 함께 마련하고 중간에 서로 교차 검증을 해주며 발전시키는 방식으로 자료를 개발하고 있었다.

> '영수증으로 알아보는 경제'는 아이들이 자주 가는 '왕눈이 분식'이나 '1등 문구'에서 물건을 사
> 고 영수증을 가져다가 수업을 하면 어떨까요? 영수증에는 상호명, 사업주, 부가세 이런 거 다
> 나오니까…. 교사들이 미용실, 엄마트 등 하나씩 가서 직접 사고 영수증을 받아옵시다.(2020.
> 04. 10. 5학년 교육과정 협의회 회의록, M교사)

실제 교사들이 개발한 수업자료에는 각종 영상, 동화책, 놀이나 게임,

PPT, 학생용 활동지, 노래, 시뮬레이션 등 다양하고 양도 많이 담겨 있었다. 교사들은 학생들이 친숙하게 느낄 만한 자료를 제작하기 위해 직접 학교 앞 가게를 가기도 하고, 시장조사를 나가기도 했다. 주변에서 구할 수 있는 다양한 자료들을 가져다 사용하기도 하고, 교사들이 직접 제작하기도 하면서 학생들에게 적절한 자료들을 개발하였다. 만들어진 수업자료는 '교육용 공유폴더'라는 공간에 학년별, 교과목별 폴더를 만들어 체계적으로 관리하였다.

3) 학교교과목 개발 절차 및 특성

① 학교교과목 개발 절차

이리동산초등학교 교사들이 학교교과목을 개발하는 과정에서 수행한 일을 절차화하면 다음과 같이 나타낼 수 있다.

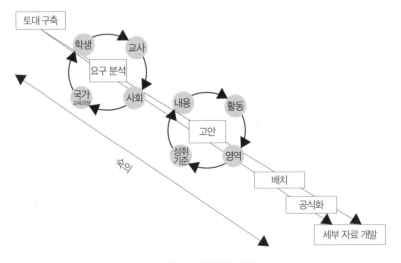

학교교과목 개발 절차

교사들은 학교교과목을 개발하는 데 총 여섯 단계를 거쳤다. 이 여섯 단계는 연구자가 이리동산초등학교 교사들의 학교교과목 개발 과정으로부터 도출했으며, 이들이 인식하고 있는 학교교과목 개발 과정을 반영한 것이기도 하다. 즉, 연구자와 이리동산초등학교 교사들은 함께 절차를 확정해나갔으며 이 과정에서 동료 교사들이 포함해야 한다는 절차를 최대한 반영하였다.

첫 번째는 교과목의 의미를 탐색하고 목표를 설정하는 '토대(Platform) 구축' 단계다. 이 단계에서 교사들은 자유 토의를 통해 개발하고자 하는 교과목을 탐색하고, 교과목의 의미, 필요성, 가치 등을 공유하며 이에 대한 마음을 모은다. 교사 구성원 사이에서 개발할 교과목이 정해지면, 교과목 목표를 설정한다.

두 번째는 '요구 분석(Needs Analysis)'으로, 이 단계에서는 교과목을 만들기 위해 학생과 학생들을 둘러싼 제반 환경, 즉 학생, 국가교육과정, 교사, 사회의 요구를 분석한다. 학생들의 발달단계와 흥미 등을 고려하고, 학생들에게 영향을 미치는 국가교육과정과 교과서를 분석하는 등, 교사는 교과목의 범위를 점점 명확히 한다. 나아가 교사가 필요하다고 생각하는 교육, 사회적으로 요구되는 교육 등을 분석하면서 교과목의 교육방향을 구체화한다. 국가교육과정 개발에서의 요구 분석이 보편적이고 일반적이라면, 학교교과목은 가르칠 학생, 그 학생을 둘러싼 환경을 실질적으로 고려함으로써 학생에게 적확한 교과목의 내용 범위를 찾아 나간다.

세 번째는 영역, 내용, 활동, 목표, 성취기준을 설계 및 개발하는 단계인 '고안(Devise & Explore)' 단계다. 이 단계를 통해 교과목의 몸체가 완성되는데, 학년 간 어디까지 다루어야 할지에 대한 계열성의 결정부터 무엇을 가르쳐야 할지에 관한 구체적인 단원 계획까지 모두 완성된다. 이 단계에서 가장 특징적인 것은 목표-영역-내용-성취기준-활동이 순차적인 흐름에 의해 개발되는 것이 아니라 모든 것이 뒤섞여 개발된다는 것이다. 또한 구체적인 수업내용과 활동이 정해지고 나서 성취기준이 확정된다는 것이다. 교사들은 이전에도 하고 싶은 수업내용과 활동을 정하고 나서 이와 관련된 성취기준을 배치하였기 때문에 이 단계에서도 수업내용과 활동을 만들고 나서 성취기준을 개발하거나 관련 성취기준을 배정하는 방식을 취하고 있었다. 이 단계의 또 다른 특징은 교사의 연구가 가장 활발히 일어난다는 것이다. 교사는 교과목을 구현하기 위해 관련 서적 탐구에서부터 여러 자료 탐색까지, 다양하고 방대한 자료들을 섭렵해나가며 교과목을 구체화해나간다.

네 번째는 시수를 배정하고 실행 시기를 결정하는 '배치(Arrange)' 단계로, 이 단계에서 교육과정 계획은 일차적으로 완성된다. 이 단계를 통해 교사들은 교과목 단원에 필요한 시수를 확정하고, 가르칠 시기를 결정한다. 국가교육과정 개발에서 시수 배정은 성취기준을 개발하는 단계에서 이루어지지만, 학교교과목 개발에서는 내용, 활동, 성취기준을 개발한 후에 최종 확정된다는 점에서 시기적인 차이가 있다.

다섯 번째는 '공식화(Formulate)' 단계로, 이 단계에서는 교과목 계획을 공유하고 확정하는 작업이 이루어진다. 이 단계에서 학교교과목이 학교교육과정 문서에 공식적으로 기록된다. 국가교육과정 개발과 비교해보면 '공식화' 단계는 '고시' 정도에 해당한다. 이 단계를 통해 교사들은 학교교과목 계획을 공식적으로 천명하고, 이는 구체적인 자료를 개발할 수 있는 근거가 된다.

여섯째는 교과목 수업자료를 개발하는 '세부자료 개발(Making curriculum package)'이다. 이 단계에서 교사들은 실제 수업에서 사용하는 교육과정 자료를 만든다. 자료는 교과서라는 지면 형태에서 벗어나 매체, 워크시트, 관련 동화책, 영상, 체험활동 등 다양한 형태로 구성된다. 교과목 계획을 수업자료로 구현하는 이 단계에서 교사들의 협력은 필수적이다. 집단지성을 통해 자료의 질적 수준을 높이고, 교차 검증을 통해 자료의 객관성을 확보할 수 있기 때문이다. 국가교육과정 개발과 비교해보면, 교과서 및 각종 자료를 집필하는 단계에 해당하는데, 학교교과목의 경우 교과목 개발자와 실행자가 동일하기 때문에 교과목 개발과 실행이 거의 동시에 일어난다. 세부자료 개발은 마지막에 일어나는 단계이기도 하지만, 고안 단계에서 교과목 몸체를 구체화하기 위해 미리 예상하고 탐색했었던 단계이기도 하다.

이리동산초등학교 교사들이 교과목을 개발하는 절차인 여섯 가지 전반에는 교사들 간의 의견이 타협되고 조정되는 과정인 '숙의'가 작동하고 있다. 첫 번째 단계인 토대 구축에서부터 마지막 단계인 세부자료 개발까지 교사가 학교교과목의 각 단계를 하나씩 완성하기까지 이들은 구성원 간의 숙의를 거쳤다. 이들은 학년 간/학년 내 끊임없이 회의했으며, 이들에게 주어진 '학교교과목 개발'이라는 문제를 해결하기 위해 구성원들이 모여 절차마다 의사결정을 하는 모습을 보였다. 숙의 모형을 제안한 Walker(1971)의 경우 숙의를 토대와 설계의 사이에 위치시키며 특정한 단계에서 행해지는 것처럼 제시하고 있으나, 실제 이리동산초등학교 교사들은 모든 절차에서 숙의 과정을 거쳤다. 사실상 이들에게 '숙의'란 문제를 해결하는 하나의 행위로, 교사는 매 단계 당면한 문제를 해결하기 위해 숙의하는 모습을 보였다.

② 학교교과목 개발 과정의 특성

• 학교교과목 개발과 실행 과정은 현 교과의 적용보다 역동적이고 순환적이다.

일반적으로 국가교육과정이 고시되어 교실에 적용되기까지에는 일련의 순서가 있다. 국가교육과정 고시까지도 일련의 단계가 있으며, 국가교육과정이 고시되면 교과서 개발 관련 사항이 뒤이어 안내되는 등 모든 일이 순차적으로 일어난다. 따라서 교육과정 고시와 적용 사이에는 항상 시간적 차이가 있다. 이는 법적 절차 및 행정적 여건, 하향식 접근에 의한 현상이기도 하지만, 각 단계마다 주관하는 주체가 상이하기 때문이기도 하다. 그러나 교사의 학교교과목 개발 과정에서는 이것이 하나로 나타난다. 교과목 개발 및 실행의 주체가 교사로 같아지면서 이 일련의 일들은 분리되지 않았다. 교사는 학교교과목의 목표와 방향성만 확정되면 구체적인 수업을 그려나가며 교과목 내용 확정과 자료 개발을 거의 동시에 해나간다. 이 과정에서 단원이나 수업명 등이 먼저 정해지기도 하고, 수업에 대한 아이디어가 내용으로 연결되기도 한다. 또한 학년 간 내용 범위 및 위계가 조정되면 앞서 구상한 수업을 수정하기도 하는 등 교사는 '교과목 개발↔자료 개발↔수업'이라는 모든 단계를 가로지르며 각 단계를 개발·정련·수정해나간다.

교사가 각 단계를 분리하면서도 하나로 인식하는 이유는 차후 있을 자료 개발과 수업의 실행 주체로서 이것 또한 염두에 두지 않을 수 없기 때문이다. 사실 국가교육과정도 이후 단계인 교과서 개발을 고려하여 개발한다. 7차 사회과 교육과정 개발 과정을 기술한 연구에서는 교육과정 집필이 교과서 개발을 염두에 두고 있음을 진술하고 있으며(이혁규, 2000), 2009 개정 통합교과 교육과정 역시 주제교과서 개발을 위해 교육과정에서부터 바른 생활, 슬기로운 생활, 즐거운 생활의 주제를 통합하여 제시하는 방식을 취하고 있다(교육과학기술부, 2011). 교사 역시 이와 마찬가지다. 교사는 자신이 직접 수행해야 할 수업이 있기 때문에 수업까지 고려하여 교과목의 몸체를 확정·조정하는 모습을 보였다. 교사의 이러한 행위는 각 단계, 즉, '교과목 개발↔자료 개발↔수업'의 일체성을 높이는 효과를 가져왔다.

주지하다시피, 각 단계가 일방향으로만 진행되고 앞 단계로 선회할 수 없을 때, 다음 단계의 주체는 주어진 것에 억지로 맞추거나 주어진 것과의 괴리를 택한다. 교과서 편찬 과정을 통해 성취기준 개선사항을 제시한 선행연구는 주어진 성취기준으로 교과서를 개발할 때 성취기준이 지나치게 광범위하거나 협소했음을 언급했다(조상연·김세영·정광순, 2013). 또한 한 연구는 교육과정에 없는 내용을 교과서 개발자가 임의적으로 교과서에 넣는 관행이 교육과정-교과서 간 불일치를 야기했고, 이것은 곧 교사 교육과정 사용의 걸림돌로 작동한다고 언급하기도 했다(김세영, 2017). 이처럼 '국가교육과정→교과서→수업'은 이미 정해진 것을 구체화하는 과정이기에 약간의 불협화음이 발생할 가능성이 있다. 그러나 교사의 교과목 개발 및 실행 과정은 교사라는 주체가 모든 단계를 넘나들 수 있기에 언제든지 이전·이후의 수정이 가능하고 그만큼 단계 간 높은 결속력을 보였다.

이처럼 각 단계의 결속력이 높아진 이유는 교사라는 단일한 요인에 의해서만은 아니다. 이리동산초등학교 교사들은 학교교과목 개발과 실행의 주체로서, 그 실행 과정에서 자신이 지닌 교육과정 권한을 학생에게 많은 부분 이양하는 모습을 보였다. 즉, 학생이 학교교과목 개발의 또 다른 주체가 되면서, 시수나 구체적인 수업 활동 등은 이들에 의해 결정되었다. 이에 자연스럽게 '개발↔계획↔실행' 과정은 밀접성과 순환성을 띠게 되었으며, 계획과 실행 사이의 거리는 그만큼 가까워졌다. 교사들은 학생들에게 수업과 시수의 권한이 있다는 것을 인지하고 계획 단계에서 모든 것을 확정 짓지 않았으며, 계획 단계에서 계획은 세웠지만, 실행 단계에서 학생에 의해 언제든지 변할 수 있다는 가정을 긍수하고 있었다. 따라서 이들의 계획은 미결정성을 띠고 있으며, 교육과정에 있어 소위 '숲을 그린 후 나무를 그리는(강충열, 2012)', 즉 숲은 교사 또는 교과가 중심이 되는, 나무는 학생이 중심이 되는 특성을 보이고 있었다. 다시 말해, 교사와 학생이 함께 교과목을 역동적으로 만들어가고 있었다.

• 학교교과목은 국가교육과정과 완전히 상이한 별개의 것이 아니다.

학교교과목은 국가교육과정에서는 다룰 수 없는 것, 교사가 현재 마주하고 있는 학생에 적확한 것, 국민보다는 지역주민으로서의 학생 등을 출발점에 두고 있다. 따라서 학교교과목은 국가교육과정과 그 시작에 있어 차이가 있다. 이리동산초등학교 교사 역시 학교교과목을 개발할 때 국가교육과정과는 다른 것을 만들자는 마음가짐으로 출발했다. 그러나 전체적인 개발 과정에서 학교교과목은 국가교육과정과 상호보완적·협력적 관계를 맺고 있었다. 먼저 교사는 학교교과목의 목표를 정하고, 이를 구체화하는 과정에서 학생, 교사, 국가교육과정, 교과서 등을 자신에게 주어진 것으로 보고 이것들이 요구하는 바를 분석했다. 이 과정에서 국가교육과정은 학교교과목의 일부 내용을 구성하는 원천으로 작동하며 학교교과목에 개입한다. 또한 교사는 학교교과목을 내용과 활동, 실제적인 수업으로 구체화하는 과정에서 자신이 정한 수업내용과 관련된 교과 성취기준이 있는지 다시 한 번 살펴본다. 이를 통해 교사는 학교교과목을 국가교육과정과 연결하고, 학교교과목 아래 여러 교과교육과정을 재배치한다. 각 교과 성취기준은 교과가 아닌 학교교과목으로 재배열되고, 교사는 학교교과목에 필요한 성취기준을 추가 개발하여 학교교과목 교육과정을 완성한다. 즉, 학교교과목은 국가교육과정을 완전히 전복시키지도, 그렇다고 해서 국가교육과정에 온전히 예

학교교과목과 국가교육과정과의 관계

속되지도 않는다. 학교교과목 개발 과정에서 이 둘은 굴러가는 바퀴의 이미지를 그려낸다.

교사는 학교교과목을 다루지만, 국가교육과정도 다룬다. 특히 초등교사는 모든 교과를 가르치기 때문에 이들은 교육과정을 운영할 때 효율성을 발휘한다. 지금 가르치는 교과와 타 교과가 연결된다면, 학생의 배움에 통일성이 주어진다면, 초등교사는 언제든지 교과와 교과를 함께 다룬다. 이리동산초등학교 교사들 역시 마찬가지다. 이 교사들은 학교교과목의 방향을 설정하고 이것을 중심으로 학교교과목을 구체화해나가지만, 이들이 정한 학교교과목과 유관한 국가교육과정 내용을 굳이 배제하지 않았다. 또한 이들이 학교교과목의 성취기준을 확정할 때, 이들이 개발한 성취기준만 사용할 이유도 없다. 그 수업을 하는 데 타 교과의 교육과정 성취기준이 적합하면 얼마든지 사용할 수 있다.

이를 통해 교사가 학교교과목을 개발할 때 국가교육과정을 적절히 사용함으로써 학교교과목과 국가교육과정을 연결하고 있음을 확인할 수 있다. 무엇보다 교사가 만들어낸 학교교과목 교육과정에 국가교육과정 일부가 작동된다는 것은 곧 학교교과목이라는 교육과정의 새로운 조각에 의해 기존 교과 형태가 새로운 단위로 묶일 수 있음을 시사하기도 한다. 이때 위의 그림은 새롭게 해석될 수 있다. 국가가 위에 있고 학교가 아래에 있는 교과 형태, 즉 국가에서 교과가 개발되고 학교에서 적용된다는 일반적 원리는 바퀴라는 이미지를 갖게 되었을 때 그 위치가 얼마든지 변할 수 있다. 이 위치 변동성은 국가-학교가 평행한 위치에, 혹은 학교가 국가 위에 있을 수 있음을 말해준다. 그리고 학교가 위에 있을 때, 학교교과목에 의해 국가교육과정이 재배치·재배열됨으로써 학교교과목은 교육과정 조직의 새로운 형태를 제안할 수 있다.

• 교사는 구체적인 수업내용과 활동을 기반으로 성취기준을 개발한다.

교과 교육과정 개발자들이 성취기준을 개발하는 방식은 개발자마다 다를 수 있다. 그러나 일반적으로 이들은 이미 확보된 교과(학문) 내용의 계열성, 교과와 유관한 사회적 변화, 교육 현장의 요구들을 반영하여 '내용+활동'이라는 형식으로 성취기준을 개발할 것이다. 이리동산초등학교 교사들역시 마찬가지다. 이들은 성취기준 사용자로, 현 성취기준 형식에 익숙하기에 이에서 벗어나기보다도 그 형식에 맞추어 성취기준을 개발했다. 그러나이들이 성취기준을 개발한 방식은 교과 교육과정 개발자와 차이가 있다.

이리동산초등학교 교사들이 성취기준을 개발하는 과정에서 흥미로운 점은 이들에게 가장 익숙한 수업을 만드는 것에서부터 시작한다는 것이다. 교사는 수업내용과 활동을 개발하고 나서 그 수업에서 달성 가능한 성취기준을 추출하면서 성취기준을 만든다. 즉, 교사는 '이 수업을 통해 학생들이 이런 기준을 성취할 수 있겠군'이라는 방식으로 성취기준을 만들어나간다. 이것이 곧 교사들이 성취기준을 만드는 방식이다. 이들은 학생을 가장 근접한거리에서 가르치면서 학년별로 학생들이 어느 정도 할 수 있는지, 학생에게 필요한 것이 무엇인지 체감적으로 알고 있다. 그리고 이 앎을 바탕으로 교사는 학생 수준에 맞는 수업을 개발하고, 그 수업을 중심으로 성취기준을 개발한다. 또한 앞서 말했듯이 수업 내용과 활동은 학생에 의해 변경될 수 있으므로 성취기준 역시 변경될 가능성이 있다. 가령 수업을 하면서 필요한 학생 능력이 생기면, 교사는 언제든지 성취기준을 개발하여 투입할 수 있다. 즉, 교사는 수업 및 수업의 실행을 통해 성취기준을 개발하며, 한 해의 실행을 거쳐 이를 확정한다. 이렇게 개발된 성취기준을 기반으로 학교교과목 교육과정이 완성될 것이며, 이는 이듬해에 유의미하게 작동할 것이다.

4) 연구결과

이 글은 이리동산초등학교의 학교교과목 현상을 통해 교사가 학교교과목을 어떤 절차로 개발하는지, 그 절차는 어떤 특성을 지니고 있는지 탐구한 결과를 기록한 것이다. 학교교과목 개발을 좇아가는 여정은 교과목 개발자이자 실행자인 교사의 족적을 밟아가는 일이었고, 이는 이제까지 통상적으로 인식하던 교육과정 개발에서 적용까지의 단계와 차이가 있었다. 교사는 '교과목 개발-교수학습 자료 개발-실행'까지 모든 단계의 주체로서 각 단계를 넘나들며 역동적이고 순환적인 한 흐름을 만들어냈고, 이 과정에서 개발-계획-실행이라는 행위는 분리되면서도 합체되는 등 유기적인 모습을 보였다. 이는 곧 앞으로의 학교교과목 현상 탐구 및 관련 제도 보완에 유의미한 방향성을 제시한다.

먼저 학교교과목 제도와 관련하여 학교교과목 현상은 기존 행정적 절차에서 벗어나 개발에서 실행까지 모두를 고려하여 지원할 필요가 있다. 이리동산초등학교의 경우, 2019~2021년에 개발한 학교교과목을 토대로 2021년 10월경부터 정식으로 학교교과목을 공식화하는 절차를 밟을 예정이다. 이는 3년 동안의 경험을 통해 학교교과목의 기본 토대가 마련되었기 때문에 가능한 일이다. 이리동산초등학교 사례가 시사하는 것은, 교과목 개설에도 준비 기간, 예비 시행단계가 필요하다는 것이다. 교육부나 교육청에서 교과서를 개발하고 난 후 실험학교를 거쳐 최종 완성하듯이, 학교 차원에서도 적합성 검토, 실험 단계를 거쳐 완성도를 높인 후 정식 개설을 신청할 필요가 있다. 또한 학교교과목을 개발하는 학교나 교사의 경우, 교사용 도서 제작과 활용의 제도적 근거를 마련하여 학교교과목 실행을 지원하려면(전라북도교육청, '2020b), 더더욱 실험 단계를 거쳐야 완성도 높은 교사용 도서 개발이 가능할 것이다. 나아가 학생용 교재도 제작될 수 있도록 지원하여 학교교과목 실행을 돕는 일도 병행되어야 할 것이다.

다음으로 학교교과목 개발 현상을 온전하게 탐구하기 위해 실행까지의 단계를 탐구하는 후속 연구가 필요하다. 본 연구에서도 알 수 있듯이 교사의 학교교과목 개발 절차는 실행을 거쳤을 때 비로소 완성된다. 교사는 계획의 많은 부분을 실행으로 유보하고 있었고, 교사의 계획 자체도 실행에 의해 많은 부분 수정될 여지가 있었다. 이에 교사의 계획이 실행에서 어떻게 변모하는지, 실행을 마쳤을 때 학교교과목 교육과정은 어떤 모습으로 완성되는지 실행까지의 여정을 또 한 번 밟아나갈 필요가 있다. 이런 연구의 축적이 학교교과목 현상을 더욱 오롯하게 비춰줄 것이고, 현상에 대한 이해를 더 온전하게 해줄 것이다. 무엇보다 초등학교에서의 학교교과목 현상은 지금 발생하는 초기 현상이기에, 부분적 시각이나 한 면만을 바라보는 관점보다 다각적·입체적으로 접근하는 태도가 필요하다.

부록: '나는 동산인이다' 교과목 계획서

1. 교과목 개관

① '나는 동산인이다'의 필요성 및 목적

우리 학교는 이 지역에 사는 교직원들이 선호하지 않는 원도심학교로, 대부분 타 지역에서 출퇴근하는 교직원들로 구성되어 있다. 원거리 출퇴근의 어려움으로 인해 대다수 교직원은 잠시 머물다 떠나가고 있어 학교와 지역에 대한 이해도가 매우 낮은 상황이다. 1941년에 개교하여 80여 년의 전통을 자랑하는 학교지만, 학교의 역사에 대해 잘 알고 있는 이를 찾기 어렵고, 동산동이 과거 도심의 중심지였다는 사실을 아는 이도 별로 없다. 따라서 삶의 터전인 학교와 지역이 교육과정 개발의 원천이 되지 못함으로써 삶과 앎을 연결하는 교육과정을 만드는 데 한계를 보여왔다. 이에 학교와 지역을 기반으로 한 실질적인 학교교육과정이 필요하다는 요구에 직면하게 되었다. '나는 동산인이다'는 이러한 배경에서 탄생한 교과목으로, 학생들을 둘러싼 제반 환경들을 원자료(raw data)로 사용하며 다양한 교과를 통합하는 통합교육과정의 성격을 띠고 있다. '나는 동산인이다'는 학생들이 자신이 살고 있고 늘 걸어 다니는 지역에 관심과 애정을 갖고, 지역공동체 안에서 더불어 살아가는 꼬마 시민으로 자라는 데 목적을 두고 있다. 학생들이 매일 생활하는 학교를 중심으로, 동네와 이웃, 정감 있는 골목의 가게들과 지역

문화유산에 관심을 가지고, 이를 이해하는 경험을 통해 공동체 안에서 어울려 살아가는 힘을 기르게 될 것이다. 또한 자신이 속한 공동체의 문제에 관심을 가지고 직접 해결해보는 경험을 통해 바람직한 민주시민으로 성장할 수 있는 발판을 마련할 수 있을 것이다.

② '나는 동산인이다'의 지향점

③ 추구하는 목표

교과목 목표 주변을 통해 세상을 인식하고, 우리 지역에 대한 애정과 긍정적인 마음을 형성한다.

학년	학년별 교과목 목표
1학년	우리 학교에 대해 알아보고 학교를 위해 애쓰시는 분들에게 고마움을 표현한다.
2학년	내가 살고 있는 동네의 모습과 동네 사람들이 하는 일을 살펴보며 우리 동네에 관심을 가진다.
3학년	동산동에서 익산까지 문화유산과 유적지를 탐방하고, 역사와 문화를 이해하고 소중히 여기는 마음을 갖는다.
4학년	동산동의 지리적, 사회문화적 환경을 살펴봄으로써 동산동에 대한 관심과 애정을 갖는다.
5학년	내가 살고 있는 동산동 골목상권을 살펴보고 모두가 행복한 합리적 소비자로 살아가기 위한 자세를 기른다.
6학년	지역사회의 문제를 찾아 함께 해결하며 민주적 의사결정 과정을 체험하고, 우리 지역을 사랑하는 마음을 갖는다.

④ 교과목 체계

가. 내용 체계

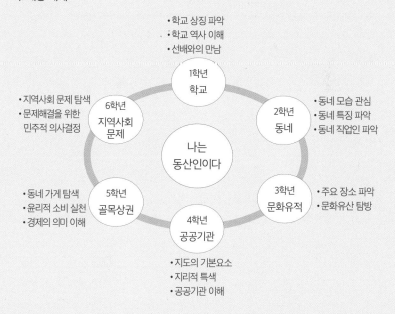

나. 영역 및 성취기준

	영역	교사개발 성취기준
1학년	학교	-우리 학교의 교가, 교목, 교화, 교조를 알아본다. -학교의 변화된 모습을 살펴보고, 우리 학교의 모습을 다양하게 표현한다. -학교를 빛낸 인물을 알고, 학교를 위해 애쓰시는 분들에 대한 고마움과 소중함을 느낀다.
2학년	동네	-내가 살고 있는 곳에 관심을 가진다. -주변 동네의 모습에 대해 이해한다. -동네를 위해 애쓰시는 분들에 대한 고마움과 소중함을 느낀다.
3학년	문화유적	-동산동의 문화재에 대해 알아보고 단군사당을 탐방하는 활동을 통해 동산동에 대한 자긍심을 기를 수 있다. -문화재의 특징을 살려 문화재 모형을 만들 수 있다. -익산의 문화유산 소개 홍보지를 다양한 방법으로 만들 수 있다.
4학년	공공기관	-동산동의 공공기관을 직, 간접적으로 체험하며 지역에 대한 관심을 갖는다. -동산동의 장점을 찾아 홍보하는 활동을 통해 우리 지역에 대한 긍정적 장소감을 기른다.
5학년	골목상권	-골목상권 탐방을 통해 동산동 경제활동에 대해 관심을 갖는다. -이웃들이 자주 이용하고 사랑하는 가게들의 특징을 이해할 수 있다. -동산동의 발전에 기여할 수 있는 소비 활동을 찾아 실천한다. -소비 활동의 결과물을 활용하여 경제개념을 이해할 수 있다.
6학년	지역사회 문제	-동산동의 문제를 찾고, 민주적으로 해결하는 경험을 통해 우리 지역을 사랑하는 마음을 갖는다.

⑤ 평가의 방향

'나는 동산인이다' 교과목은 우리 지역에 대한 이해와 함께 자신이 살고 있는 곳에 대한 자긍심을 기르는 데 그 목적이 있다. 따라서 평가는 수업의 전반적인 과정에 걸쳐 긍정적인 가치를 내면화하고 사회우호적인 실천으로 이어지도록 환류하는 데 중점을 둔다. 이를 통해 내가 속한 지역에 애정을 가지고 주변을 소중하게 대하는 태도로 상생의 마음을 가질 수 있도록 한다.

교과목 평가의 원리는 다음과 같다.

(가) 학생의 학습과정과 성취수준을 고려하여 학생의 성장과 발달을 돕는 방향으로 실시한다.

(나) 지식 위주의 학력을 넘어 지식, 가치와 태도, 실천이 조화를 이루는 평가를 지향한다.

(다) 학습을 위한 평가, 학습으로서의 평가 및 다양한 방법의 평가를 한다.

(라) 실생활에 밀접하고 의미 있는 수행평가를 통해 삶의 역량을 기르도록 한다.

(마) 교과목에 제시된 목표와 내용과 일관성을 유지하는 평가를 한다.

2. 학년별 교과목 계획

1학년: 동산에 살어리랏다

① 교과목을 만든 의도

학교는 1학년 학생들에게 낯선 환경이기도 하지만 이 안에서 친구, 선생님을 만나 사회적인 관계를 만들어가는 중요한 공간이며 모든 것이 새롭고 호기심의 대상이다. '동산에 살어리랏다' 교과목에는 학교에 대한 호기심을 바탕으로 학교 상징물을 조사하고, 개교기념일의 의미를 알며 이로부터 동산초등학교 역사와 선배들의 발자취를 수집, 이해, 탐구해보는 과정이 담겨 있다. 궁극적으로는 이러한 활동을 통해 우리 학생들이 동산인으로서 자부심과 애교심이 스스로 자리 잡을 수 있도록 구성하였다.

[학교 알아보기], [학교야 생일 축하해], [자랑스러운 동산인] 활동을 통해 '주변에 대한 관심과 이해' 능력이 신장되고, 탐구 활동 속에서 학생들이 주변의 모습, 주변의 관계를 알고, 관찰하기, 조사하기 등 기초적인 탐구기능 또한 기를 수 있을 것이다. 이를 통해 의사소통 역량, 공동체 역량을 신장시키고, 앞으로의 학교생활을 위한 기초, 기본 학습 능력이 향상되기를 기대한다.

② 교과목 계획

가. 목표

우리 학교에 대해 알아보고, 학교를 위해 애쓰시는 분들에게 고마움을 표현한다.

나. 개요

1학년 수준에 맞추어 ①내가 다니는 학교의 상징물에 대해 알아보고 ② 학교의 역사를 알아본 후 ③동산을 빛낸 선배들의 활동까지 알아보도록 구성해보았다.

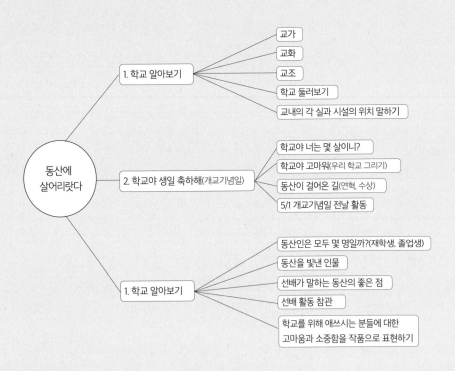

다. 세부계획

순	단원명	실행시기	주요내용과 활동	성취기준	시수
1	학교 둘러보기	7월 ~ 11월	내가 생각했던 학교 그려보기 우리 집에서 학교 오는 길 표시해보기 학교 운동장에 무엇이 있는지 살펴보기 학교 안 여러 교실의 이름과 하는 일 알아보기 학교 산책하기 교내외 각 실과 시설의 위치 말하기	[교사개발] 우리 학교의 교가, 교목, 교화, 교조를 알아본다. [교사개발] 학교의 변화된 모습을 살펴보고, 우리 학교의 모습을 다양하게 표현한다. [교사개발] 학교를 빛낸 인물을 알고, 학교를 위해 애쓰시는 분들에 대한 고마움과 소중함을 느낀다. [2슬01-01] 학교 안과 밖, 교실을 둘러보면서 위치와 학교생활 모습 등을 알아본다.	4
2	학교 상징		교가, 교화, 교조 배우고 활동하기 -교가 부르기 -교화, 교조 그리기		2
3	개교 기념일		학교 나이 알아보기 동산이 걸어온 길(연혁, 수상) 학교의 변천사 살펴보기(졸업 앨범 속 학교 전경의 변화 살펴보기, PPT 자료) 학교 그리기		2
4	자랑스러운 동산인		동산인 수 알아보기(재학생, 졸업생) 동산을 빛낸 인물(동산 기네스) 선배가 말하는 동산의 좋은 점(우리 학교를 졸업하신 부모님께 여쭈어보기) 선배활동 참관 학교를 위해 애쓰시는 분들에 대한 고마움과 소중함을 작품으로 표현하기		2
			총		10

라. 평가

평가 의도	동산인으로서 학교와 주변에 관심을 갖고 애교심과 자부심을 갖도록 하며 동산을 빛낸 인물을 알고, 학교를 위해 애쓰시는 분들에 대한 편지 쓰기(또는 그리기)를 통해 감사한 마음을 표현하는지 학생들의 활동을 통하여 평가하고자 한다.
평가 내용	1. 학교 안과 밖, 교실을 둘러보며 위치 말하기 　[2슬01-01] 학교 안과 밖, 교실을 둘러보면서 위치와 학교생활 모습 등을 알아본다. 2. 학교를 위해 애쓰시는 분들에 대한 고마움과 소중함 표현하기 　[2즐03-01] 가족 구성원(학교구성원까지 확대)이 하는 역할을 고려하여 고마운 마음을 작품으로 표현한다.

평가기준	평가방식							
	평가주체			평가시기		평가방법		
	교사	자기	동료	과정	결과	관찰	구술	지필
학교 안과 밖, 교실을 둘러보며 위치를 말할 수 있는가?	√				√	√	√	
학교를 위해 애쓰시는 분들에 대한 고마움과 소중함을 느끼는가?	√		√		√	√	√	

2학년: 다같이 돌자, 동산동

① 교과목을 만든 의도

'다같이 돌자, 동산동'은 내가 사는 동네의 모습과 동네 사람들이 하는 일을 살펴보며 동산동에 대한 좋은 관심과 내가 사는 환경에 애착을 갖도록 만든 교과목이다. 이 교과목을 통해 내가 사는 곳 및 환경을 제대로 이해한다면 나의 삶은 편리해질 수 있을 것이며 보다 더 적극적으로 삶을 바라보는 경험을 얻을 수 있을 것이다. 또한 동네를 직접 탐방한 뒤 동네 그림지도를 직접 만들고, 여러 가지 직업에 대해 인터뷰하는 과정에서 주변의 이웃에 관심을 가지고 공동체 역량을 기를 수 있으며, 학교와 지역사회 구성원들과의 의사를 이해하고 소통하는 의사소통 역량을 키울 수 있을 것이다.

② 교과목 계획

가. 목표

내가 살고 있는 동네의 모습과 동네 사람들이 하는 일을 살펴보며 우리 동네에 관심을 가진다.

나. 개요

2학년 수준에 맞추어 ①내가 사는 동네에 관심을 가지고 ②동네를 직접 자세히 탐방해본 뒤 ③동네를 이루며 사는 사람들에게까지 시선이 미치도록 하는 순서로 구성해보았다.

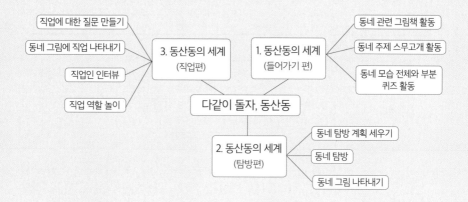

다. 세부계획

순	단원명	실행 시기	주요내용과 활동	성취기준	시수
1	동산동의 세계 (들어가기편)	10월	1. '동네 한 바퀴' 관련 그림책 활동 2. 동네 주제 스무고개 활동 -동네에서 볼 수 있는 곳 및 직업과 관련한 활동 진행 3. 동네 모습 전체와 부분 퀴즈 활동 -동네 모습 중 일부를 사진 찍어 그 곳이 어디인지 맞춰보는 활동 진행	[교사개발] 내가 살고 있는 곳에 관심을 가진다. [교사개발] 주변 동네의 모습에 대해 이해한다. [교사개발] 동네를 위해 애쓰시는 분들에 대한 고마움과 소중함을 느낀다. [2국05-01] 느낌과 분위기를 살려 그림책, 시나 노래, 짧은 이야기를 들려주거나 듣는다. [2슬05-03] 동네의 모습을 관찰하고 그림으로 그려 설명한다. [2슬05-04] 동네 사람들이 하는 일, 직업 등을 조사하여 발표한다. [2즐05-04] 동네에서 볼 수 있는 직업과 관련된 놀이를 한다.	2
2	동산동의 세계 (탐방편)		1. 동네 탐험 계획 세우기 2. 건물, 장소를 중심으로 동네 탐험하기 -코로나19 상황 고려하며 너무 넓지 않고 2학년 수준에서 기억할 수 있는 범위 내로 진행 3. 동네 그림 나타내기		5
3	동산동의 세계 (직업편)		1. 동네 그림 위에 동네 사람들의 직업 나타내기 2. 직업에 대한 질문 만들기 -각반에서 설문조사를 통해 인터뷰 대상 직업과 질문 마련 3. 질문을 토대로 동네 직업인 인터뷰하기 -코로나19 상황을 고려하여 교사가 학생들의 질문내용을 바탕으로 직업인 인터뷰 4. 실제 인터뷰 내용을 토대로 선생님이 대리인이 되어 인터뷰하기 5. 동네 직업인에게 고마움을 담아 편지 쓰기 6. 직업 역할 놀이		5
총					12

라. 평가

평가 의도	동네를 살펴보고 동네지도를 표현해보면서, 학생들이 내가 살고 있는 동네의 모습과 동네 사람들이 하는 일을 어느 정도로 파악하였는지 평가하고자 한다. 동네 사람들의 직업에 대한 고마움을 담아 편지를 쓰는 활동을 통해 지역공동체에 관심을 어느 정도 가지고 있는지 평가하고자 한다.
평가 내용	1. 건물, 장소를 중심으로 동네 탐험하고 동네 그림 나타내기 2. 동네 사람들의 직업에 대한 고마움을 담아 편지 쓰기

평가기준	평가방식							
	평가주체			평가시기		평가방법		
	교사	자기	동료	과정	결과	관찰	구술	지필
건물, 장소를 중심으로 동네 탐험하고 동네 그림을 나타낼 수 있는가?	√	√			√	√		
동네 사람들의 직업에 대한 고마움을 담아 편지를 쓸 수 있는가?	√				√			√

3학년: 동산동에서 익산까지

① 교과목을 만든 의도

우리 학교 학생들은 동산동에서 태어나 살고 있지만 정작 동산동, 익산에 대해서는 자세히 알고 있지 못한다. 학생들이 자신이 살고 있는 지역과 문화유산에 대해 알아보면서 동산동과 익산지역의 역사를 바로 알고, 애정과 관심을 갖게 되기를 바라며 이 수업을 구상하게 되었다.

먼저 동산동의 지도, 백지도를 통해 우리 지역에 대한 정보를 지리적으로 학습하도록 하였다. 익산시의 문화재를 조사해보고 소개해보는 활동과 미륵사지, 서동공원, 익산 향교 현장학습을 통해 체험해보는 활동을 구성하였다. 마지막으로 익산문화유산박람회 활동을 통해 문화재 모형과 홍보지를 만들고 박람회를 감상해보는 활동으로 마무리한다.

이 교과목을 통해 다양한 정보를 활용하여 동산동을 포함한 익산의 역사와 문화를 이해하고, 지역 공동체의 일원으로서 지역에 대한 자부심을 갖게 되기를 바란다. 또한 지역의 문화재를 탐방하고 이를 소중히 여기는 경험을 통해 심미적 감성 역량을 길러 당당한 동산인으로 살아가기를 바란다.

② 교과목 계획

가. 목표

동산동에서 익산까지 문화유산과 유적지를 탐방하고, 역사와 문화를 이해하고 소중히 여기는 마음을 갖는다.

나. 개요

3학년 수준에 맞추어 ①동산동과 익산의 문화재를 조사하고 ②익산문화유산을 탐방한 후 ③익산문화유산박람회를 실시하는 순서로 구성하였다.

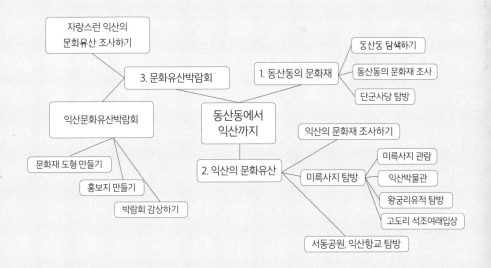

다. 세부계획

순	단원명	실행 시기	주요내용과 활동	성취기준	시수
1	동산동의 문화재		1. 동산동 탐색하기 -동산동 문화재 알아보기 2. 단군사당 탐방	[교사개발] 동산동의 문화재에 대해 알아보고 단군사당을 탐방하는 활동을 통해 동산동에 대한 자긍심을 기를 수 있다.	6
2	익산의 문화유산	6월 ~ 9월	1. 익산시 문화재 조사하기 2. 미륵사지 체험학습 -9월 중 익산문화유산 교육과정(익산박물관, 고도리 석조여래입상, 왕궁리 유적, 미륵사지 관람) 3. 익산시 서동공원, 익산향교 체험 학습 -9월 중 익산문화유산 교육과정	[교사개발] 문화재의 특징을 살려 문화재모형을 만들 수 있다. [교사개발] 익산의 문화유산 소개홍보지를 다양한 방법으로 만들 수 있다. [4사01-02] 디지털 영상 지도 등을 활용하여 주요 지형지물들의 위치를 파악하고, 동산동의 실제 모습을 익힌다.	12
3	문화유산 박람회		1. 자랑스런 익산의 문화유산 조사 하기 2. 익산문화유산박람회 -문화재 모형과 홍보지 만들고 박람회 감상하기 -나도 문화해설사(문화재 소개하기)	[4사01-04] 고장에 전해 내려오는 대표적인 문화유산을 살펴보고 고장에 대한 자긍심을 기른다. [4미03-04] 미술 작품을 감상하는 올바른 태도를 알고 작품을 소중히 다룰 수 있다.	14
			총		32

라. 평가

평가 의도	동산동과 익산의 문화유산과 유적지를 중심으로 탐방해보는 활동을 통해 학생들이 역사와 문화를 이해하고 소중히 여기는 마음을 함양하였는지, 우리 지역인 동산동과 익산을 사랑하고 이에 대한 기본적인 정보를 잘 알아보았는지를 평가하고자 한다.
평가 내용	1. 동산동과 익산 지역 탐색하기 　[4사01-01] 우리 마을 또는 고장의 모습을 자유롭게 그려보고, 서로 비교하여 공통점과 차이점을 찾아 고장에 대한 서로 다른 장소감을 탐색한다. 　[4사01-02] 디지털 영상 지도 등을 활용하여 주요 지형지물들의 위치를 파악하고, 백지도에 다시 배치하는 활동을 통하여 마을 또는 고장의 실제 모습을 익힌다. 　[교사개발] 동산동의 문화재에 대해 알아보고 단군사당을 탐방하는 활동을 통해 동산동에 대한 자긍심을 기를 수 있다. 2. 익산의 문화유산 이해하고 소중히 여기는 마음 가지기 　[4사01-04] 고장에 전해 내려오는 대표적인 문화유산을 살펴보고 고장에 대한 자긍심을 기른다. 　[4미03-04] 미술 작품을 감상하는 올바른 태도를 알고 작품을 소중히 다룰 수 있다. 　[교사개발] 익산의 문화유산을 소개하는 홍보지를 다양한 방법으로 만들 수 있다.

평가기준	평가방식							
	평가주체			평가시기		평가 방법		
	교사	자기	동료	과정	결과	구술	관찰	지필
디지털 영상 지도 등을 활용하여 고장의 모습을 그릴 수 있는가?	√			√	√	√	√	
익산의 문화유산을 조사하고, 소중히 여기는 마음을 담아 홍보지를 다양한 방법으로 만들 수 있는가?	√	√	√	√	√	√	√	

4학년: 동산동 클라쓰(동산동에 있다)

① 교과목을 만든 의도

학생들이 태어나고 4학년이 되는 동안 짧게는 1~2년, 길게는 10년 이상 이곳 동산동에 살며 인간관계를 맺고 삶을 꾸려나가고 있지만 정작 우리 지역, 우리 동네에 대해서는 알고 있는 정보가 거의 없다. 우리는 이 교과목을 통해 학생들이 자신이 사는 지역(동산동)에 대해 알아보고 이를 바탕으로 우리 동네에 대한 애정 어린 마음을 갖게 되기를 바랐다.

먼저 학생들이 자신이 살고 있는 동네 동산동의 지리적 환경을 파악하는 활동을 통해 1차적으로 지도의 기본요소(방위, 기호와 범례, 축척)의 의미를 학습하며 지도를 보는 방법을 익히고 2차적으로는 우리 동네에 내가 몰랐던 우리 지역의 장소 이곳저곳에 대하여 알아보도록 하였다. 그다음 우리 지역의 사회문화적 환경(공공기관 및 주거지, 다른 기관과 장소들)을 직접 조사하고 이곳에서 하는 일과 어떠한 사람들이 일을 하고 있는지를 알아보며 각 기관이 우리 동네 주민들의 생활에 어떠한 영향을 주는지 탐구하면서 지역사회 차원에서 공공기관의 중요성을 인식하도록 하였다. 마지막으로 원도심 지역으로 낙후된 동네라는 이미지를 탈피하기 위한 합리적인 방법을 탐색하며 동산동의 자랑거리를 함께 알아본 후 우리 지역을 직접 홍보하는 활동을 통해 내가 사는 우리 동네, 동산동을 소중히 여기는 자세를 기르고 지역에 대해 긍정적 장소감을 가지도록 하고 싶었다.

이 교과목 수업을 통해 익숙하게 매일 지나다니는 길, 우리 집, 우리 학교, 근처 가게들에 대해 유심히 관찰하고, 그 결과를 생활에 적용하는 지식정보처리 역량을 기를 수 있을 것이다. 더불어 탐색한 우리 동네 공동체에 꾸준히 관심을 가지고, 동네를 잘 가꾸고 발전시켜나가는 마음을 실천하는 4학년 학생들이 되기를 바란다.

② 교과목 계획

가. 목표

동산동의 지리적, 사회문화적 환경을 살펴봄으로써 동산동에 대한 관심과 애정을 갖는다.

나. 개요

동산동 클라쓰 수업의 흐름은 ①동산동의 지도, 백지도를 통해 우리 지역에 대한 정보를 지리적으로 학습하고 ②우리 지역의 공공기관들을 알아보고 공공기관의 종류와 역할을 역할극 시연과 공공기관 누리집 검색을 통해 조사해본 후 공공기관 이외에도 동산동에 어떠한 기관들(교육기관, 소비기관 등)이 얼마나 있는지, 나는 이 기관들을 얼마나 이용하는지 조사함으로써 나와 동산동이 밀접한 관계가 있음을 안다. 마지막으로 ③동산동에 사는 사람을 인터뷰하여 동산동의 좋은 점, 동산동에서 좋아하는 장소를 알아보고 동산동의 자랑거리를 찾아본 후 동산동 홍보지에 들어갈 사진 자료와 내용을 수집하여 동산동 홍보지, 동산동 홍보 배지 만들기 활동을 하도록 구성하였다.

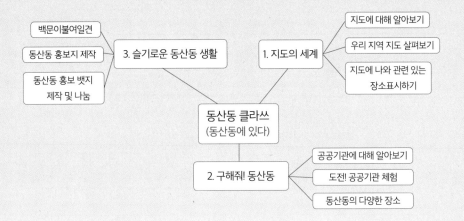

다. 세부계획

순	단원명	실행 시기	주요내용과 활동	성취기준	시수
1	지도의 세계		-지도에 대해 알아보기(방위, 등고선, 기호와 범례 등) -우리 지역(동산동) 지도 살펴보기 -지도에 있는 장소 표시하기 -내가 한 달 동안 가장 많이 방문한 장소 표, 막대그래프로 나타내고 지도에 스티커 붙여보기	[교사개발] 동산동의 공공기관을 직, 간접적으로 체험하며 지역에 관심을 갖는다. [교사개발] 동산동의 장점을 찾아 홍보하는 활동을 통해 우리 지역에 긍정적 장소감을 기른다.	6
2	구해줘! 동산동	7월	-공공기관에 대해 알아보기(종류, 역할 등) -동산동 지도에 공공기관 위치 표시 -도전! 공공기관 체험 : 사이버체험(공공기관 누리집 검색), 역할극(전라북도의 생활 참고하여 대본 쓰고 역할극 시연하기) -공공기관 이외에 동산동의 다양한 장소를 조사하고 그래프로 표현하기 -동산동의 한 장소를 방문하여 인증샷 찍고 어떤 곳인지 소개하는 글쓰기	[4사03-01] 지도의 기본요소에 내한 이해를 바딩으로 하여 우리 지역 지도에 나타난 지리 정보를 실제 생활에 활용한다. [4사03-05] 우리 지역에 있는 공공기관의 종류와 역할을 조사하고, 공공기관이 지역주민들의 생활에 주는 도움을 탐색한다. [4수05-03] 여러 가지 자료를 수집, 분류, 정리하여 자료의 특성에 맞는 그래프로 나타내고, 그래프를 해석할 수 있다. [4미01-02] 주변 대상을 탐색하여 자신의 느낌과 생각을 다양한 방법으로 나타낼 수 있다.	10
3	슬기로운 동산동 생활		-백문이 불여일견 : 사진 자료 수집, 인터뷰 -동산동 홍보지 제작 -동산동 홍보 배지 제작 및 나눔		8
총					24

라. 평가

평가 의도	동산동 주민들과 밀접하게 관련이 있는 공공기관들을 다양하게 알아가는 활동을 통해 학생들이 동산동의 지리와 행정에 대하여 이해하고, 자신이 살아가는 지역인 동산동에 더욱 관심을 갖게 되었는지 평가하고자 한다.
평가 내용	1. 우리 지역 동산동 백지도에 지도의 기본요소(방위, 위치, 기호와 범례) 표시하기 ▶[4사03-01] 지도의 기본요소에 대한 이해를 바탕으로 하여 우리 지역 지도에 나타난 지리 정보를 실제 생활에 활용한다. 2. 우리 지역에 있는 공공기관의 종류와 역할을 조사하여 기록하기 ▶[4사03-05] 우리 지역에 있는 공공기관의 종류와 역할을 조사하고, 공공기관이 지역주민들의 생활에 주는 도움을 탐색한다. 3. 우리 동네(동산동)의 장점이 잘 드러나게 홍보지를 작성하기 ▶[교사개발] 수집한 자료를 바탕으로 우리 동네(동산동)의 장점이 잘 드러나게 홍보지를 작성할 수 있다.

평가기준	평가방식							
	평가자			평가내용		평가방법		
	교사	자기	동료	과정	결과물	구술	관찰	보고서
지도의 기본 요소와 공공기관에 대해 이해하고 이를 나만의 동산동 책에 적절히 표현하였는가?	√			√			√	
동산동의 자랑거리에 대한 이해를 바탕으로 홍보지를 제작했는가?	√	√	√		√		√	√

5학년: 동산에 다 있소!

① 교과목을 만든 의도

동산동에는 특별한 색깔이 있다. 키 작은 건물들이 서로 맞닿아 옹기종기 모여 있고, 골목골목으로 언니, 동생, 삼촌, 이모 하며 다들 모르는 사람이 없는 것 같은 정겨운 동네. 문을 활짝 열어두고 지나가는 사람들과 수다를 떠느라 정신이 없는 곳도 보이고, 또 어느 곳은 근처에 번쩍번쩍한 프랜차이즈 경쟁업체를 옆에 두고도 손님이 끊이지 않는 모습이 보이기도 한다. 아이들은 '우리 동네, 동산동'을 어떻게 생각하고 있을까? 이 수업을 통해 동산동이 잘 살고 발전하는 데 '나도 기여할 수 있다'는 생각을 지닌 합리적인 동산 소비자가 되어주길 바란다.

② 교과목 계획

가. 목표

내가 살고 있는 동산동의 골목상권을 살펴보고 모두가 행복한 합리적 소비자로 살아가기 위한 자세를 기른다.

나. 개요

학생들은 자신들이 자주 가는 가게에 대한 경험 나누기로부터 시작하여 백종원의 골목식당 영상을 보며 지역 골목상권의 중요성을 알아보았다. 그리고 동네에서 사랑받는 가게들을 찾아가 프랜차이즈의 공격적인 마케팅을 이겨낸 비법을 알아보고, 우리 동네에 대한 자부심도 함께 느껴보도록 했다. 또, 이런 가게들을 업종별로 묶어 '대동산○○지도'를 그려보고 지도 속 가게를 홍보하기 위한 포스터, UCC 등을 제작하는 활동, 동산동에 있으면 좋을 것 같은 가게에 대해 창업계획서를 만들어보는 활동 등으로 수업을 구

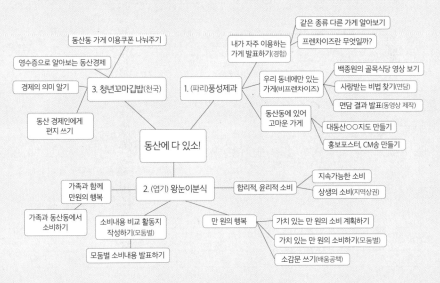

성하여 동산동의 경제활동에 대한 관심을 끌어올리고자 했다.

　1단원에서 동산동 골목상권을 살펴보는 활동을 주로 구성하였다면, 2, 3 단원에서는 동산동의 소비자 주체로서의 활동에 집중했다. 학생들은, 만 원으로 살 수 있는 것들을 떠올리고 가장 가치 있는 소비를 실천한다. 그리고 모둠별로 자신의 소비내용을 공유하고 소감을 나누는 과정에서 합리적 소비, 윤리적 소비의 개념을, 동산동 안에서 사용하고 받은 영수증 안에 담긴 용어들을 분석하며 경제의 의미를 정리하는 순서로 구성하였다.

다. 세부계획

교과목 명	나는 동산인이다 - 동산에 다 있소!		시수	15시간	실행시기	11~12월

순	단원명	주요내용과 활동	성취기준	시수
1.	(파리) 풍성제과	*내가 자주 이용하는 가게 발표하기(경험) 　-같은 종류 다른 가게 묶어보기(프랜차이즈란 무엇일까?) *우리 동네에만 있는 가게(비프랜차이즈) 　-백종원의 골목식당 영상보기 　-사랑받는 비법 찾기(면담 및 면담 결과 발표) *동산동에 있어서 고마운 가게 　-대동산**지도 만들기 　-홍보포스터, CM송 만들기 *동산동에 있으면 좋을 것 같은 가게(시설)은? 　-나는 꼬마CEO(창업계획서 만들기)	[교사개발] 골목상권 탐방을 통해 동산동 경제활동에 대해 관심을 가진다. [교사개발] 이웃들이 자주 이용하고 사랑받는 가게들의 특징을 이해할 수 있다. [교사개발] 동산동의 발전에 기여할 수 있는 소비 활동을 찾아 실천한다.	8
2	(엽기) 왕눈이 분식	*합리적, 윤리적 소비 　-지속가능한 소비 　-상생의 소비(지역상권) *만 원의 행복 　-가치 있는 만 원의 소비계획하기 　-가치 있게 소비하기(모둠별) 　-소감문 쓰기(배움공책) *소비내용 비교활동지 작성하기(모둠별) 　-모둠별 소비 내용발표하기 *가족과 함께 만 원의 행복 　-가족과 동산동에서 소비해보기	[교사개발] 소비 활동의 결과물을 활용하여 경제개념을 이해할 수 있다. [6국01-07] 상대가 처한 상황을 이해하고 공감하며 듣는 태도를 지닌다. [6미01-05] 미술 활동에 타 교과의 내용, 방법 등을 활용할 수 있다. [6실03-03] 용돈 관리의 필요성을 알고 자신의 필요와 욕구를 고려한 합리적인 소비생활 방법을 탐색하여 실생활에 적용한다.	4
3	청년꼬마 김밥(천국)	*동산동 가게 이용쿠폰 나눠주기 *영수증으로 알아보는 동산 경제 *경제의 의미 알기 *동산 경제인에게 편지쓰기		3
총				15

라. 평가

평가 의도	내가 터를 잡고 있는 이곳, 동산동에 대해 얼마나 알고 있을까? 동산동의 골목경제를 탐방하고 동산동에 있어서 고마운 가게, 프랜차이즈와의 경쟁 속에서도 꿋꿋하게 살아남아 사랑받는 우리 동네만의 가게, 그리고 그 비법을 발견하는 과정을 통해 동산동 경제활동에 관심을 갖게 하고자 한다. 주어진 재화를 합리적으로 소비해보고, 그 내용을 상호 평가하는 과정을 통해 동산동의 상생과 발전에 기여할 수 있음을 느끼도록 한다.
평가 내용	1. 동산동에 대한 이해를 바탕으로 나만의 창업계획서 만들기 ▶ 관련 성취기준: [5학교교과] 골목경제 탐방을 통해 동산동 경제활동에 관심을 가진다. 2. 주어진 재화를 어떻게 쓸지 계획하고 의미 있게 소비한 과정 설명하기 ▶ 관련 성취기준 : [5학교교과] 동산동이 잘 살고 발전하는 데 나도 기여할 수 있다는 생각으로 소비활동에 참여한다.

평가기준	평가방식							
	평가자			평가시기		평가방법		
	교사	자기	동료	과정	결과	구술	관찰	지필
동산동에 대한 이해를 바탕으로 나만의 창업 계획서를 만들었는가?	√	√	√		√	√		
주어진 재화를 어떻게 쓸지 계획하고 의미 있게 소비한 과정을 설명할 수 있는가?	√		√	√		√		

6학년: 동산의 문제, 내 손으로!

① 교과목을 만든 의도

사람은 살아가면서 많은 문제를 경험하고, 이를 해결하면서 살아간다. 사회가 발전하고 지식의 양이 증가하면서 개인이 맞닥뜨리는 문제 양상은 더 복잡해지고 다양해지고 있다. 더욱이 지금 우리가 살아가고 있는 정보화 시대를 넘어선 4차 산업혁명 시대에는 폭증하는 지식과 정보 안에서 개인이 어떤 선택과 결정을 하느냐가 이후의 결과에 미치는 영향이 매우 크다. 이런 시대적 변화에 발맞추어 학생들도 주어진 지식을 단순히 습득하는 것을 넘어, 스스로 문제를 발견하고 자신에게 맞는 문제해결 방법을 찾아가는 능력을 길러야 한다.

민주사회의 구성원으로서 공동체 내에서 다른 사람과 합의하여 민주적으로 해결 방법을 찾는 힘은 학교에서 익히고 연습해야 할 중요한 능력이다. 학생들은 자신과 타인을 모두 고려하면서 다수의 행복을 추구하는 경험을 거쳐 이후 민주시민으로 살아갈 수 있는 자질을 갖추게 된다.

'동산의 문제, 내 손으로!' 교과목은 이런 민주적 의사결정을 통한 문제해결 과정을 삶에서 경험하도록 구성하였다. 민주주의 원리와 국가기관의 기능, 선거제도, 다수결의 원리 등에 국한된 교과서 안의 민주주의 원리에서 벗어나, 학생들이 자신의 삶에서 직접 경험한 문제를 친구들과 함께 찾고, 민주적 합의를 통해 해결하는 경험을 하는 기회를 제공하고자 하였다. 학생들은 학교와 지역사회에서 직접 경험한 문제 상황을 스스로 발견하고, 친구들과 논의하여 문제해결의 우선순위를 정해 해결책을 찾고, 해결 방법을 제안하고 실제로 해결되는 과정을 경험하면서 민주주의가 멀리 있지 않고 자신의 삶과 직접 관련되어 있으며, 자신이 그 주체임을 인식하게 될 것이다. 이 교과목을 통해 학생들이 실천을 바탕으로 민주적 가치와 태도, 생활 방식을 내면화하고 지식정보처리 및 공동체 역량을 길러 바람직한 민주시민으로 성장하게 되기를 바란다.

② 교과목 계획

가. 목표

지역사회 문제를 찾아 함께 해결하며 민주적 의사결정 과정을 체험하고, 우리 지역을 사랑하는 마음을 갖는다.

나. 개요

학생들이 실생활에서 문제를 찾고 해결하는 절차를 직접 경험하도록 ①'문제'의 의미를 이해하고 ②우리의 삶 속에서 해결해야 할 문제를 탐색하고 발견한 후 ③여러 가지 문제 중 우리가 함께 해결해야 할 문제를 선정하고 ④문제해결 방안을 탐색하여 실제로 해결해본 후, ⑤마지막 정리로 우리의 문제해결 과정을 평가해보도록 구성하였다.

다. 세부계획

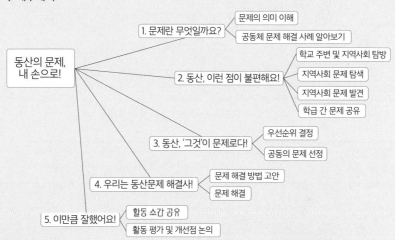

교과목 명	나는 동산인이다 - 동산의 문제, 내 손으로!	시수	12시간	실행시기	11~12월

순	단원명	주요내용과 활동	성취기준	시수
1	문제란 무엇일까요? (문제의 의미 이해하기)	1) 문제의 의미 이해하기 　스마트 기기로 '문제'의 의미 검색 　내가 생각하는 '문제' 마인드맵으로 나타내기 　씽킹 보드를 이용해 문제의 의미 나누기 2) 공동체 문제해결 실생활 사례 알아보기 　문제해결 실생활 사례 발표하기 　'대변초 교명 변경' 사례를 통한 공동체 문제해결 사례 　나누기	[교사개발] 동산동의 문제를 찾고, 민주적 으로 해결하는 경험 을 통해 우리 지역을 사랑하는 마음을 갖 는다.	2

2	동산, 이런 점이 불편해요! (실생활 문제 탐색 및 발견)	1) 학교 주변 및 지역사회 탐방 탐방 계획 세우기(문제 발견 기준 및 항목 정하기/체크리스트 만들기) 탐방하기 2) 탐방결과 정리 및 해결할 문제 탐색 브레인라이팅으로 문제 꺼내기 발견한 문제 분류하기(ex) 개인공동/해결 가능·불가능) 3) 공동의 문제 발견: 학급별 1~2개의 해결할 문제 정하기 4) 학급 간 문제 공유 대의원 회의를 통한 학급 간 문제 공유하기	[6국01-02] 의견을 제시하고 함께 조정하며 토의한다. [6사05-03] 일상생활에서 경험하는 민주주의 실천 사례를 탐구하여 민주주의의 의미와 중요성을 파악하고, 생활 속에서 민주주의를 실천하는 태도를 기른다.	4
3	동산, '그것'이 문제로다! (해결할 문제 선정)	1) 공유한 문제의 우선순위 결정 각 학급이 정한 문제 살펴보고, 해결의 우선순위 정하기 2) 공동의 문제 선정 대의원 회의를 통한 공동의 문제 선정하기		1
4	우리는 동산문제 해결사! (문제해결 방안 탐색 및 실행)	1) 문제해결 방법 고안 기관 홈페이지, SNS, 편지, 캠페인 활동 등 문제해결에 가장 적합한 방법 고안하기 2) 문제해결(실행): 고안한 해결 방법 실천하기	[6사05-04] 민주적 의사 결정 원리(다수결, 대화와 타협, 소수 의견 존중 등)의 의미와 필요성을 이해하고, 이를 실제 생활 속에서 실천하는 자세를 지닌다.	4
5	이만큼 잘했어요! (마무리)	1) 활동 평가 및 개선점 논의 칭찬할 점, 아쉬운 점, 개선할 점 포스트잇에 쓰기 2) 활동 소감 공유(학급) 개인 한 줄 평 작성 후 이젤 패드에 붙여 공유하기		1
총				12

라. 평가

평가 의도	학생들이 직접 동산의 문제를 발견하고 해결 방안을 탐색하여 실행해보는 과정을 통하여, 민주적 문제해결의 절차를 이해하고 우리 지역을 사랑하는 마음을 갖는지 평가하고자 한다.
평가 내용	**자신이 경험한 민주적 문제해결의 절차 말하기** ▶관련 성취기준 또는 교과목 목표 [6사05-03] 일상생활에서 경험하는 민주주의 실천 사례를 탐구하여 민주주의의 의미와 중요성을 파악하고, 생활 속에서 민주주의를 실천하는 태도를 기른다. **지역사회의 시민으로서 문제를 찾아 해결하려는 마음 가지기** ▶관련 성취기준 또는 교과목 목표 [교사개발] 동산동의 문제를 찾고, 민주적으로 해결하는 경험을 통해 우리 지역을 사랑하는 마음을 갖는다.

평가기준	평가방식							
	평가자			평가시기		평가방법		
	교사	자기	동료	과정	결과	구술	관찰	지필
민주적 문제해결을 경험하고, 그 절차를 말할 수 있는가?	√	√		√		√	√	
지역사회의 시민으로서 우리 지역을 이해하며 사랑하는 마음을 갖고, 지역의 문제를 찾아 해결하려는 마음을 가지는가?		√		√			√	

3. 학교교과목, 어떤 모습일까?[5]

최근 일부 시·도 교육청에서 학교교육과정 개발을 활성화하기 위한 하나의 방안으로 '학교교과목(school subject)'[6] 개설을 적극적으로 추진하고 있다. 학교교과목 개설 정책을 가장 적극적으로 추진하고 있는 곳은 전라북도교육청으로, 학교교과목 개설의 근거가 되는 혁신학교 기본계획을 2019년에 발표하였고, 2021년부터 혁신학교뿐 아니라 일반학교까지 학교교과목을 개발할 수 있도록 전라북도교육과정 편성·운영 지침을 개정하고 있다(전라북도교육청, 2019, 2020). 또한 학교교과목을 실험적으로 개발하고, 연구하는 '광역형 혁신+학교'[7]를 별도로 지정하여 운영하고 있다.

중학교나 고등학교에서의 과목 개설은 국가교육과정 및 시·도 교육과정 편성·운영 지침을 통해 근거를 제시하고 있어 제도적으로 보장되어 있는

---

5) 이 글은 다음 논문을 재구성한 것임. 이윤미(2020), 「초등학교 '학교교과목'의 통합적 성격 탐색」, 초등교육연구, 14(3), 81-106.

6) 2015개정 교육과정 문서에서는 '과목'이라는 용어를, 전라북도교육청은 교과와 과목을 포괄하는 '교과목'이라는 용어를 사용하고 있다. 전라북도교육청은 '학교교과목'을 현 교과 아래의 과목 신설뿐만 아니라, 교과와 범교과 주제를 포함하는 통합 교과 성격의 교과 생성까지 아우르는 개념으로 사용하고 있음을 밝히고 있다(전라북도교육청, 2020). 이에 본 연구에서는 국가교육과정 문서를 인용할 때에는 '과목'을, 전라북도교육청의 학교교과목과 관련한 내용을 언급할 때에는 '교과목'이라는 용어를 사용하였다.

7) 혁신학교를 혁신하려는 노력과 혁신학교에서 한 걸음 더 나간 미래학교로, 경기도는 '거점혁신학교', 세종은 '혁신자치학교', 전북은 '혁신+학교'를 만들어 운영하고 있다(경기도교육청, 2019b; 세종교육청, 2019; 전라북도교육청, 2020).

상황이다. 그러나 초등학교의 과목 개설은 국가교육과정에도 언급되어 있지 않고 있고, 대다수 시·도 교육청의 편성·운영 지침에도 관련 조항이 제시되어 있지 않다.[8] 이렇듯 초등학교의 과목 개설에 관해서는 관련 근거나 절차가 명시되어 있지 않기 때문에 실제로 과목을 개설한 학교는 거의 없는 실정이다.

이러한 상황에서 전라북도교육청이 추진하고 있는 학교교과목 개발 정책은 초등학교에서 학교교과목이 생성될 수 있음을 보여주고 있어 학교 현장은 물론 학계의 주목을 받고 있다. 특히 초등교사의 교육과정 개발이 주로 개별 교사 차원에만 머무르면서 학교교육과정 개발(school-focussed curriculum development)[9] 활성화로 이어지지 못하고 있는 현실에서(이형빈, 2020), 전라북도교육청의 학교교과목 개발 정책은 학교교육과정 개발을 활성화하는 하나의 방안으로 현장 교사들의 호응을 얻고 있다.

전라북도교육청은 학교교과목을 "교과와 범교과 영역을 포괄하여 언어적 사고, 수리적 탐구, 사회적 탐구, 과학적 탐구 및 마을교육과정 운영을 위한 통합교과 영역들을 위하여 학교에서 지역과 학생의 실정에 맞게 학교 자체적으로 개설한 것"으로 규정하고 있다. 이를 통해 전라북도교육청이 학교교과목을 교과와 범교과 영역을 아우르는 통합교과의 성격을 지닌 것으로 전

---

8) 울산교육청과 충청북도교육청이 "학교가 국가교육과정에 제시되지 않은 교과목을 설치, 운영할 수 있도록 관련 지침을 학교에 제공하고 학교로 하여금 필요한 사전 절차를 밟도록 지원한다(울산광역시교육청, 2018: 33; 충청북도교육청, 2016: 18)"는 지침을 통해 초등학교에서의 교과목 개설이 가능함을 밝히고 있지만, 이들 지역에서도 별도의 노력을 기울이지 않고 있어 초등학교의 교과목 개설은 거의 찾아볼 수 없는 실정이다.

9) '학교 기반(school-based)'이라는 말은 교육에 대한 모든 결정을 학교 수준에서 한다는 의미를 내포하고 있지만, '학교 중심(school-focussed)'이라는 용어는 어떤 수준에서 누가 의사결정을 하든 학교 공동체의 흥미와 요구를 중심으로 한다는 의미를 내포하고 있다. 즉, '학교 기반'은 개별 학교에서 교육과정에 대한 모든 사항을 결정한다는 것에 가까운 반면에, '학교 중심'은 중앙 집권과 탈중앙 집권 사이의 중간에 위치하는 용어라 할 수 있다 (Marsh, 1990). 이 글에서 사용하는 학교교육과정은 후자의 '학교 중심 교육과정'을 의미한다.

제하고 있음을 알 수 있다. 전라북도교육청이 일선 학교에서 개발한 학교교과목이 통합교과의 모습을 띨 것이라고 예측하는 이유는 그동안 교사가 만드는 교육과정이 대체로 통합적 성격을 띠어 왔기 때문일 것이다. 특히 초등학교의 경우 담임제를 채택하고 있어, 한 교사가 많은 교과를 동시에 가르치다 보니 비슷한 것을 통합하고, 같이 가르칠 것을 연결하는 등 과목의 경계를 넘나드는 일이 일상적으로 일어난다.

그렇다면 학교 단위로 개발하는 학교교과목도 통합적 성격을 갖고 있을까? 개별 교사들이 개발하는 교육과정이 통합적 성격을 갖고 있다 해서 단위학교 차원에서 개발하는 학교교과목도 그럴 거라고 단정할 수는 없다. 이 연구는 단위학교에서 개발한 학교교과목이 실제 통합적 성격을 띠고 있는지, 만약 그렇다면 어떠한 성격의 통합이 일어나고 있는지 밝히고자 하는 의도에서 시작되었다. 이에 전라북도 광역형 혁신+학교 중 학교교과목을 가장 활발하게 만들고 있는 이리동산초등학교에서 2020년 상반기에 개발한 학교교과목을 분석하였다. 학교교과목을 분석하기 위해 이리동산초등학교의 학교교과목 실러버스, 2019학년도와 2020학년도에 만든 학교교육과정, 학교교과목 연구물 2편을 수집하였고, 이를 분석하기 위해 실버스타인 (Silberstein)과 벤 페레츠(Ben-Peretz)(1983)가 개발한 실러버스 분석법(syllabus analysis)을 활용하였다.

이 글은 이리동산초등학교에서 개발한 학교교과목 관련 문서를 분석하여, 이 학교가 개발한 학교교과목의 성격을 밝히고자 하였다. 이 글에서 밝힌 학교교과목의 성격은 학교교과목에 관심을 갖고 있는 교사들과 이후 학교교과목 개발 정책을 추진하게 될 시·도 교육청과 학교에 의미 있는 시사점을 제공할 수 있을 것이다.

1) 통합교육과정

통합교육과정(integrated curriculum)은 분절된 지식과 경험을 의미 있는 방식으로 서로 관련지어 가르치는 교육과정이다. 즉, 학습자의 전인적 발달을 도모하기 위해 종래의 교과 경계를 허물고, 학습자의 경험과 참여를 중심으로 구성된 교육과정이다(성열관 외, 2017). 그동안 학교교육은 지식 그 자체에 집중하면서 실제 삶을 반영하는 교육에 주력하지 못했다. 학생의 개별적 특성 혹은 실존적 차이를 고려하지 못했기 때문에 근대적 교육내용은 학생 개인의 삶의 특수한 맥락과 상황을 반영하지 못했다. 이로 인해 '지식 따로, 삶 따로', '앎 따로, 행함 따로'와 같은 문제가 발생했다(이종원, 이경진, 2016; 정광순 외, 2019). 또한 지식이 폭발적으로 증가하는데 학교는 이를 추가하기만 할 뿐 줄여나가지 못함으로써 교육과정 과부하(overload)가 일어났고, 학생들의 학습 부담은 지속적으로 증가해왔다(Fogarty & Stoehr, 2008).

이러한 한계로 인해 학교교육이 학생의 삶과 앎을 연계해야 하고, 교육과정 범람에 대처해야 한다는 목소리가 대두되었고, 통합교육과정이 이러한 역할을 담당하게 되었다. 통합은 분과적인 지식 중심 교육의 역기능을 극복하고, 현재 사회에서 일어나고 있는 변화를 학교에 반영하려는 대안을 통칭한다. 이에 통합교육과정은 근대교육이 인지 위주의 교육을 통해 소외시켜왔던 인간성, 정서, 심동, 정의의 요소를 살리는 데 기여한다(정광순 외, 2019; Ingram, 1979).

통합교육과정은 초등학생들이 교과를 보다 잘 배울 수 있는 최적의 방식이자 학교교육과정 개발을 활성화시키는 좋은 모델이다(강충열, 정광순, 2009; Alberta education, 2007; Alexander, 2010; Ingram, 1979). 초등교육의 정체성과 학생들의 발달단계에 비추어볼 때 초등학생에게는 분과적 접근보다 통합적 접근이 더 적절하다. 이에 초등교사는 중등교사에 비해 통합을 긍정적으로 생각하는 경향이 있다(Ingram, 1979). 초등교육 정책에 관한 보고서인 영국의 플라우든 보고서(The Plowden report)에서도 초등학생의 학습은 교과별 접근보다 통합의 방식이 더 적절하다고 제시한 바 있다. 2015 개정 교육과정 또한 역량 기반 교육과정의 특징으로 '특정 교과의 내용 지식과 기술을 넘어서는 모습'을 제시하고 있어 교과나 영역을 넘어선 통합교육과정을 요구하고 있다(이광우 외, 2015).

이렇듯 통합교육과정은 특히 초등학교에서 지속적으로 활성화되었고, 통합교육과정을 만드는 일이 곧 '초등학교의 일'이라는 인식이 널리 퍼졌다(강충열, 정광순, 2017). 특히 통합교육과정이 이상적인 초등교육을 실천하기 위한 방편 중의 하나로 여겨지면서(윤은주, 2009), 우리나라의 교육과정 혁신과 밀접한 관계를 맺으며 함께 발전해왔다(조상연, 2018).

실제 초등교사는 주어진 교과서를 단순히 전달하는 수준에서 벗어나 학생들에게 최적화된 수업을 만들고자 할 때 대부분 통합교육과정을 개발한다(강충열, 정광순, 2009; 정광순, 2010; Fogarty & Stoehr, 2008). 초등학생들은 각 교과들을 연결하여 이해하지 못하기 때문에, 학생이 지식을 통합적으로 다룰 수 있는 방법을 교사 스스로 모색해야 하기 때문이다. 이를 위해 초등교사는 교과서를 비롯한 다양한 교육과정 자료를 반복적으로 사용하면서 학생들이 더 잘 이해할 수 있도록 자동적으로 연관시키고 조정한다. 즉, 통합을 시도하는 초등교사는 학생을 교과에 맞추려 하지 않고 교과를 학생에게 맞춘다. 학생이나 교과로부터 나온 주제나 실로, 주어진 교과를 통합하거나 연결하여 학생에게 보다 적절한 수업을 만들어 학생과 함께 실행한다. 따라서 이러한 교사들에게 학교와 교실은 교육과정 의사결정의 출발점이자 도착점이다(Connelly, 1972; Fogarty & Stoehr, 2008).

2) 연구 방법

이리동산초등학교의 학교교과목 분석을 위해 사용한 방법은 실버스타인 (Silberstein)과 벤 페레츠(Ben-Peretz)(1983)가 개발한 실러버스 분석법(syllabus analysis)이다. 실러버스는 각 수업 시간에 다룰 주제를 명시하고, 다룰 내용을 정하여 안내하는 일종의 '수업 계획서', '교수학습 개요'이다. 실러버스는 다룰 토픽의 목록, 목적이나 목표, 수업 방법이나 전략에 대한 제안, 개발의 주요 근거 등에 따라 여러 가지 형태로 구분할 수 있다.

실러버스 분석법은 이러한 실러버스를 분석하는 방법으로, 실러버스에는 교육과정 개발자가 제시한 개발 근거, 목적과 목표, 내용 등이 포함되어 있어 해당 교육과정의 성격을 알아보기에 적합하다. 실러버스를 분석하는 방법은 교육과정 개발의 근거에 원천을 두어, 개발 근거에 의거해서 개발자의 의도와 목적을 해석하는 내재적 기준을 사용하는 객관적 해석 도구이다 (Ben-Peretz, 1990).

Silberstein & Ben-Peretz(1983)가 제시한 실러버스 분석 단계는 첫째, 개발자가 다루고 있는 메시지를 찾는 단계, 둘째 교육과정의 지식과 탐구방식, 다른 교과와의 관련성, 교육과정의 목적, 교수·학습방법, 교사의 역할 등을 찾는 단계로 구성되어 있다.

필자는 Silberstein & Ben-Peretz 제안한 분석 단계를 기준으로 하되, 이리동산초등학교의 학교교과목 실러버스에서 나타나고 있는 요소와 순서를 바탕으로 재구성하여 다음과 같은 분석틀을 구안하였다. 이 분석틀을 바탕으로 이리동산초등학교가 개발한 학교교과목의 성격을 분석하였다.

이리동산초등학교의 실러버스는 ①해당 교과목의 필요성 및 목적, ②교

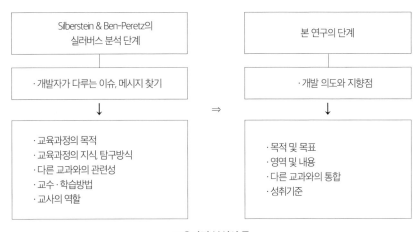

교육과정 분석의 틀

과목의 지향점(가치, 인간상, 역량), ③추구하는 목표, ④내용 체계(영역, 주요내용, 성취기준), ⑤평가의 방향, ⑥학년별 교과목 계획(개발 의도, 목표, 개요, 세부계획, 평가) 여섯 부분으로 구성되어 있다. 이 중 ①~⑤는 학교교과목의 총론에 해당하고, ⑥은 각 학년교과목인 각론에 해당한다.

이리동산초등학교의 실러버스를 살펴본 결과, Silberstein & Ben-Peretz가 제시하고 있는 '교사의 역할'은 나타나 있지 않아 생략하였고, 단계별 분석 요소는 이 학교가 사용하는 용어로 변환하였다. 이러한 과정을 통해 도출한 실러버스 분석의 단계별 요소는 ①개발 의도와 지향점, ②목적 및 목표, ③영역 및 내용, ④다른 교과와의 통합, ⑤성취기준이다.

3) 분석결과

① 개발 의도와 지향점

이 글에서는 다루고 있는 학교교과목은 이리동산초등학교가 2020학년도

상반기에 개발한 '나는 동산인이다'이다. 이 교과목은 이리동산초등학교가 위치한 동산동을 기반으로 개발한 일종의 도시형 마을교육과정이다.

> 우리 학교는 이 지역에 사는 교직원들이 선호하지 않는 원도심학교로, 대부분 타 지역에서 출퇴근하는 교직원들로 구성되어 있다. 원거리 출퇴근의 어려움으로 인해 대다수 교직원들은 잠시 머물다 떠나가고 있어 학교와 지역에 대한 이해도가 매우 낮은 상황이다. <중략> 이렇듯 교직원들이 학교와 지역에 대해 잘 알지 못하다 보니 삶의 터전인 학교와 동산동이 교육과정 개발의 원천이 되지 못함으로써 삶과 앎을 연결하는 교육과정을 만드는 데 한계를 보여 왔다. 이에 학교와 지역을 기반으로 한 실질적인 학교교육과정이 필요하다는 요구에 직면하게 되었다. '나는 동산인이다'는 이러한 배경에서 탄생한 교과목으로, 학생들을 둘러싼 제반 환경들을 원자료로 사용하며 다양한 교과를 통합하는 통합교육과정의 성격을 띠고 있다.
>
> (실러버스 1쪽, 필요성과 목적)

실러버스의 서두에 기술되어 있는 것처럼, 이리동산초등학교의 교사들은 인근 지역인 전주시에서 출퇴근하는 교사들이 많아 지역에 대한 이해도가 낮고 지역사회와의 교류도 거의 없다. 이에 학생들이 살고 있는 삶의 터전을 교육과정의 원천으로 삼지 못하고 있다. 이 교과목은 이런 상황에 대해 문제의식을 갖고 학생들의 삶과 앎을 연계한 교육과정을 만들기 위해 개발한 교육과정이다.

이 교과목의 실러버스에서 가장 눈에 띄는 것은 교육과정 개발의 출발점이 되는 교육과정적 가치가 별도로 존재한다는 점이다. 이 학교는 '상생'이라는 가치를 교육과정의 출발점으로 삼고 있다.

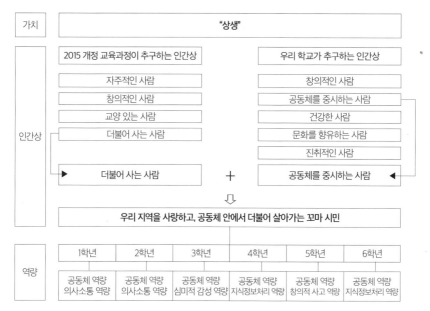

'나는 동산인이다'의 지향점

이리동산초등학교는 자신들만의 교육과정적 가치를 선정하고 그 가치에 기반을 두고 학교교과목을 개발하고 있다. 또한 2015 개정 교육과정에서 제안하는 '더불어 사는 사람', 이리동산초등학교가 추구하는 '공동체를 중시하는 사람'을 통합하여 '우리 지역을 사랑하고, 공동체 안에서 더불어 살아가는 꼬마 시민'이라는 고유의 인간상을 설정하여 이를 바탕으로 교육과정을 개발하고 있다.

이 교과목에서 추구하는 역량을 살펴보면, 공동체 역량이 주를 이루고 있고 그 외에 의사소통 역량, 심미적 감성 역량, 지식정보처리 역량, 창의적 사고 역량 등이 있다. 이리동산초등학교 교사들은 이 교과목을 통해 이러한 역량을 가진 학생으로 자라게 할 것을 염두에 두고 이후 교육과정 개발을 이어나간다.

② 목적 및 목표

'나는 동산인이다'는 학생들이 자신이 살고 있고 늘 걸어 다니는 지역에 관해 관심과 애정을 갖고, 지역공동체 안에서 더불어 살아가는 꼬마 시민으로 자라도록 하는 데 목적을 두고 있다. 학생들이 매일 생활하는 학교를 중심으로, 동네와 이웃, 정감 있는 골목의 가게들과 지역의 문화유산에 관심을 가지고, 이를 이해하는 경험을 통해 공동체 안에서 어울려 살아갈 수 있는 힘을 기르게 될 것이다. 또한 자신이 속한 공동체의 문제에 관심을 가지고 직접 해결해보는 경험을 통해 바람직한 민주시민으로 성장할 수 있는 발판을 마련할 수 있을 것이다.

(실러버스 1쪽, 필요성 및 목적)

'나는 동산인이다'의 실러버스에 제시되어 있는 목적은 "지역에 대한 관심과 애정을 갖고 지역공동체 안에서 더불어 살아가는 시민으로 기른다"이다. 이러한 목적 아래 설정된 교과목 목표, 이에 따른 각 학년 세부 목표는 다음과 같다.

학년별 목표(실러버스 2쪽)

학년	교과목명*	목표
전체목표		주변을 통해 세상을 인식하고, 우리 지역에 대한 애정과 긍정적인 마음을 형성한다.
1학년	동산에 살어리랏다	우리 학교에 대해 알아보고 학교를 위해 애쓰시는 분들에게 고마움을 표현한다.
2학년	다같이 돌자, 동산동	가 살고 있는 동네의 모습과 동네 사람들이 하는 일을 살펴보며 우리 동네에 관심을 가진다.
3학년	동산동에서 익산까지	동산동에서 익산까지 문화유산과 유적지를 탐방하고, 역사와 문화를 이해하고 소중히 여기는 마음을 가진다.
4학년	동산동 클라쓰	동산동의 지리적, 사회문화적 환경을 살펴봄으로써 동산동에 대한 관심과 애정을 갖는다.
5학년	동산에 다 있소!	내가 살고 있는 동산동 골목상권을 살펴보고 모두가 행복한 합리적 소비자로 살아가기 위한 자세를 기른다.
6학년	동산의 문제, 내 손으로!	지역사회의 문제를 찾아 함께 해결하며 민주적 의사결정 과정을 체험하고, 우리 지역을 사랑하는 마음을 갖는다.

*학교교과목명은 '나는 동산인이다'이지만, 해당 학년에서 개발한 교육과정의 내용에 맞게 학년별 하위 교과목명이 존재한다.

실러버스에 나타난 학년별 목표는 해당 학년이 가르치는 영역 및 교육내용과 연관이 깊고, 이 교과목의 가장 상위 목표는 각 학년의 목표를 포괄하여 진술하고 있다. 상위 목표는 교사들이 모여 함께 도출한 것으로 이 교과목이 왜 필요한지, 무엇을 추구하는지 등을 명료화하는 합의 과정을 거쳐 결정하였다.

③ 영역 및 내용

실러버스에 나타난 학년별 영역(74쪽 참고)은 1학년 학교, 2학년 동네, 3학년 문화유적, 4학년 공공기관, 5학년 지역의 경제, 6학년 지역사회 문제이다. 학년에 따라 다룰 공간적 범위가 학교-동네-동산동으로 확대되는 지역 확대법이 적용되고 있으나, 3학년만 예외적으로 익산시를 포함하고 있다. 이는 3학년 국가교육과정에 익산시가 포함되어 있어 이를 함께 가르치기 위해 의도적으로 반영한 것이다.

'나는 동산인이다' 실러버스를 살펴보면, 학교와 지역에서 출발한 교육과정이지만 실제 국가교육과정과도 밀접한 연관을 갖고 있다. 학생들과 교사들의 관심사를 반영하였기 때문에 국가교육과정과 무관하게 개발된 부분도 있지만, 이 교과목의 내용 요소 안에는 국가교육과정이 많이 담겨 있다.

1, 2학년 통합교과의 학교와 동네, 3학년의 익산시, 4학년의 공공기관 등의 영역은 국가교육과정과 상당히 비슷하다. 그러나 구체적 교육내용을 살펴보면 근본적인 철학부터 다르다. 예를 들어, 4학년은 공공기관을 공부하고 있지만, 국가교육과정에서 제시한 공공기관의 역할과 필요성을 탐색하는 것에 그치지 않는다. 이 교과목의 철학에 기반하여 동산동의 주

요 기관들을 체험하는 활동을 지역에 대한 관심으로 연결하거나, 동산동 기관들의 장점을 찾아 홍보하는 활동을 하면서 지역에 대한 자부심을 기르는 데 초점을 맞추고 있다. 즉, 국가교육과정과 연계하여 유사한 점도 있지만, 이 교과목 고유의 가치, 내용 등을 개발하고 있다는 점에서 같은 것으로 보기 어려웠다.

④ 다른 교과와의 통합

각 학년의 교과목 실러버스를 살펴보면, '나는 동산인이다'는 학생들의 경험에서 출발하여 교과 경계를 허물고 학습할 내용들을 통합하는 방식을 취하고 있음을 알 수 있다. 따라서 이 교과목은 일상생활에서 학습할 내용을 도출하여 교과를 유기적으로 연결하는 탈 학문적 통합의 관점으로 접근한 교육과정이다. '동산동'을 통합의 중심축(umbrella)으로 삼고 있는 이 교과목은 동산동과 관련 있는 교과 내용을 추출하여 광범위하게 연결하는 '웹형(webbed)'(Fogarty & Stoehr, 2008)의 형태를 띠고 있다. 이를 뒷받침하듯 이리동산초등학교의 학년별 실러버스에는 웹형 마인드맵이 필수적으로 등장한다. 그리고 학년별 통합 중심축이 범교과적 성격을 지닌 것이 많기 때문에 여러 교과 수업을 거미줄처럼 엮는 방식을 사용하고 있다. 이 방식은 교육과정 통합에서 가장 흔하게 사용하는 모형으로, '나는 동산인이다'뿐 아니라 다른 두 개의 교과목에서도 비슷하게 나타났다.

이 교과목의 주요내용, 활동, 성취기준 등에 관여하는 교과는 많은 편이다. 1~2학년의 국어, 바른 생활, 슬기로운 생활, 즐거운 생활, 3~6학년의 도덕, 국어, 수학, 사회, 미술, 실과 교과 등이 이 교과목을 이루는 데 주요한 역할을 하고 있다.

통합한 교과

학년	교과목명	통합한 교과
1학년	동산에 살어리랏다	바른 생활, 슬기로운 생활, 즐거운 생활
2학년	다같이 돌자, 동산동	국어, 슬기로운 생활, 즐거운 생활
3학년	동산동에서 익산까지	사회, 미술
4학년	동산동 클라스	국어, 사회, 수학, 미술
5학년	동산에 다 있소!	도덕, 국어, 사회, 미술, 실과
6학년	동산의 문제, 내 손으로!	국어, 사회

⑤ 성취기준

이 교과목의 실러버스에 제시된 성취기준에서 가장 눈에 띄는 것은 [교사 개발]이라는 문구이다. [교사개발]이 붙어 있는 성취기준은 이리동산초등학교의 교사들이 직접 개발하여 추가한 것이다. 이 학교 교사들은 자신들이 개발하여 추가한 성취기준을 제일 먼저 제시하고 있다. 이는 자신들이 개발한 성취기준을 제일 중요하게 생각하고 있음을 의미한다.

이리동산초등학교 교사들은 실러버스에 자신들이 자체 개발한 성취기준 이외에도 국가교육과정에 제시된 성취기준을 연결하여 제시하고 있다. 앞서 기술하였듯, 교육내용과 활동을 선정하는 단계에서부터 국가교육과정과 교과서를 지속적으로 참고하고 있기에 교과목과 기존 성취기준을 연결하는 일도 자연스럽게 일어나고 있다.

이리동산초등학교 교사들이 성취기준을 다루는 모습에서 눈에 띄는 점은 교과목 주요내용과 활동을 먼저 정하고, 그 후 성취기준을 개발하고 확정한다는 점이다. 이들은 교사 차원에서 자체 개발한 성취기준을 추가할 때에도, 국가교육과정의 성취기준을 연결할 때에도 성취기준을 먼저 고려하

학교교과목 성취기준

학년	교과목명	성취기준
1학년	동산에 살어리랏다	[교사개발] 학교 교가, 교목, 교화, 교조를 알아본다. [교사개발] 학교의 변화된 모습을 살펴보고, 우리 학교의 모습을 다양하게 표현한다. [교사개발] 학교를 빛낸 인물을 알고, 학교를 위해 애쓰시는 분들에 대한 고마움과 소중함을 느낀다. [2슬01-01] 학교 안과 밖, 교실을 둘러보면서 위치와 학교생활 모습 등을 알아본다.
2학년	다같이 돌자, 동산동	[교사개발] 내가 살고 있는 곳에 관심을 가진다. [교사개발] 주변 동네의 모습에 대해 이해한다. [교사개발] 동네를 위해 애쓰시는 분들에 대한 고마움과 소중함을 느낀다. [2국05-01] 느낌과 분위기를 살려 그림책, 시나 노래, 짧은 이야기를 들려주거나 듣는다. [2슬05-03] 동네의 모습을 관찰하고 그림으로 그려 설명한다. [2슬05-04] 동네 사람들이 하는 일, 직업 등을 조사하여 발표한다. [2즐05-04] 동네에서 볼 수 있는 직업과 관련하여 놀이를 한다.
3학년	동산동에서 익산까지	[교사개발] 동산동의 약도를 그려보고 중요한 곳을 표시해본다. [교사개발] 익산시의 문화재를 소개하는 활동을 통해 자긍심을 기른다. [교사개발] 문화재의 특징을 살려 문화재 모형을 만들 수 있다. [교사개발] 익산의 문화유산 소개 홍보지를 다양한 방법으로 만들 수 있다. [4사01-02] 디지털 영상 지도 등을 활용하여 주요 지형지물들의 위치를 파악하고, 동산동의 실제 모습을 익힌다. [4사01-04] 고장에 전해 내려오는 대표적인 문화유산을 살펴보고 고장에 대한 자긍심을 기른다. [4미03-04] 미술 작품을 감상하는 올바른 태도를 알고 작품을 소중히 다룰 수 있다.
4학년	동산동 클라스	[교사개발] 동산동의 공공기관을 직, 간접적으로 체험하며 지역에 대한 관심을 갖는다. [교사개발] 동산동의 장점을 찾아 홍보하는 활동을 통해 지역에 대한 자부심을 기른다. [4사03-01] 지도의 기본요소에 대한 이해를 바탕으로 하여 우리 지역 지도에 나타난 지리 정보를 실제 생활에 활용한다. [4사03-05] 우리 지역에 있는 공공기관의 종류와 역할을 조사하고, 공공기관이 지역 주민들의 생활에 주는 도움을 탐색한다. [4수05-03] 여러 가지 자료를 수집, 분류, 정리하여 자료의 특성에 맞는 그래프로 나타내고, 그래프를 해석할 수 있다. [4미01-02] 주변 대상을 탐색하여 자신의 느낌과 생각을 다양한 방법으로 나타낼 수 있다.
5학년	동산에 다 있소!	[교사개발] 골목상권 탐방을 통해 동산동 경제활동에 대해 관심을 가진다. [교사개발] 이웃들이 자주 이용하고 사랑받는 가게들의 특징을 이해할 수 있다. [교사개발] 동산동이 잘 살고 발전하는 데 나도 기여할 수 있다는 생각으로 소비활동에 참여한다. [교사개발] 소비 활동의 결과물을 활용하여 경제개념을 이해할 수 있다. [6국01-07] 상대가 처한 상황을 이해하고 공감하며 듣는 태도를 지닌다. [6미01-05] 미술 활동에 타 교과의 내용, 방법 등을 활용할 수 있다. [6실03-03] 용돈 관리의 필요성을 알고 자신의 필요와 욕구를 고려한 합리적인 소비생활 방법을 탐색하여 실생활에 적용한다.
6학년	동산의 문제, 내 손으로!	[교사개발] 주민 자치를 통한 문제해결 사례를 탐구하고, 문제해결의 절차를 이해한다. [교사개발] 공동의 문제해결 과정을 통해 민주적 의사결정 과정을 체험한다. [교사개발] 지역사회의 시민으로서 우리 지역을 이해하고 사랑하는 마음을 갖는다. [6국01-02] 의견을 제시하고 함께 조정하며 토의한다. [6사05-03] 일상생활에서 경험하는 민주주의 실천 사례를 탐구하여 민주주의의 의미와 중요성을 파악하고, 생활 속에서 민주주의를 실천하는 태도를 기른다. [6사05-04] 민주적 의사 결정 원리(다수결, 대화와 타협, 소수 의견 존중 등)의 의미와 필요성을 이해하고, 이를 실제 생활 속에서 실천하는 자세를 지닌다.

지 않고, 내용과 활동을 먼저 개발한 후 추후 성취기준을 개발하여 확정하고 있다(김세영, 이윤미, 2020). 이리동산초등학교 교사들이 성취기준을 다루는 방식은 국가교육과정 및 교과서 개발 방식과는 상이한 것으로 국가 차원과 교사 차원의 개발 방식이 다르다는 것을 보여주었다.

4) 이리동산초등학교에서 개발한 학교교과목의 성격

앞 장의 분석결과를 통해, 이리동산초등학교에서 개발한 학교교과목은 1학년에서 6학년까지 공통의 조직 중심체(organizing centers)[10]를 중심으로 교육과정 통합을 시도하는 통합교육과정이라는 점을 알 수 있었다. 즉, 이리동산초등학교의 학교교과목은 개별 교사를 넘어 단위학교 차원에서 만들어진 통합교육과정으로 학교교육과정의 핵심 구성물이라 할 수 있다(김세영, 이윤미, 2020). 이 장에서는 이리동산초등학교가 개발한 학교교과목이 어떤 성격을 지니고 있는지 살펴보기로 한다.

① 교육과정 가치와 목표에 기반을 둔 연계적 통합이다.

'나는 동산인이다' 실러버스에는 이리동산초등학교 교사들이 추구하는 교육과정적 가치와 목표가 명시되어 있다. 이 학교 교사들은 학교가 추구해야 할 교육과정적 가치와 목표를 함께 모여 숙의를 통해 도출한 후, 이를 기반으로 학교교과목을 만들고 있다. 또한 이들은 교과목을 개발할 때 교과목의 의미를 탐색하고 목표를 설정하는 일을 중요하게 생각하고 있다.

---

10) 통합교육과정 혹은 교과 통합의 중심이 되는 주제, 개념, 학생의 관심사, 사회문제, 쟁점 등을 가리키는 용어 (Beane, 1997:39).

이리동산초등학교 교사들은 교육과정 개발할 때 '상생'을 가장 중요한 가치로 상정하고, '공동체적 삶을 지향하는 교육'을 최우선적인 목표로 생각했다. 즉, 교육과정을 개발할 때 상생, 공동체를 염두에 두고 해당 교육과정이 필요한 이유, 교육과정의 의미, 가치, 목표 등을 설정하였다. 이러한 가치와 목표는 이 학교 교사들이 모여 함께 숙의를 통해 도출한 것으로, 비단 '나는 동산인이다'뿐 아니라 다른 교과목 또한 이 가치와 목표에 기반하여 교육과정을 개발하고 있다(김세영, 이윤미, 2020).

이리동산초등학교 교사들이 만든 '나는 동산인이다'는 영(Young, 1998)이 말한 연계적 통합(Connective integration)의 성격을 갖고 있다. 연계적 통합이란 학교가 교육과정을 조직할 때 기존의 교과로부터 출발하지 않고 학교가 지향해야 할 교육과정 목표를 스스로 설정한 후 목적을 달성하기 위해 교과들을 통합하는 것을 의미한다. 학교교육과정이 교사들이 합의한 교육과정의 가치와 목표에 따라 개발되는 연계적 통합의 성격을 지니는 것은 당연하다. 교사는 학교 전체의 철학과 목적을 만들고, 학교교육과정을 개발하고, 방법론을 만드는 사람이기 때문이다(Connelly, 1972).

그러나 기존 교육과정 체제에서는 교과가 학교교육과정의 목적과 목표를 규정하고 정의하는 일을 당연하게 여겨왔다(허경철, 2014). 해당 학교의 구성원들이 교육과정의 목적을 정하는 것이 아니라 교과의 목표를 따라가는 일을 자연스럽게 여기는 문화가 지속되어 온 것이다. 이러한 현실 속에서 교사들이 학교교육과정의 가치, 목적, 목표를 정하고, 이에 따라 교육과정을 만드는 학교를 찾기란 쉽지 않다. 교육과정 재구성을 적극적으로 실천하는 일부 학교의 경우에도, 다양한 주제가 나열되어 있을 뿐 이를 관통하는 일관된 가치는 없는 실정이다(이형빈, 2000).

학교교육과정 개발의 참된 의미는 그 학교만의 일관된 가치를 기반으로 교육과정을 만드는 것이다. 교사들 스스로 개발한 교육과정을 의미 있게 만드는 틀로서 가치와 목표를 사용하며(Connelly, 1972), 일관성 있게 교육과정을 개발할 때 진정한 의미의 학교교육과정의 자율화와 다양화가 이루어질 수 있다. 특히 교사의 이동이 잦은 공립학교에서 학교 차원의 고유 교육과정을 개발하기 위해서는 그 학교만의 고유 가치를 공유하는 일이 무엇보다 필요하다(이형빈, 2000). 이런 의미에서 연계적 통합을 구현하고 있는 이리동산초등학교의 학교교과목은 해당 학교만의 가치에 기반하여 학교교육과정을 개발할 수 있음을 보여주는 좋은 사례이다. 나아가 학교교육과정 개발이 형식적이고 선언적인 문구에 그치지 않고 진정한 의미의 학교교육과정을 만드는 하나의 방안이 될 수 있음을 보여주고 있다.

② 내용의 점진적 위계화를 이루는 수직적 통합이다.

구조화되어 있고 학습의 위계가 분명한 교과에 비해, 통합교육과정은 체계가 없고 무질서하다는 비판을 종종 받기도 한다. 실제 통합교육과정이 지니는 위험 중의 하나는 학교의 학급이나 학년 간에 수직적 통합이 일어나지 않는다는 점이다. 이러한 경우 내용이나 활동의 중복, 단순 반복이 일어나기 쉽다. 이러한 중복과 반복의 문제는 학년의 교사들 사이, 학년 간 교사들 사이에 의사소통을 통해 위계를 만듦으로써 해결할 수 있다. Ingram은 이를 '내용의 점진적 위계화'라 불렀다(Ingram, 1979).

이리동산초등학교 교사들은 '나는 동산인이다'의 학년별 영역과 주요내용을 선정할 때 여러 차례 각 학년의 교과목 담당교사들이 함께 모여 주요 개념과 학습 요소가 학년에 따라 심화되어 다뤄질 수 있도록 배열하고, 영역과 내용이 겹치지 않도록 조정하였다(김세영, 이윤미, 2020). 이에 '나는 동산인이다' 실러버스에서 각 학년의 교육과정이 겹치지 않으면서도 동산동에 대한 공부의 깊이와 넓이를 점점 더해가고 있는 점을 볼 수 있다. 이는 수직적 관점에서 주요 개념의 폭과 깊이를 심화하여 조직하는 계열성(Tyler, 1949: 84~95)에 해당한다. '나는 동산인이다'는 자신이 살아가는 공간을 심도 있게 탐구할 수 있는 기회를 제공하면서 탐구하는 대상에 대한 이해를 심화할 수 있도록 계열성 있게 조직된 교과목이다. 이렇듯 이리동산초등학교 교사들은 학년 간의 수직적 통합을 통해 계열성을 추구하며 내용의 점진적 위계화를 시도하고 있다.

초등교사의 교육과정 개발은 주로 개별 교사나 동아리(연구회) 차원에서 자율적으로 이루어져 왔기 때문에 학교교육과정 안에 체계적으로 담기지 못한다는 한계를 지녀왔다. 이에 교사들이 개발한 교사교육과정이 적절한 형식을 갖지 못해 개별 사례로 소비되면서 학교 차원의 교육과정으로 이어지지 못하고(신은희, 2019), 교사들이 만든 교육과정이 실체적으로는 존재하지만, 교육과정 문서 속에는 존재하지 않는 '문서 따로 실제 따로' 현상도 나타났다(이윤미, 2020a). 이렇듯 교사가 만든 교육과정이 개인적 차원에서 계획, 실행, 관리됨으로써 개발된 교사교육과정이 학생들의 발달단계에 맞는지, 교육내용이 계열성 있게 조직되고 있는지, 다른 학년과 중복되거나 결손되는 부분은 없는지 검증하기 어려웠다.

그러나 이리동산초등학교는 학년이 올라감에 따라 주요 개념의 폭과 깊이를 확장하고 심화하여 계열화하고, 각 학년의 간의 내용과 활동이 단순하게 반복되지 않도록 하는 의미 있는 시도를 하고 있다. 또한 각 학년의 통합교육과정을 학교교과목이라는 형식에 담아 구조를 재조직함으로써 문서와 실제를 일치시키는 일을 하고 있다(이윤미, 2020b). 이리동산초등학교 교사들은 자신들이 만든 통합교육과정을 학교교과목이라는 형식에 담아 공식적 교육과정 체제 안에서 체계적으로 관리하면서 수직적 통합, 내용의 점진적 위계화를 이뤄내고 있다. 이는 학교교육과정이 학교교과목을 통해 체계적으로 개발되고 관리될 수 있는 가능성을 보여줬다는 점에서 의미가 있다.

③ 성취기준을 도구로 사용하는 탈학문적 통합이다.

'나는 동산인이다'는 단순히 여러 교과를 연결하여 통합하는 것에서 출발하지 않는다. 이 학교가 개발한 통합교육과정의 조직 중심체(organizing centers)는 '학생의 삶, 경험, 관심사'이다. 이 교과목은 학교 구성원의 삶을 교육과정의 원천으로 삼아 다양한 교과를 통합해 나가는 방식을 취함으로써 교과의 분절된 지식의 습득보다는 삶 자체를 중심에 두는 통합교육과정이다. '학교탐험', '적응과 성장' 등의 다른 교과목 또한 마찬가지이다. 이렇듯 이리동산초등학교의 통합교육과정은 학생의 삶과 경험, 관심사에서 출발하는 탈 학문적 통합(transdisciplinary integration)의 성격을 띠고 있다.

학생의 삶 속에는 교과의 형식화된 지식이 존재하는 것이 아니라, 원 경험(raw experience)들이 정서적인 연계의 끈(emotional bond)으로 묶여 통합되어 있다. 따라서 학생들의 경험에서 시작해서 학습할 내용을 통합하는 탈학문적 접근은 학생들에게 매우 적절하며, 그들이 얻는 경험을 적절하고 의미 있게 만들어 주는 좋은 방법이다. 또한 주제가 일상의 맥락에서 설정되기 때문에 주제, 전략, 학습기술 등이 서로 병합되어 상호 연결성(interconnection)이 무한해지는 장점 또한 갖고 있다(강충열, 정광순, 2009; Dewey, 1971; Drake, 1993; Ingram, 1979).

그러나 이리동산초등학교의 통합교육과정이 탈학문적 통합 방식을 취하고 있다고 해서 국가교육과정에서 제시하고 있는 교과교육과정을 무시하는 것은 아니다. 탈 학문적 접근이 교과를 벗어나서 학생들의 삶을 다루는 것이기 때문에 '약한(soft) 교육과정', '학생에서 시작해서 학생에서 끝나는 낭만주의적 교육과정'(Tanner & Tanner, 1980)으로 보는 오해가 있는데, 오히려 교과를 보다 잘 학습하게 하는 최적의 교육방식이라고 보는 것이 더 적절하다(강충열, 정광순, 2009). 듀이(Dewey, 1971)에 의하면, 학생의 심리적 경험 세계에는 교과 경험의 원형(prototype)이 존재하기 때문에 학생의 경험적 성장을 돕는 가장 좋은 교수는 학생의 이런 원 경험에서 시작하여 교과의 형식적 경험으로 이끄는 것이라고 보고, 이를 교과의 심리화라고 불렀다. 탈학문적 통합은 이러한 심리화를 적극적으로 도모하는 방식이다(강충열, 정광순, 2009).

이리동산초등학교 교사들은 교과목을 만드는 과정에서 끊임없이 교과교육과정의 성취기준, 교과서 등을 참고했다. 이들은 학생들의 경험을 출발점으로 삼고 있지만, 교과를 더 잘 가르치기 위한 노력을 병행하면서 지속적으로 교과의 세계로 연결할 수 있는 고리들을 찾았다. 즉, 이 학교 교사들은 성취기준을 목적이 아닌 도구로 사용하여 교육과정을 만들고 있다. 성취기준을 도구로 사용한다는 것은 성취기준을 무시한다는 의미가 아니다. 앞서 언급한 연계적 통합에서 학교가 지향하는 목표는 국가교육과정을 무시하는 것이 아니라 스스로 구축한 목표를 국가교육과정의 틀 안에서 구현하기 위해 진지하게 생각한다는 의미에서의 목표이듯(Young, 1998), 성취기준을 도구로 사용한다는 의미 또한 국가교육과정을 무시하는 것이 아니라 스스로 구축한 성취기준을 국가교육과정의 틀 안에서 구현하기 노력한다는 의미이다. 실제 이 학교 교사들이 개발한 학교교과목은 국가교육과정과 완전히 상이한 별개의 것도 아니고, 국가교육과정에 온전히 예속되지도 않는 새로운 교육과정 조직 형태로 국가교육과정을 보완해주고 있다(김세영, 이윤미, 2020).

실제 초등교사가 교과서에서 벗어나 교육과정을 개발하기 시작할 때 가장 먼저 찾게 되는 것, 가장 중요하게 다가오는 것은 바로 성취기준이다. 성취기준은 교사의 수업 계획 수립의 토대이자 기준으로서 교실 수업과 가장 밀접하게 관련을 맺고 있고(조상연, 2015), 역량과 수업 사이의 매개체 역할을 한다(김선영, 2020). 초등교사는 대체적으로 과학, 사회, 도덕 등의 내용교과로부터 주제를 도출하고, 그 주제에 적합한 국어, 수학, 미술, 음악 등의 표현교과를 통합하는 기여적 통합 방식(Ingram, 1979)으로 통합교육과정을 개발한다. 표현교과의 성취기준은 기능과 활동의 성격을 띠고 있으며, 수업 소재를 얼마든지 바꿀 수 있는 형태이기 때문에 내용 교과와 쉽게 통합할 수 있기 때문이다(김세영, 정광순, 2014).

그러나 '나는 동산인이다'의 실러버스를 살펴보면, 이 학교 교사들은 성취기준을 교육과정 개발의 출발점으로 삼지 않는다. 이들은 자신들이 자체적으로 성취기준을 개발하여 추가하는 방식, 교육과정 개발 후 성취기준을 통합교육과정의 근거나 시수 확보로 활용하기 위해 연결하는 방식, 교육내용과 활동을 개발하고 난 후 성취기준을 만드는 방식, 지속적으로 성취기준을 수정해나가는 방식 등을 선택하며 비교적 융통성 있게 성취기준을 다루고 있다. 즉, 이들은 성취기준을 교육과정 설계의 출발점으로 사용하는 '성취기준에 의거한 교육과정 개발(standards-driven curriculum planning)'(Sleeter & Carmona, 2017), '성취기준 내용 중심의 수업 개발'(이윤미, 2020a) 관점을 취하지 않는다. 이들은 성취기준을 일종의 도구로 사용하는 '성취기준을 의식한 교육과정 개발(standards-conscious curriculum planning)'(Sleeter & Carmona, 2017), '성취기준을 도구로 사용하는 수업 개발'(이윤미, 2020a) 관점을 취하고 있다. 이와 같이 성취기준을 도구로 사용하는 교육과정 개발에서 학생들의 경험은 성취기준과 동등한 수준으로 고려되며 하나가 다른 하나의 목적이나 수단이 되지 않는다(조현희, 2019).

현재 우리나라의 성취기준 재구조화의 범위는 성취기준의 추가, 통합으로만 제한되어 있어 성취기준을 수정하거나 삭제하는 권한은 없는 실정이다. 실제 대다수 교사는 성취기준에 충실해야 한다고 생각하기에 추가나 통합도 웬만해서는 선택하지 않는다. 이에 학교교육과정 개발이 강조되어 온 지꽤 긴 시간이 지났음에도 학교교육과정 개발은 선언적 문구에 그치고 있다. 이리동산초등학교 교사들의 통합교육과정 개발 사례는 성취기준을 도구로 사용하는 교육과정 개발을 찾기 어려운 현실에서(조현희, 2019), 교사가 자체적으로 성취기준을 만드는 수준까지 보여주고 있어 교사의 성취기준 활용방식의 지평을 넓히고 있다. 요컨대, 이리동산초등학교의 학교교과목 개발 사례는 국가교육과정에서 제시한 성취기준에 대한 자율권을 허용할 때 학교교육과정 개발이 활성화될 수 있다는 점을 보여주는 사례가 되고 있다(이윤미, 조상연, 정광순, 2015; 이형빈, 2020).

5) 연구결과

이 글은 이리동산초등학교에서 개발한 학교교과목은 가치와 목표에 기반을 둔 연계적 통합, 내용의 점진적 위계화를 이루는 수직적 통합, 성취기준을 도구로 사용하는 탈 학문적 통합의 성격을 지니고 있음을 밝혔다. 이러한 결과를 기반으로 다음과 같은 정책적 제언을 하였다.

첫째, 초등학교 3~6학년에서의 통합교육과정 개발을 지원하는 제도적 장치가 필요하다. 이리동산초등학교의 학교교과목은 3~6학년에서의 공식적 통합교육과정이 가능하다는 것을 보여주고 있다. 이 학교의 실러버스를 살펴보면, 1~2학년의 통합교과와 3-6학년의 통합교육과정이 맥락적, 유기적으로 만난다. '나는 동산인이다'의 3~6학년 교육과정은 학생의 현재 삶을 중심에 두고 학생들이 자신의 관심사에 따라 관련 지식을 맥락적으로 다루게 하는 1, 2학년 통합교과(조상연, 2018)와 본질적으로 맥이 닿아 있다. 통합교과에 제시되어 있는 1학년의 주제인 학교, 2학년의 주제인 동네는 3학년부터 보다 큰 범위의 지역을 탐색해나가는 '나는 동산인이다' 교과목과 연계되어 있다. 실제 학교 현장에서는 초등 3~6학년에서도 통합적 접근이 활발하게 일어나고 있다(김현규, 2020; 이경원, 2014; 이윤미 외, 2014).

통합교과가 통합교육과정의 구현을 위해 필요한 지식을 통합 논리에 따라 선정 및 조직하여 담아놓은 학교교과라는 관점에서 본다면, 통합교과의 대상이 현재 1, 2학년에만 한정된 것은 자연스럽지 않다(조상연, 2018). 이리동산초등학교의 학교교과목은 학교교육과정의 구조를 교과, 학교교과목(통합교육과정), 창의적 체험활동으로 바꾸면서, 3~6학년에도 통합교과의 성격을 지닌 교육과정을 도입할 수 있는 가능성을 제공하고 있다. 따라서 학생의 삶을 통합의 원천으로 삼는 탈 학문적 통합의 경험을 축적하면서, 3학년 이상에서도 통합교육과정 개발을 공식화하는 제도적 장치가 필요하다(강충열, 정광순, 2009). 초등학교 1~2학년의 통합교과적 접근의 범위를 벗어나 모든 학년에서 통합적 접근이 가능하도록 개방되고, 구체적인 학습 내용에 따라 교과 중심 접근을 할 것인지 통합적인 접근을 할 것인지 교사 스스로 판단하고 선택할 수 있는 자율재량권을 허용하는 것이 필요하다(곽병선, 2009).

둘째, 학생의 삶과 경험을 중심으로 통합교육과정을 개발하기 위해서는 학생의 삶과 경험을 연구할 수 있도록 지원해주는 제도가 필요하다. 학생의 관심을 조직자(the conceptual organizer)로 사용할 때 가장 먼저 선행되어야 하는 것은 학생들의 관심사를 연구하는 일이다. 학생의 학습이 성장하는 과정, 즉 다음 단계의 학습을 계획할 때, 이러한 연구물을 기초자료로 활용해야 한다. 이런 연구를 통해서 즉흥적인 교육과정 개발에 제동을 걸 수 있다(Connelly, 1972). 그러나 이리동산초등학교 통합교육과정의 실러버스에서는 학생들의 관심을 체계적으로 연구한 결과가 제시되어 있지 않았다. 이 학교 교사들이 교육과정 개발의 출발점을 학생들의 관심사로 설정하기 위해 노력하고 있지만 이러한 노력을 뒷받침해줄 수 있는 체계적인 데이터를 축적하고 있지 않았다.

교사들이 새로운 교육과정을 만들기 위해 일상적으로 학생을 둘러싼 제반 환경을 연구·개발하고 실천하는 일은 쉽지 않다. 따라서 학생들의 관심사를 연구하는 일이 보다 체계적으로 이루어질 수 있도록 제도적인 지원책이 필요하다. 학교 차원의 교육과정 개발을 활발하게 시도하고 있는 학교에는 연구 역량을 가진 교사 배치, 학습 연구년 교사 배치 등 인력 측면에서 지원을 해주어야 한다. 또한 지속적으로 교육과정을 연구하는 교사들에게 각종 인센티브를 제공하거나 연구에 집중할 수 있는 제도적 장치를 마련하는 방안도 고려해볼 수 있다. 교사를 지원하거나 교육시키지 않고 교육과정 개발 권한을 위임하는 것은 지나치게 낭만적이고 무책임한 일이다(Connelly, 1972). 이에 교사의 교육과정 개발 역량을 기르기 위한 제도적 지원과 교사교육에 힘써야 한다.

'동산에 다 있소'

Made In Wordcloud.kr

#경제 #골목상권 #우리 동네 #윤리적소비자 #합리적소비자

이 부록은 2020학년도 이리동산초 5학년 5명 교사들이 작성한 '학교교과목 수업 후기'를 동의를 얻어 수록하였음(교사명: 신혜영, 이운산, 신영지, 양미소, 황예지)

1) 수업 들어가기

우리 아이들은 '우리 동네, 동산동'을 어떻게 생각하고 있을까?

먼 곳에서도 찾아오는 익산 빵 맛집, 특색 있게 속을 알차게 채워 꾸준히 사랑받는 꼬마 김밥, 우리 학교 최고의 인기 플레이스 교문 앞 분식집. 프랜차이즈와의 경쟁 속에서도 꿋꿋하게 살아남아 사랑받는 우리 동네만의 가게이다.

〈동산에 다 있소!〉는 우리 동네에서 사랑받는 가게들을 탐색하고 우리 동네에 있어 자랑스러운 가게들을 발굴해내면서 우리 동네에 대한 자부심과 애향심을 갖게 하는 데 그 첫 번째 목적이 있다. 또한 대기업의 자본에 기대지 않고도 나만의 길을 우직하게 걸어가는 가게들이 많은 동네, 그런 가게들이 사랑받고 오래 지속되는 동네, 영세 소상공인들도 노력하면 살 수 있는 동네, 내가 어른이 되어서도 계속 살고 싶은 동네를 꿈꾸고 계획해보는 것이 두 번째 목적이다. 이 교육과정을 통해 우리 아이들이 동산동이 잘 살고 발전하는 데 '나도 기여할 수 있다'는 생각을 지니고 소비자와 자영업자가 함께 상생할 수 있는 윤리적 소비자, 한정된 재화를 가치 있게 사용하는 합리적인 동산 소비자가 되어주길 바란다. 또한 경제의 주체가 되어 가게를 창업하고, 골목 경제의 일원으로 창의적이고 협력적인 활동을 해봄으로써 창의적 사고 역량 및 공동체 역량을 기를 수 있을 것으로 기대한다.

2) 수업 펼치기

(1) 수업의 개요

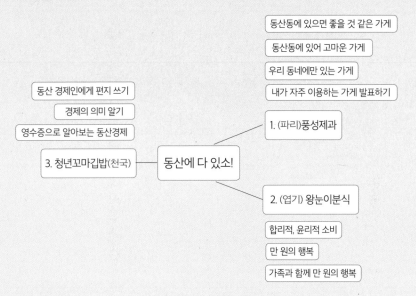

(2) 수업의 내용

교과목명	동산에 다 있소!		시수	15시간
교과목 목표	내가 살고 있는 동산동의 골목상권을 살펴보고 모두가 행복한 합리적 소비자로 살아가기 위한 자세를 기른다.			

순	단원명	주요내용과 활동	성취기준	시수
1	(파리) 풍성 제과	*내가 자주 이용하는 가게 발표하기(경험) -같은 종류 다른 가게 묶어보기(프랜차이즈란 무엇일까?) *우리 동네에만 있는 가게(비프랜차이즈) -백종원의 골목식당 영상보기 -사랑받는 비법 찾기(면담 및 면담 결과 표) *동산동에 있어서 고마운 가게 -대동산○○지도 만들기 -홍보포스터, CM송 만들기 *동산동에 있으면 좋을 것 같은 가게(시설)는? -나는 꼬마CEO(창업계획서 만들기)	[교사개발] 골목상권 탐방을 통해 동산동 경제활동에 대해 관심을 가진다. [교사개발] 이웃들이 자주 이용하고 사랑받는 가게들의 특징을 이해할 수 있다. [교사개발] 동산동의 발전에 기여할 수 있는 소비 활동을 찾아 실천한다. [교사개발] 소비 활동의 결과물을 활용하여 경제개념을 이해할 수 있다.	8

2	(엽기) 왕눈이 분식	*합리적, 윤리적 소비 -지속가능한 소비 -상생의 소비(지역상권) *만 원의 행복 -가치 있는 만 원의 소비 계획하기 -가치 있게 소비하기(모둠별) -소감문 쓰기(배움공책) *소비내용 비교활동지 작성하기(모둠별) -모둠별 소비 내용 발표하기 *가족과 함께 만 원의 행복 -가족과 동산동에서 소비해보기	[6국01-07]상대가 처한 상황을 이해하고 공감하며 듣는 태도를 지닌다. [6미01-05] 미술 활동에 타 교과의 내용, 방법 등을 활용할 수 있다. [6실03-03]용돈 관리의 필요성을 알고 자신의 필요와 욕구를 고려한 합리적인 소비생활 방법을 탐색하여 실생활에 적용한다.	4
3	청년꼬마 김밥(천국)	*동산동 가게 이용쿠폰 나눠주기 *영수증으로 알아보는 동산 경제 *경제의 의미 알기 *동산 경제인에게 편지쓰기		3
총				15

(3) 수업의 실제

① (파리)풍성제과

내가 자주 이용하는 가게 발표하기(경험)

⇓

우리 동네에만 있는 가게(비프랜차이즈)

⇓

동산동에 있어서 고마운 가게

⇓

동산동에 있으면 좋을 것 같은 가게

1. 내가 자주 이용하는 가게 발표하기(경험)
   - 같은 종류 다른 가게 묶어보기(프랜차이즈란 무엇일까?)
2. 우리 동네에만 있는 가게(비프랜차이즈)
   - 백종원의 골목식당 영상보기
   - 사랑받는 비법 찾기(면담): 면담결과 발표(동영상 제작)
3. 동산동에 있어서 고마운 가게
   - 대동산OO지도 만들기(학급별)
   - 홍보포스터, CM송 만들기(모둠별, 개인별)
4. 동산동에 있으면 좋을 것 같은 가게
   - 나는 꼬마 CEO(창업계획서 만들기)

〈동산에 다 있소!〉의 첫 번째 수업인 '(파리)풍성제과'는 아이들이 내가 사는 동네의 골목상권에 관심을 갖고 골목 가게들에 대한 사랑과 자긍심을 키우는 수업이다. 우리 동네에 대한 나의 경험을 떠올리기 위해 수업의 도입으로 내가 자주 이용하는 가게 발표하기를 해보았다. 평소 자신이 자주 다니는 가게나 우리 동네를 오가며 보아 왔던 가게들을 칠판에 적어보았다. 자신의 경험을 나누는 활동은 아이들에게 생동감 있고 자신감 있는 발표를 하게 하였다. 발표를 마친 뒤에는 우리 동네에서만 볼 수 있는 가게와 다른 동네에서도 볼 수 있는 가게들을 묶어보았다. 이 과정에서 '프랜차이즈 가맹점'의 개념에 대해 알아보고 프랜차이즈 가맹점으로 가게를 운영했을 때의 좋은 점과 아쉬운 점에 대해서 이야기했다. 그리고 우리 동네에만 있는 가게는 어떤 가게들이 있는지 다시 한 번 살펴보았다. 이 수업의 주요 포인트는 '프랜차이즈 가맹점'보다는 '우리 동네에만 있는 가게'였기 때문에 '비프랜차이즈'인 가게에 보다 집중하도록 했다.

먼저 한창 방송되고 있는 프로그램인 '백종원의 골목식당'에서 첫 점검에 칭찬받은 가게들을 모아 놓은 영상을 함께 보았다. 골목 식당을 살리려는 방송 프로그램의 취지가 우리 동네 상권을 배우는 이 수업과도 일맥상통한 부분이 있었기에 동기유발 자료로 적절하다고 생각했다. 영상을 보고 〈골목식당〉 프로그램에 추천하고 싶은 우리 동네 가게에 대해 이야기를 나누었다. 매일같이 학교 앞에서 꼬치를 사 먹는 분식집부터 우리 가족이 자주 이용하는 단골 고깃집을 홍보하는 아이, 그리고 수줍게 자신의 부모님이 운영하는 가게를 이야기하는 아이까지, 동산동에 있는 많은 가게가 쏟아져 나왔다. 우리도 '백 대표'처럼 동산동에서 사랑을 듬뿍 받고 있는, 또는 사랑을 충분히 받을 만한 좋은 가게들에 대해 알아보고 홍보해보자는 이

야기도 나왔다. 먼저 면담할 동네 가
게를 정하였는데 한 가게에 여러 모
둠이 몰리지 않도록 5학년 교사들이
모여 조정하였다. 그리고 아이들에게
직접 가게를 찾아가 사전에 면담 약
속을 잡은 후 교사에게 면담약속 여
부를 확인받도록 하였다. 학교 밖을
벗어난 색다른 활동에 아이들의 기대
감은 쭉쭉 올라갔다. 아이들의 면담
약속에 흔쾌히 응해주신 사장님이 있

면담질문지

는 반면, 그렇지 않은 가게들도 있었다. 거절한 가게에는 담임교사들이 다
시 연락하여 수업의 취지를 설명하고 아이들의 배움을 위해 협조해주시기를
부탁드렸다. 교사들이 나서도 쉽지 않았는데 아이들이 직접 면담 약속을 잡
는 과정이 정말 어려웠겠다 싶었다.

면담할 가게가 정해진 후 면담 질문을 만들고, 역할을 정하고, 면담 시 유
의해야 할 점까지 알아보았다. 수업이 빨리 끝나는 목요일 오후를 이용하
여 면담활동을 진행했고 메모, 녹음, 동영상 및 사진 촬영을 통해 면담 내용
을 수집할 수 있도록 하였다. 그리고 면담 발표 자료는 동영상이나 4절 도
화지에 글이나 그림을 그리는 것 중 선택하도록 하였다. 가게 이름의 유래,
가게를 개업한 이유, 가게의 자랑거리, 사장님의 목표, 손님에게 하고 싶은
한 마디 등 가게 사장님에게 면담한 내용을 넣기도 하고 면담활동을 하면
서 아이들끼리 분석한 가게의 장점과 단점을 넣어 발표 자료를 구성하였는
데 아이들이 분석하고 평가한 내용은 상당히 진지하였다. 아이들이 면담하

러 가서 사장님의 무성의한 태도에 실망하고 오기도 했는데, 우리는 동산동을 사랑하고 보탬이 되고자 이 수업을 하는데 그 마음을 몰라주시는 것 같아 안타까웠다. 그래도 아이들에게 친절하게 참여해주신 사장님들께는 감사한 마음을 안고 수업을 진행하였다.

우리가 면담한 가게 외에도 많이 이용하면 좋을 가게들을 동산동 지도에 표시하고 각 특색을 넣어 대동산○○지도를 만들었다. 아이들은 '대동산에 다 있지도'라고 재미있는 이름을 붙이고 자신의 경험과 기억을 떠올려 외부사람들에게 자랑하고 싶은 가게들을 지도안에 담았다. 그리고 동산동에 있어 고마운 가게 중 1곳을 골라 모둠별 또는 개인별로 홍보물(포스터, 동영상,

우리 동네 가게 홍보 포스터

대동산에 다 있지도

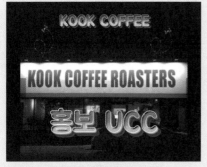

우리 동네 가게 홍보 동영상

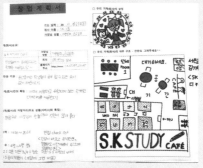

창업 계획서

CM송)을 만들어 가게 홍보를 하였다. 이미 한 번 면담 결과 발표 과정을 통해 아이들의 머릿속에 다양한 아이디어들이 생겨나서인지 상당히 좋은 결과를 만들어냈다.

지금까지 동산동에 있는 좋은 가게들을 알아보았다면 앞으로 동산동에 어떤 가게가 있으면 좋을지 꼬마 CEO가 되어 창업계획서를 만들어보았다. 가게 이름, 가게를 만든 이유, 우리 가게만의 특징(경영 방침 및 전략), 우리 가게의 자랑거리, 주 고객, 우리 가게의 상징 및 내부구조와 간판 등을 구체적으로 생각해보라고 안내하였다. 비슷한 창업 아이템이라면 같은 생각을 가진 친구들과 작성하는 것도 허용하였다. 평소 자신이 좋아하는 음식을 파는 가게나 어른들이나 중고등학생들이 있는 pc방의 불편을 느낀 아이는 초등학생 전용 pc방을, 블루오션을 찾고 싶은 아이들은 동산동에는 없는 북카페, 애완동물을 데리고 들어갈 수 있는 카페, 스터디카페 등을 창업해보고 싶다고 하였다. 저렴하고 친절한 서비스, 믿을 수 있는 먹거리를 제공하는 것은 물론 창업계획서에 저마다 가게의 특색과 전략이 구체적으로 드러나 있어 아이들의 깊은 생각과 고민에 놀랐다.

[(파리)풍성제과] 수업을 통해 우리 아이들은 동산동 골목상권의 매력을 흠뻑 느낄 수 있었고 평소에는 그냥 지나쳤을지도 모를 작은 가게들의 소중함과 우리 동네의 발전 가능성을 같이 느낄 수 있었다. 그리고 더 나아가 우리 동산동 정말 괜찮은 동네구나, 자랑스러운 동네구나, 라는 애향심도 기를 수 있는 수업이었다. 동산동이 익산에서 아주 번화한 동네는 아니지만 따뜻함이 묻어나고 어린 시절의 추억을 담을 수 있는 동네, 앞으로 더 잘 살 수 있는 가능성을 가진 동네로 아이들이 생각하고 살아가길 바라면서 첫 번째 수업을 마친다.

② (엽기)왕눈이 분식

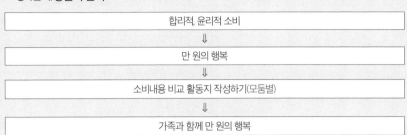

1. 합리적, 윤리적 소비
   - 합리적 소비에 대해 알기
   - 윤리적 소비에 대해 알기
   - 지속가능한 소비
   - 협동조합, 공정무역
   - 상생의 소비(지역상권)
2. 만 원의 행복
   - 가치 있는 만 원의 소비 계획하기
   - 가치 있게 소비하기(모둠별)
   - 소감문 쓰기
3. 소비내용 비교 활동지 작성하기(모둠별)
   - 모둠별 소비내용 발표하기
4. 가족과 함께 만 원의 행복
   - 가족과 동산동에서 소비해보기

〈동산에 다 있소!〉의 두 번째 수업인 '(엽기)왕눈이 분식' 수업은 '소비'에 대해 생각해보고 어떠한 소비가 옳은지 알아보고 실천까지 해보는 수업이다. 시작은 합리적 소비와 윤리적 소비에 대해 알아보는 것이다. 공정무역, 상생의 소비, 생산자도 이득이 되는 소비, 로컬 푸드 등 소비와 관련된 많은 이야기를 나누니 아이들은 고개를 끄덕이며 바른 소비에 대하여 이해해 나갔다.

'합리적, 윤리적 소비' 수업에 이어 아이들이 가장 하고 싶어하고 손꼽아 기다리던 '만 원의 행복' 순서이다. 처음 계획은 각 모둠별로 만 원을 어떻게 사용할지 계획하고 소비해본 뒤 어떻게 소비하였는지 발표하고 친구들

소비계획서

과 비교하여 내가 한 소비가 잘 한 것인지 생각해보며 합리적, 윤리적 소비에 대해 배우는 것이었다. 하지만 코로나19로 인해 이 활동은 수정될 수밖에 없었다. 직접 소비하는 것이 아니라 앞서 배운 합리적, 윤리적 소비를 바탕으로 소비계획서를 작성해보는 것으로 변경하였다. 더 다양한 소비를 생각해 볼 수 있도록 금액을 2만 원으로 올려 소비계획서를 작성하였다. 아이들이 바뀐 수업 내용에 매우 아쉬워하며 의욕을 잃은 모습을 보여 안타까웠다. 하지만 그래도 아이들은 실제 2만 원의 돈을 모둠 친구들과 상의하며 가치 있게 사용하려고 많은 이야기를 나누며 소비계획서를 작성해나갔다. 아이들의 소비계획서에서 같은 돈이라면 합리적으로, 또 환경이나 생산자들도 생각할 줄 아는 윤리적인 소비를 하려고 노력한 점을 엿볼 수 있어 뿌듯하였다.

③ 청년꼬마김밥(천국)

〈동산에 다 있소!〉의 마지막 단원인 '청년 꼬마 김밥(천국)'은 그전에 진행하였던 활동에 보상을 주는 쿠폰 증정식으로 시작된다. 지금까지 수업을 진행하며 친구들이 칭찬하고 싶은 아이들을 선정하였다. 동산동에 있어서

동산동 가게 이용 쿠폰 증정

⇓

영수증으로 알아보는 동산 경제

⇓

경제의 의미 정의해보기

⇓

동산 경제인에게 편지 쓰기

1. 동산동 가게 이용 쿠폰 증정식
   - 동산동에 있어 고마운 가게 홍보 포스터, 가치 있는 만 원의 소비 계획 우수모둠 선정
   - 동산동 가게 면담했던 가게 중 친절했던 가게에서 쿠폰 발행하기

2. 영수증으로 알아보는 동산 경제
   - 신용카드 영수증에서 알 수 있는 경제 개념 알아보기
   - 현금 영수증 발급 방법 알아보기
   - 경제의 의미 선택과 기회비용 활동해보기

3. 경제의 의미 정의해보기
   - 경제는 __이다. 왜냐하면 __이기 때문이다. 아이들 언어로 서술해보기

4. 동산경제인에게 편지 쓰기
   - 좋은 추억이 있는 가게 사장님께 엽서쓰기
   - 응원, 감사의 마음을 담은 엽서 전달하기

고마운 가게 홍보 포스터 제작을 잘한 친구들과 면담을 진행하며 우리 모
둠에서 역할을 잘 해준 친구들을 아이들 스스로 뽑아 우리 동네 가게에서
사용할 수 있는 쿠폰을 주었다.

쿠폰 발행의 혜택을 받은 가게는 프랜차이즈가 아닌 동산동에서 살아남
은 가게들, 면담활동에서 친절하게 아이들을 맞아주었던 가게들로 선정해
5천 원 상당의 쿠폰을 발급받아 진행하였다. 사장님께서 준비해주신 쿠폰
을 미리 받아와 아이들에게 나누어 주었다. 쿠폰을 발급해주시면서 사장님
들께서는 연신 고마워하시고 아이들이 와서 사용하는 데 무리 없게 진행해
주시기로 약속하셨다. 쿠폰을 사용해 본 아이들의 소감을 들어보니 "스스

로 노력한 것으로 보상을 받아서 물건을 사보니 보람 있고 좋았다.", "쿠폰으로 물건을 사보는 것, 이런 게 경제활동이구나!" 등의 반응을 보였다. 가게 사장님뿐만 아니라 활동을 하는 아이들도 즐거워 보여서 기획한 의도가 괜찮았다는 생각이 들었지만, 다음에 한다면 보다 많은 아이가 보상을 받을 수 있게 쿠폰 가격을 조금 낮추는 것도 좋겠다는 생각을 해본다.

보상용 쿠폰

선택과 기회비용활동지

다음 활동은 영수증에 나와 있는 경제 개념에 관해 알아보고 경제의 의미, 부모님의 경제활동, 나의 경제활동, 우리 가족의 경제활동에 대해 이야기 나눠보는 시간을 가졌다. 그리고 경제를 따라다니는 선택의 문제를 제시해주고 선택과 기회비용에 관해 알아보았다. 16,000원이라는 한정된 돈으로 가족과 'ㅇㅇㅇ카페'를 가는 것과 'ㅇㅇ마트'에서 물건을 사는 것을 제시해주고 각각의 좋은 점을 생각해보며 선택해보기 활동, 그로 인해 발생하는 기회비용의 개념까지 익힐 수 있는 활동이었다. 아이들에게 선택에는 항상 기회비

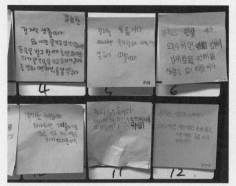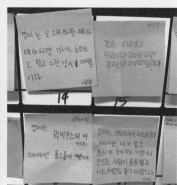

경제 개념 정리

용이 따른다는 점을 명확하게 인식시킬 수 있는 좋은 활동이었다.

경제 개념은 처음에 교사가 제시하는 것보다 '동산에 다 있소!'의 다양한 활동을 통해 익힌 내용을 아이들이 문장으로 만들어보며 정리해보았다. 〈경제는 ＿＿＿이다. 왜냐하면 ＿＿＿이기 때문이다〉로 이번 '동산에 다 있소'에서 배운 경제 개념을 정의, 정리해보는 시간이다. 아이들은 나름의 생각으로 합리적, 윤리적 소비, 경제의 개념, 경제의 순환 필요성 등에 대해 문장으로 나타내는 모습이 기특했다.

마지막은 좋은 추억이 있는 가게 사장님께 엽서 쓰기이다. 코로나 시국에 응원하는 글을 적어도 좋고 우리의 감사하는 마음을 담아 보는 것도 좋다고 안내하였다. 아이들이 예쁘게 적은 엽서로 따뜻한 마음이 전해지고 사장님들이 이 엽서를 보면서 힘을 내면 좋겠다는 바람으로 마지막 마무리 활동으로 좋았다. 코로나19로 인해 어려운 상황에서 활동하는 데 어려운 점이 있어 기존 계획에서 수정되어 진행된 내용이 있었다. 이런 활동을 직접 나가서 해보았다면 하는 아쉬움이 많이 남았다.

"이제 '동산에 다 있소!' 학교 교과수업은 모두 끝났어요"라고 했을 때 아이들이 "선생님 그럼 다음 학교 교과 뭐해요?", "뭐할까?"라는 기대감을 보여줘서 내심 뿌듯하기도 하였다. 내년에는 아이들이 마음껏 활동하고 즐겁게 배울 수 있는 상황이 되길 바란다.

3) 수업 돌아보기

〈동산에 다 있소!〉 수업을 계획하고 실행을 앞두고 있을 때, '와 이 수업 정말 재미있겠다! 그런데 이거 코로나 때문에 아이들이 매일 등교를 하지 못하고 있는데 이 수업, 할 수는 있을까?' 하는 불안함이 있었다. 다행히 코로나19 사회적 거리두기가 1단계로 완화되며 전면등교가 시작되었다. 단계가 언제 격상될지 알 수 없기 때문에, 전면등교를 하는 즉시 〈동산에 다 있소!〉 수업을 시작했다. 지역경제에서 시작하여 경제 전반적인 것들을 배우다가 다시 지역경제로 마무리되는 이 수업은 우리 학교에서만 할 수 있는 수업이며, 교사보다 아이들이 이 동네에선 터줏대감이기 때문에 아이들이 주도할 수 있는 수업임을 알려주어 아이들 스스로 이 수업에 흥미와 자부심을 갖게 했다.

동학년 선생님들과 모여 함께 수업을 위해 많은 회의를 하며 수업의 내용과 흐름을 준비했는데, 실제로 체험하며 활동하는 부분에 대한 좋은 아이디어가 많이 나와서 회의 자체가 재미있었다. 그런데 경제 개념에 대해서 어디까지 알려줘야 할지 결정하는 게 어려웠다. 많은 고민과 회의를 거쳐 결과적으로는 4학년 사회에 나오는 생산, 소비 개념에 조금 더해 영수증, 합리적 소비, 윤리적 소비 그리고 선택과 기회비용이라는 개념까지 가르쳐보기로 결정했다. 수업을 통해 아이들이 가치 있는 소비에 대해 배우고, 우리 동네의 가게들을 찾아가서 면담하기, 소비 계획하기 등의 직접적인 체험을 통해 경제에 대해 조금 더 입체적으로 이해하지 않았을까 생각한다. 그리고 그러한 활동들을 통해 코로나19로 인해 성장이 조금 주춤해 있던 아이들이 서로 협동하면서 눈에 띄게 성장한 것 같아 뿌듯하다.

〈동산에 다 있소!〉 수업은 특히 동산동을 주 무대로 한 수업이기 때문에 아이들이 우리 동네에 대한 자부심과 애향심을 갖게 하는 데 일조한 것 같다. 골목 가게 상인분들께도 우리 동산초 아이들이 면담하는 과정에서 너무 예의 바르고 예뻤고, 여러 방면으로 소비해준 덕분에 힘을 더 얻었다는 피드백을 많이 받았다. 우리 아이들은 동산동이 잘 살고 발전하는 데 기여할 수 있다는 자부심을 가지게 되었고, 한정된 재화를 가치 있게 사용하는 동산의 합리적인 소비자, 윤리적 소비자로 한층 발돋움한 듯하다.

4. 학교교과서를 소개할게

학교교과서를 개발한다고 하면 겁부터 덜컥 날지도 모르겠다. 학교에서 교과서를 어떻게 만들어야 하는지 감이 잡히지 않을 것이다. 어떤 이는 굳이 학교에서 교과서 개발까지 해야 하냐고 묻는 이도 있을 것이다. 그러나 국가교과에는 국·검정교과서가 있고, 지역교과에는 지역교과서가 있듯이, 학교교과에도 학교교과서가 있는 것이 당연하지 않을까?

교육과정 재구성을 넘어, 교사교육과정 개발 및 학교교과목 개발로 나아가고 있는 상황에서 교사가 만든 교육과정을 담은 학생용 자료를 개발하는 일은 자연스러운 일이라 할 수 있다. 이미 교사들은 다양한 교육과정 자료를 생성하고 온라인으로 공유하며 서로가 서로에게 기여하고 있다. 따라서 이렇게 흩어져 있는 자료를 꿰어 맥락화한 자료를 만드는 일은 그리 어려운 일이 아닐지도 모른다. 해보지 않은 일이기에 두려울 수 있지만 할 수 없는 수준의 일은 아니라고 생각한다. 필자는 현재 우리나라 교사들이 위치한 곳에서 한 발만 앞으로 내딛으면 가능한 일이라 생각한다.

필자는 향후 교사가 갖추어야 할 필수적 능력으로 '교과서 개발 능력'을 꼽는다. 통상적으로 교사들은 교과서를 사용하는 '소비자' 입장으로 살아가고 있다. 따라서 교과서를 개발하는 '생산자' 입장이 되어본 경험이 별로 없다. 이에 교과서를 개발하는 데 필요한 조건, 개발 절차, 개발 노하우 등에 관한 이해가 부족한 편이다.

필자는 2007 개정 교육과정부터 2009, 2015 개정 교육과정까지 통합교과서를 개발한 바 있다. 또한 지역교과서를 8년째 개발하고 있다. 이에 교과서 개발에 관한 이해가 비교적 높은 편이다. 필자의 경험에 비추어보면, 교과서 개발은 처음엔 무척 어렵지만 개발 경험이 조금만 쌓이면 금세 개발 능력을 갖추게 된다. 교육과정 상상력과 창의력만 있다면 개발 노하우는 쉽게 습득할 수 있기 때문이다.

교과서 개발을 특별한 누군가의 일이라 생각하지 말고 언제든 내가 교과서 집필자가 될 수 있다는 생각으로 과감하게 도전해보았으면 좋겠다. 도전할 때 성장이 일어날 수 있다. 교육과정 생산자로서 자리매김할 때 교육과정 전문성, 교육과정 문해력을 갖출 수 있게 될 것이다.

다음은 이리동산초에서 2021년 6월 출간된 '나는 동산인이다' 학교교과서이다. 2020년에 교과목을 실행한 후 생성된 자료를 토대로 교과서 초고를 마련하였고, 2021년에 해당 학년을 맡은 새로운 교사들이 초고에 약간의 수정을 가하여 탄생한 것이다.

이리동산초 교사들의 대부분은 교과서 개발 경험이 없어 막막해했고 실제로도 개발된 초고에 부족한 점이 많았다. 그러나 집단지성에 의한 수정작업을 거듭하면서 나름 그럴듯한 교과서 모습을 갖추게 되었다. 물론 아직도 많이 부족하지만 2021년 이들이 내디딘 첫걸음은 앞으로 계속해서 나아갈 수 있는 토대를 마련했다는 데 의의가 있다. 처음부터 완벽한 교과서가 탄생할 수는 없다. 지속해서 수정·보완해 나간다면 질 높은 교과서를 만들 수 있을 것이다. 도전해보자!

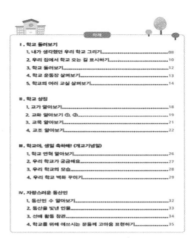

차례

Ⅰ. 학교 둘러보기
1. 내가 생각했던 우리 학교 그리기 08
2. 우리 집에서 학교 오는 길 표시하기 10
3. 학교 둘러보기 12
4. 학교 운동장 살펴보기 13
5. 학교의 여러 교실 살펴보기 14

Ⅱ. 학교 상징
1. 교가 알아보기 18
2. 교화 알아보기 ①, ② 19
3. 교목 알아보기 21
4. 교조 알아보기 22

Ⅲ. 학교의 생일 축하해! (개교기념일)
1. 학교 연혁 알아보기 26
2. 우리 학교가 궁금해요 27
3. 우리 학교의 모습 28
4. 우리 학교 백운 꾸미기 29

Ⅳ. 자랑스러운 동산인
1. 동산인 수 알아보기 32
2. 동산인 빛낸 인물 33
3. 선배 활동 장면 34
4. 학교를 위해 애쓰시는 분들께 고마움 표현하기 35

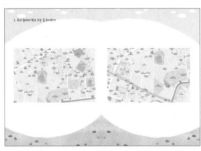

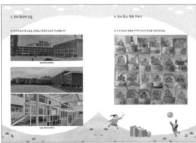

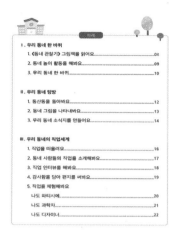

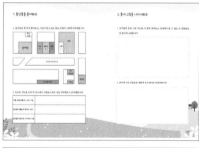
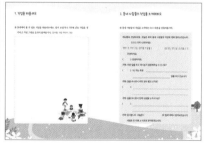

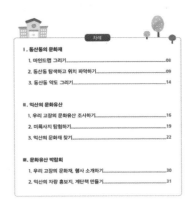

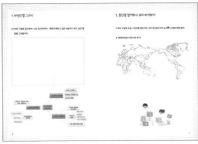

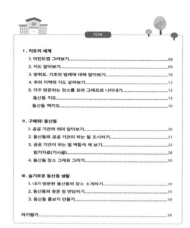

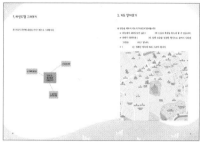

147

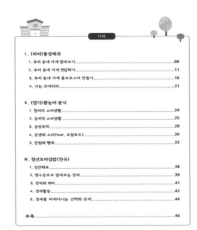

Ⅰ. (따라)풍성제과
  1. 우리 동네 가게 알아보기 08
  2. 우리 동네 가게 면담하기 11
  3. 우리 동네 가게 홍보포스터 만들기 16
  4. 나는 꼬마CEO 21

Ⅱ. (엽기)찾는이 분석
  1. 합리적 소비생활 24
  2. 윤리적 소비생활 25
  3. 공정무역 28
  4. 상생의 소비(feat. 로컬푸드) 30
  5. 만원의 행복 33

Ⅲ. 청년꼬마감법(전국)
  1. 칭찬해요 38
  2. 영수증으로 알아보는 경제 39
  3. 경제의 의미 41
  4. 경제활동 42
  5. 경제를 바라다니는 선택의 문제 44

부록 46

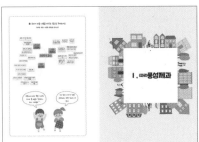

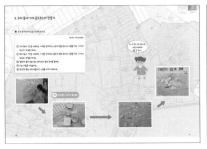

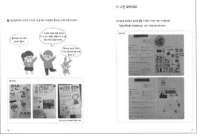

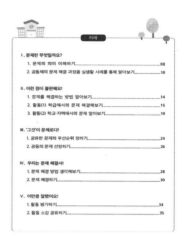

5. 학교교과서, 어떻게 만들지?[11]

　'교육'을 뜻하는 'education'은 라틴어 'educo'에서 유래된 것으로, '밖으로(e)', '꺼낸다(duco)'의 의미이다. 즉 개개인이 타고날 때부터 가진 능력을 발현시킨다는 의미로, 제7차 교육과정 이후 꾸준히 강조되고 있는 학습자 중심 교육과 통한다. 학습자 중심 교육에서는 '개인 학습자에게 의미 있는 교육'을 중시하며, 학습자 스스로 주도권과 선택권을 갖고 학습에 참여할 것을 강조하고 있다(권낙원, 2001; McComgs & Whisler, 1997).

　우리나라에서 이러한 학습자 중심 교육의 시작은 제6차 교육과정 이후 대두된 교육과정 자율화와 그 궤를 같이한다. 전통적으로 국가교육과정 체제를 유지해오던 우리나라는 지나친 통제와 그에 따른 획일화, 경직화된 학교교육과정의 문제점이 드러나면서 전통적인 획일화된 주입식 교육으로는 학생 개개인의 다양한 능력의 발현과 요구를 충족시킬 수 없다는 위기의식을 느끼게 되었다(강인애, 주현재, 2009; 소경희, 2019; So & Kang, 2014). 이에 따라 학생과 가장 가까운 학교가 교육과정에 관한 결정을 내릴 수 있는 가장 적합한 곳이라는 인식은 확산하였고, 이후 표준화된 국가교육과정에서 벗어

---

11) 이 글은 다음 논문을 재구성한 것임. 이윤미, 김순미(2021), 「초등학교 학교교과목 실행을 위한 학교교과서 개발 사례 연구」, 질적탐구, 7(3).

나 지역과 학교의 자율성을 확대하려는 노력이 현재까지 이어지고 있다(정광순, 박채형, 2013; Kennedy, 1992).

이러한 교육과정 자율성 확대를 위한 방안으로 국가에서 설정한 기준과 방향을 일부 유지하면서 해당 학교의 철학, 환경과 여건, 학생의 요구를 반영한 학교 차원의 교과목 개설 움직임이 나타나고 있다. 전라북도교육청은 2018년부터 '학교교과목(school subject)'이라는 이름으로 학교 구성원들이 단위학교의 교육철학 및 비전을 구현하는 학교교육과정을 개발하도록 함으로써 교육과정 자율화를 추진하고 있다(이동성, 2020; 이윤미, 2020a; 전라북도 교육청, 2019, 2020, 2021). 학교교과목은 단위학교의 교사교육과정 차원에서 교과와 범교과 영역을 포괄하여 지역과 학생의 실정에 맞게 학교 자체적으로 범위와 계열성을 갖추어 개설하는 교과목으로서, 국가교육과정의 교과(군)별 기준 수업 시수의 20퍼센트 범위 내에서 교과 시수를 감축하여 창의적으로 편성·운영할 수 있다(전라북도교육청, 2021). 이를 통해 단위학교의 구성원인 학생, 학부모, 교사의 요구를 반영할 수 있을 뿐만 아니라 학생이 포함된 학교와 지역의 실정에 맞는 교수학습을 계획하여 학생의 삶을 중심에 둔 교육이 가능하다.

이렇듯 초등학교 차원의 교과목 개설 움직임이 본격화되면서 다양한 학습 도구 중 하나인 '교과서'에 대한 인식도 변화하고 있다. 이윤미(2020b)에 따르면 학교교과목은 단위학교 구성원이 지닌 가치와 목표에 기반한 연계적 통합, 내용의 점진적 위계에 의한 수직적 통합, 성취기준을 도구로 사용하는 탈학문적 통합의 성격을 지니고 있다. 이로 볼 때 교과별로 분절된 형태를 띠고 있는 현행 국정 및 검·인정교과서 위주의 학습을 통해서는 학교교과목의 목표를 달성하기에 한계가 있다.

또한 국가교육과정을 충실하게 구현한 교과서는 단위학교 및 지역 특성을 고려할 수 없어 교육의 실질적 주체인 학생이나 교사의 요구를 반영하기 어려울 뿐만 아니라, 만들어지는 데 두서너 해의 기간이 소요되는 교과서 개발 절차를 고려할 때 급변하는 시대에 적합한 시의적절한 교육내용을 제공하기도 어렵다. 우리나라는 지금까지 모든 초등학교 학생에게 동일한 교과서를 사용하도록 하는 '국정' 제도를 오랫동안 유지해왔기 때문에 더욱 그렇다. 국정교과서는 새로운 교육과정 고시에서부터 집필과 심의, 현장 검토에 이르는 개발 과정을 거쳐 보급되기까지 약 3년 이상이 소요된다. 뿐만 아니라 다음 교육과정 개정에 이르기까지 큰 변화 없이 현장에서 사용되어 사회변화나 학생의 요구를 즉각 반영하기 어렵다. 최근에 와서 국정과 더불어 검정과 인정 제도를 병행하고 있지만, 모두 학교에서 실행하는 수업과 분리해 중앙 차원에서 연구·개발을 하고 단위학교는 이를 적용하는 구조이다. 따라서 교과서가 구체적인 교실 현장이나 학생에게 얼마나 적절하고 실효성 있는지에 관한 문제가 꾸준히 제기되어 왔다. 다시 말해 국가 주도의 교과서가 지역, 단위학교, 교실, 학생 개인의 특수성을 간과하여 교수학습을 획일화시키는 역작용을 할 가능성을 무시하기 어렵다는 것이다(정광순, 박채형, 2013; 조영태, 1997).

이러한 문제를 해결하기 위한 대안 중 하나로 학교교육과정에 맞는 단위학교 차원의 '학교교과서' 개발이 주목을 받고 있다. 현재 교사들은 교육과정 재구성, 교사교육과정 개발이라는 이름으로 자신들이 가르치는 학생에 맞는 교육과정을 만들고 그에 따른 자료를 생성하여 수업에 적용하고 있다. 교과서가 교육내용을 중심으로 기본 학습 요소를 체계화한 것(박삼서, 2003)이라고 볼 때 교사들이 자신의 수업을 위해 제작하고 있는 자료 또한 교과서라고 볼 수 있다. 그럼에도 불구하고 현재 '학교교과서'라는 용어 자체는 매우 생소하게 인식되고 있다. 또 단위학교 차원의 교과서 개발에 관한 실제 사례가 많지 않을 뿐더러, 있다 하더라도 이를 다루거나 학교교과서 집필 과정을 다룬 연구가 거의 없어 학교교과서 특성에 대한 심도 있는 이해와 긍정적 인식 확산이 어려운 실정이다.

따라서 이 연구는 학교교과목을 운영하며 적극적으로 학교교과서를 개발하고 있는 이리동산초등학교 사례를 통해 학교교과목 실행을 위한 학교교과서 개발 절차를 도출하고, 그 특성을 밝히는 데 목적이 있다. 이 연구를 통해 학교교과서에 대한 교사들의 인식을 제고하고, 단위학교 차원의 학교교과서 개발 및 학교교육과정 운영에 중요한 시사점을 제공하여 교육과정 자율성의 실현이 앞당겨질 것으로 기대한다.

1) 학교교과목과 학교교과서

① 학교교과목 개발 배경 및 절차

전라북도는 모든 학생의 배울 권리를 보장하는 평등교육과 한 명의 학생도 포기하지 않는 책임교육을 교육철학으로 하여 행복한 민주시민을 기르기 위해 노력하고 있다(전라북도교육청, 2021). 이를 바탕으로 전라북도 초등학교 교육과정은 '학생 중심 교육과정'을 최우선에 두고 학교와 교사의 전문성과 자율성을 지원하며 공동체성에 기반을 둔 학교 자치의 실현, 학교와 교사의 실천 중시, 교육과정-수업-평가-기록의 연계, 참학력 역량을 기르는 교육과정을 특징으로 한다. 특히 이를 위해 교사교육과정을 토대로 학교교과목이 구체적인 실체로 구현될 수 있도록 체계적인 지원을 하고 있다.

교육과정의 지역화, 분권화, 자율화 추진과 맞물려(교육부, 2015) 학교교육
과정, 교과, 과목을 바라보는 새로운 시선이 등장하였고, 공립학교에서도
교육과정의 학교화와 학생화가 추구되었다(이윤미, 2020; 이형빈, 2020). 하지
만 초등학교에서도 과목 생성이 가능하다는 교육과정 편성·운영 지침(울산
광역시교육청, 2018; 충청북도교육청, 2016)에도 불구하고 대다수 시·도 교육청은
이를 적극적으로 추진하지 않고 있다. 이러한 상황에서 전라북도교육청은
2018년부터 학교 구성원들이 '학교교과목'이라는 이름으로 학교교육과정
을 개발하고, 이를 공식적으로 학교교육과정 편제에 포함할 수 있도록 정책
적 지원을 함으로써 학교교육과정을 활성화하는 데 선도적인 역할을 해왔
다(이동성, 2020; 이윤미, 2020a; 전라북도교육청, 2019). 또한 이의 적용과 빠른 안
착을 위해 2020년에는 적극적으로 학교교과목 개발을 시도하고 있는 이리
동산초등학교를 '광역형 혁신 더하기 학교'로 지정하여 학교교과목의 일반
화 가능성을 탐색하였다. 더 나아가 2021년 8월에는 교사교육과정과 학교
교과목 개발을 주 골자로 하는 '전라북도 초등학교 교육과정 총론'을 고시
하여 교육과정 편성·운영지침으로 삼고 있다. 이로 인해 일반학교에서의 학
교교과목 개발이 가능해졌다.

이리동산초등학교를 중심으로 한 학교교과목 개발은 혁신학교 운동으로
촉발된 단위학교의 교육과정 자율화라는 외부적 배경과 학생의 앎과 삶을
연계하는 교사교육과정에 대한 열망이라는 내부적 배경이 복합적으로 작
용하여 추진되었다(김세영, 이윤미, 2020). 이리동산초등학교는 2019년 '학교탐
험', '꿈자람', '계기교육', '적응과 성장', '온작품 읽기'의 5개, 2020년 '나는 동
산인이다', '꿈자람', '그래서 인권', '적응과 성장'의 4개를 거쳐 2021년에는
마을 교육과정을 표방한 '나는 동산인이다'와 노작교육을 통한 심성교육을

이리동산초등학교 학교교과목의 변화

2019년(5개)	2020년(4개)	2021년(3개)
학교탐험	나는 동산인이다	나는 동산인이다
꿈자람	꿈자람	꿈자람
계기교육	그래서 인권	손끝에서 피는 마음
적응과 성장	적응과 성장	
온작품 읽기		

강조하는 '손끝에서 피는 마음', 진로교육과 연계한 '꿈자람'의 3개 교과로 학생의 삶에 기반한 학교교과목을 정교화하여 운영하고 있다.

김세영과 이윤미(2020)는 이리동산초등학교의 사례를 통해 학교교과목 개발 과정을 분석하였다. 교과목 개발 과정의 가장 첫 단계는 교과목의 의미를 탐색하고 목표를 설정하는 '토대 구축'이다. 이는 학생을 중심에 두고 교과목이 필요한 이유, 교과목의 의미와 추구하는 가치를 탐색하고 목표를 설정하는 일이다. 두 번째는 '요구 분석' 단계로 성취기준과 교과서를 분석하여 이것이 학생을 둘러싼 제반 환경과 어떤 관련이 있는지 파악하고 학생들의 삶과 경험, 교사들의 필요와 요구, 사회적 요구 등 학생 관련 환경을 분석한다. 세 번째는 영역, 내용, 활동, 목표, 성취기준을 설계 및 개발하여 교과목의 몸체를 완성하는 '고안' 단계이다. 학년별로 지도할 영역과 주제를 설정한 후 구체적인 내용과 활동을 설계하는 데 성취기준이나 교과서에 얽매이지 않고, 학생들의 삶의 범위, 흥미, 발달단계를 고려하여 내용과 활동을 선정한다. 이 단계에서 학년별 교과목 목표의 구체화, 교과목 계획의 문서화, 단원별 성취기준 개발이 이루어지는데, 이때 성취기준은 국가교육과정의 성취기준과 연결시키기도 하고, 자체적으로 새로운 성취기준을 만들기도 한다. 네 번째 단계는 '배치' 단계로 시수를 배정하고 실행 시기를 결정한다. 다섯 번째 '공식화' 단계를 통해 교과목 계획을 전체 학년과 공유하고 확정한다. 마지막 단계는 학교교과목 개발 핵심인 '세부 자료 개발'이다. 이 단계에서 교과목 수업 자료를 꼼꼼하게 개발함으로써 질 높은 교과목을 만들기 위해 노력한다. 이 수업 자료에는 각종 영상, 동화책, 놀이나 게임, 프레젠테이션 자료, 학생용 활동지, 노래, 시뮬레이션 자료 등 다수의 다양한 자료가 포함된다. 이러한 자료는 실제 수업이 이루어질 때까지 끊임없이 수정·보완되며 학생의 요구와 수준에 가장 적합한 '학교교과서'의 형태로 재탄생하게 된다.

② 학교교과서 개발 과정에서 되짚어본 국가교육과정의 교과서 발행체제

우리나라 교과용도서 발행체제는 과거 개발에서 배포에 이르기까지 국가가 모든 권한을 가지던 국정도서 체제에서 제7차 교육과정의 적용과 함께 일부 교과를 제외하고 검정도서 체제로 변화했다(김왕근, 2003). 여기서 더 나아가 최근에는 자유발행제를 포함한 인정도서 체제로 변화하고 있다. 이는 교육과정 자율화의 흐름이 교과서 발행체제에도 영향을 줌으로써 학습자의 발달 수준, 특성, 필요 등을 고려하여 학교 수업 현장의 자율성을 보장하기 위한 것이다. 따라서 현재 우리나라 교과용도서 편찬 및 발행체제는 국정, 검정, 인정 교과서가 함께 사용되고 있는 체제이다.

「교과용도서에 관한 규정」(대통령령 제30319호, 2020)에서는 교육부가 저작권을 갖는 교과용도서를 '국정도서'로, 교육부장관의 검정을 받은 교과용도서를 '검정도서'로, 교육부장관의 인정을 받은 교과용도서를 '인정도서'로 정의하고 있다. 하지만 해당 법령에 포함된 '교육부' 또는 '교육부장관'이라는 용어를 통해, 정도의 차이는 있지만 세 유형 모두 편찬 및 발행에 있어 국가의 권한과 영향력이 매우 큼을 확인할 수 있다(안종욱 외, 2020). 또한 「초·중등교육법 제29조 ①항」에 "학교에서는 국가가 저작권을 가지고 있거나 교육부 장관이 검정하거나 인정한 교과용도서를 사용하여야 한다"라고 '교과용도서의 의무 사용'을 강제하는 규정을 통해 국가의 교과서 발행체제에 대한 권한이 매우 크다는 것을 알 수 있다.

이러한 국가 주도의 교과용도서 발행체제는 평균적인 수업의 질, 즉 '표준의 수업'을 보장하는 기능을 하지만, 외부 환경의 변화에 대한 탄력적 대응과 다양화된 수업을 지향하는 데 저해 요소로 작용할 수 있다는 문제의식이 꾸준히 존재해왔다. 2009 개정 초등 통합교과서 개발 과정을 기술한 정광순과 박채형(2013)의 연구를 살펴보면, 국정교과서의 공모에서 공급에 이르는 전 과정에 2년 이상의 긴 기간이 소요됨을 살펴볼 수 있는데, 이는 학생 및 빠르게 변화하는 사회의 요구를 수용하기 어려울 뿐만 아니라 누구에게나 보편적인 교과서 개발로 인해 지역과 개별 학생의 특성을 수업에 반영하지 못하는 원인이 되고 있다.

교과서는 교육과정에서 제시한 교육내용을 중심으로 기본 학습 요소를 체계화한 것이다(박삼서, 2003). 교과서와 교육과정은 그 성격이 동형 관계에

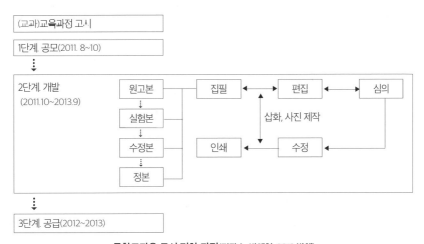

통합교과용 도서 편찬 과정(정광순, 박채형, 2013 발췌)

있으며 교육과정은 교과서의 근거와 원천이 된다. 즉 교육과정이 교과서에 선행한다(김왕근, 2003). 이런 의미에서 볼 때 학교교과목을 중심으로 학교교육과정의 목표를 달성하기 위해서는 이에 맞는 학교교과서 개발이 필수적이다.

2) 탐색적 사례 연구(exploratory case study)

이 글은 김세영과 이윤미(2020)가 수행한 '학교교과목의 개발 절차에 관한 사례 연구'의 후속연구이다. 두 연구 모두 동일한 학교교과목인 '나는 동산인이다'를 연구 대상으로 하고 있다. 선행연구는 '나는 동산인이다' 학교교과목 개발을 대상으로 과정 및 절차, 특성을 살펴보는 것을 목적으로 하였고, 후속 연구인 이 연구는 동일한 학교교과목 수업을 실행하기 위한 학교교과서 개발 과정 및 절차를 살펴보고, 그 특성을 분석하는 것을 목적으로 하고 있다.

초등학교에서의 '학교교과서 개발'은 생소한 사례이기 때문에 학교교과서 개발에 관한 과정과 절차를 더욱 상세하게 밝힐 필요가 있다. 이런 측면에서 본 연구는 인(Yin, 2009)의 '탐색적 사례 연구(exploratory case study)', 즉 연구 주제가 새로운 것이거나 특이한 것이어서 많이 알려지지 않은 상황일 경우 사례를 통해 밝혀내는 연구방법을 선택하였다. 학교교과서 개발 과정을 정리하고 국정교과서와 비교되는 학교교과서의 특성을 밝히기 위해 학교교과서 개발 과정에서 이리동산초등학교 교사들이 겪었던 경험을 탐구하였으며, 추가로 교사 세 명을 대상으로 심층 면담을 진행해 연구자료를 보완하였다. 심층 면담은 일대일 대면 면담 각각 1회, SNS를 활용한 일대일 온라인 면담을 실시하였다. 온라인 면담은 필요한 경우 수시로 진행하였다.

학교교과서 개발 과정에 대한 심층 면담을 위해 의도적 표본추출 방법을 통해 참여자를 선정하였다. 그 기준은 다음과 같다. 첫째, '나는 동산인이다' 학교교과목 개발 단계에서부터 학교교과서 개발의 전 과정에 참여한 교사를 선정하였다. 둘째, 교직 경력 중 10년 이상의 담임 경력을 지닌 교사를 선정하였다. 셋째, 국정교과서 집필 경험에 따른 학교교과서 개발 경험을 비교하기 위해 국정교과서 집필 경험이 있는 참가자와 없는 참가자를 골고루 선정하였다. 이렇게 선정된 교사 중 학교교과서 제작과정에 대한 이해가 높고, 자발적으로 면담 참여 의사를 밝힌 세 명의 교사를 최종 선정하였다. 심층 면담 참여자에 관한 정보는 다음과 같다.

연구 참여자 정보

면담 참여자	2020년 담당 학년 / 업무	2021년 담당 학년 / 업무	국정교과서 개발 경험	본교 재직 연수
J교사	전담(교육과정, 혁신)	전담(교육과정, 혁신)	○	2
S교사	5학년	학습연구년	X	6
K교사	6학년	전담(생활, 과학)	○	2

3) 학교교과서 개발 절차 및 특성

이리동산초등학교는 학교교과목 수업 실행이 끝난 2020년 12월부터 본격적으로 학교교과서를 개발하기 시작하여 2021년 5월에 개발을 완료하였다. 2021년 3월 말 인쇄를 목표로 교과서를 개발하였으나 2021년 전입해 온 교사들이 교과서 편집본을 검토하고 수정하는 데 예상보다 많은 시간이 소요되어 완성이 두 달 정도 늦어졌다. 이 학교 교사들은 교과서 인쇄가 다소 늦어지더라도 교과서를 실제 사용하게 될 교사들이 충분히 검토하고 수정하는 것이 무엇보다 중요하다고 생각했다. 따라서 교과목 실행 시기를 좀 늦추면서 교과서 검토와 수정에 시간을 충분히 할애했다.

① 학교교과서 개발 절차

이리동산초등학교 학교교과서 개발 과정은 아래 그림과 같이 총 12개 단계로 이루어져 있다. 학교교과서 개발을 위한 학습자료 수집은 2020년 3월부터 이루어졌으며, 본격적인 교과서 개발은 2020년 12월부터 시작하였다.

가. 개발 과정

학교교과서 개발 과정

ㄱ. 교과서 개발 준비

이리동산초등학교 교사들은 학교교과목 교육과정 계획이 확정되면 교수학습 자료를 개발하면서 교육과정을 수업으로 변환하는 일을 수행한다. 실제 이 학교 교사들은 교과목 수업을 위한 자료를 개발할 때부터 이를 교과서로 변환할 태세를 갖춘다. 따라서 이리동산초등학교 학교교과목 교육과정 개발의 마지막 단계인 '교과목 수업 자료(package) 개발'(김세영, 이윤미, 2020)은 학교교과서 개발의 첫 단계이기도 하다. 즉 학교교과목 개발 마지막 단계는 학교교과서 개발 단계와 겹친다.

교과목 교육과정을 교과서로 변환하기 위해 각종 준비를 한다는 의미는 교과서 지면에 들어갈 자료를 취사선택하여 따로 폴더를 만들어 저장하거나 교과서에 들어갈 사진 자료, 동영상 자료, 참고작품을 꼼꼼히 모으는 것을 의미한다.

교과목 협의를 할 때 특히 아이들 반응이 좋았던 부분, 아쉬웠던 부분들에 관해 공유하고 정리했어요. 우리는 처음이라 교과서 없이 수업했지만, 다음에 수업할 때 교과서에 들어가면 좋을 것들을 고려하면서 자료를 모았어요.(2021. 07. 26. S교사)

이리동산초등학교가 학교교과목 수업 이후 본격적으로 학교교과서를 개발하기 시작한 것은 2020년 하반기로, 2020년 '나는 동산인이다' 교과목 수업을 할 때는 체계적인 교과서 없이 교과목 계획에 의해 미리 만들어둔 자료를 사용하거나, 필요할 때마다 새로운 자료를 만들어 사용하였다. 따라서 교사들은 교과서는 없지만, 교과서가 있다면 어떤 모습, 어떤 자료여야 할 것인가를 고려하며 자료를 모아나갔다. 자신들이 만든 수업 자료를 사용하면서 이들 자료 중 교과서에 넣을 만한 것, 자신들은 미처 만들지 못했지만 필요한 것 등을 염두에 두며 교과목 수업을 실행하였다. 특히 아이들 반응에 따라 수업 자료를 수정하는 작업도 병행하였다. 교사들은 학교교과서가 제작된 차년도에 자신들이 사용하게 될 교과서라는 가정을 하며 집필을 준비하였다.

ㄴ. 집필 계획 수립

학교교과목 수업을 마치고 2020학년도가 마무리되는 12월 초부터 본격적으로 교과서 집필이 시작되었다. 이리동산초등학교 학교교과서 개발 계획에 의해 방학 날인 1월 20일까지 초고를 제출해야 했다. 이에 교사들은 12월부터 1월까지 약 한 달 반 동안 교과서 초고를 만드는 데 주력하였다.

교과서 개발 첫 회의에서 '나는 동산인이다' 마인드맵을 보며 교과서를 어떻게 만들지 이야기를 나누었어요. 대략적인 교과서 콘셉트에 관해 이야기 나눈 후 소단원별로 나눠서 교과서에 들어갈 내용들을 고민해서 다시 만났어요.(2021. 07. 26. S교사)

교과서 집필 계획은 학교교과목의 마인드맵을 보면서 얼개를 짰다. 그리고 자세한 세부 계획은 소단원별로 각자 나누어 구성안을 만들고, 이후 두세 차례 협의를 거쳐 계획을 확정하였다.

ㄷ. 초고 집필

교과서 초고는 학교교과목 수업의 흐름에 따라 집필하였으나, 교과서로 구현하지 않아도 되는 것들은 빼고 꼭 필요한 부분들만 정선하여 삽입하였다.

소단원별로 나누어 집필을 시작했지만, 수업을 직접 한 후에 교과서를 집필하는 것이어서 함께 수업을 되돌아보며 집필을 해나갔어요. 같은 계획과 활동지, 자료 등으로 5개 반이 같이 수업했지만, 수업의 모습과 결과는 다를 수 있기에 제가 맡은 부분을 집필할 때 다른 반의 수업은 어땠는지 많은 이야기를 나누며 가장 재미있고 아이들 반응이 활발했던 것들을 교과서에도 담아내려고 노력했어요. 부족한 것들도 보완했고요.(2021. 07. 28. S교사)

교사들은 범위를 나누어 개별적으로 집필하는 과정에서도 수시로 함께 모여 학생들의 반응이 좋거나 활발했던 부분을 선별하여 교과서로 구현했다. 또한 수업 과정에서 부족하고 아쉬웠던 점들은 보완할 방안을 생각하며 집필하였다. 그리고 교과서에 담을 활동사진이나 학생 예시 자료들은 자기 반 것뿐 아니라 학년 전체 자료 중 최선의 것을 엄선해 사용하였다.

이미 만들어서 사용했던 수업 자료 중에서 우리 반 상황에 맞게 수정했던 것들을 미리 체크해 놓았다가 교과서 만들 때 반영했어요. 초안을 만들 때는 수정한 자료들을 제대로 반영했는지 꼼꼼히 살폈어요. 그래야 나중에 이 교과목 수업을 하게 될 교사들이 시행착오를 덜 겪을 테니까요. 이런 방식으로 계속 버전업(version up)된다면 보다 나은 교과서가 만들어질 거로 생각해요.(2021. 07. 24. K교사)

이리동산초등학교 교사들이 학교교과서를 꼼꼼하게 만드는 주요 이유 중 하나는 해당 교과목 수업을 실행하게 될 교사들이 더욱 편하게 사용할 수 있고, 나아가 시행착오를 최대한 덜 겪을 수 있도록 하기 위함이다. 이들은 해가 거듭될수록 좀 더 완성도 높고 사용하기 편리한 교과서가 될 수 있도록 해마다 '버전업(version up)'시켜야 한다고 생각하고 있다.

교과서에 사용할 사진을 고르거나, 어떤 내용이 들어가야 할지 고민될 때 학생들의 의견을 물어보곤 했어요. 동생들이 사용하게 될 교과서라고 하니 관심을 보이는 학생들이 많았어요. 학생들의 관점에서 교과서를 고민해볼 수 있는 좋은 기회이기도 했어요. 내년에도 완성된 학교교과서를 사용해본 학생들의 의견을 모아서 교과서 수정할 때 반영하는 것도 좋을 것 같아요.(2021. 07. 27. K교사)

아래 그림은 1학년 교사들이 집필한 교과서 초고의 일부이다. 초고에 수업에 직접 참여한 1학년 활동사진을 삽입하였다. 활동사진, 참고작품 등이 이리동산초등학교 학생들의 것이라는 점에서 학교교과서의 특색이 선명하게 드러난다. 일부 학년에서는 교과서에 들어갈 사진을 학생들이 고르기도 했고, 교과서 집필에 학생 의견이 반영되기도 했다.

'나는 동산인이다' 1학년 교과서 초고 일부

ㄹ. 집필진 내부 검토 및 수정

교사들이 범위를 나누어 집필한 초고는 하나로 통합한 후 학년 교사들 간의 협의를 통해 여러 차례 수정되었다. 각자 개별적으로 집필해온 자료를 함께 살펴보며 수정 의견을 주고받고, 수정본에 서너 차례 수정을 거치며 이를 반영하는 방식으로 완성도를 높여나갔다.

처음 시작할 때는 교과서를 만들어본 경험이 없어서 어떻게 구성해야 할지 아이디어가 잘 안 떠올랐는데, 초안을 보며 아이디어 회의를 여러 차례 하다 보니 점점 나아지더라고요. 처음엔 교과서를 만드는 것에 겁도 나고 막막했는데 회의를 거듭하면서 조금씩 자신감이 붙었어요. 늘 교과서를 사용하는 존재로 살아가지만, 막상 교과서를 만들어보니 교과서가 어떻게 만들어지는지 관심도 없었고 어떻게 만들어야 할지도 전혀 모른다는 사실을 실감하게 됐어요. 이번엔 혁신부장님이 이끄시는 대로 따라만 했는데 내년에 다시 하라고 한다면 좀 더 잘 할 수 있을 것 같아요.(2021. 07. 26. S교사)

저는 국정교과서와 지역교과서를 만들어 본 경험이 있어서 교과서 개발 전체 프로세스를 이해하고 있지만, 대다수 선생님은 거의 모르시는 상황이었어요. 자세하게 설명해드리기도 했지만, 실제 해본 일이 아니다 보니 감을 잘 못 잡고 어려워하시는 것 같았어요. 그러나 처음이 어렵지 한번 해보면 그리 어려운 작업이 아니라는 것을 알게 되실 거라고 생각했어요. 저도 처음 교과서 개발을 할 때는 선배 교사들의 지시를 따라가는 방식으로 배웠거든요. 한 번 해보았으니 내년에는 훨씬 잘하실 거라 믿어요.(2021. 07. 25. J교사)

이리동산초등학교 교사들의 대다수는 교과서를 개발해본 경험이 없었다. 따라서 교과서 개발 절차를 잘 알지 못했고, 교과서 개발에 관한 실천적 지식이 없었다. 이에 교과서 개발은 이 학교 혁신부장의 주도로 이루어졌다. 한 단계가 끝나면 혁신부장이 다음 단계를 제시하는 방식으로 이루어져서 전체 교사들이 교과서 개발 과정 전반을 이해한 상황에서 집필을 진행한 것은 아니었다. 그러나 동학년 교사들과 협의를 거듭하면서 집필에 관한 감을 점진적으로 잡아나갔다.

ㅁ. 교과서 사용 예정 교사 및 외부교사 검토

1차 연도의 학년말인 2021년 1월 20일에 취합된 초고는 약 1개월간 이 학교 혁신부장, 교무부장의 검토를 거쳤다. 그 후 2021년 2월 말부터 이 교과서를 실제 사용하게 될 해당 학년 교사들의 검토를 시작하였다. 이후 학년 군 간의 교차 검토, 전담 교사들로 구성된 '교무행정전담팀(이하 교행팀)' 교사 5명과 교장, 교감 2명의 검토 순으로 진행되었다. 검토 의견은 교과서 출력물에 직접 수정 의견을 쓰거나 붙임 쪽지를 붙이는 방식으로 진행하였다. 이 과정은 국정교과서나 지역교과서 개발과 비교하면 교과서 '심의'에 해당한다고 볼 수 있다. 집필 작업을 수행한 교사들이 미처 발견하지 못한 오류, 보충해야 할 부분 등에 관해 의견이 있으면 해당 학년에 보내졌다. 집필진이 아닌 외부자의 눈으로 내용을 검토하면서 초고는 좀 더 정선되고 정교화되었다.

ㅂ. 검토 결과 반영, 수정본 완성

외부교사들이 검토한 내용은 학년 협의를 통해 걸러졌다. 외부교사들의 의견을 수용할 것인지에 관해 협의한 후 수용 여부를 검토진에게 전달하였다. 협의를 통해 수정하기로 한 부분은 해당 부분을 집필한 교사가 바로 수정하였다.

우리가 만든 활동이다 보니 자세하게 안내하지 않아도 우리는 잘 알거든요. 그런데 처음 해 보는 교사 입장에서는 내용이 자세하지 않을 경우 어떤 활동을 하라는 건지 이해를 못 하는 경우가 종종 있었어요. 교행팀의 검토 의견을 보면서 각 활동 단계를 더욱더 자세하게 안내해야 한다는 것을 깨달았어요. 우리에겐 '리드글'이 필요 없었지만, 내년에 사용하게 될 학생들과 교사들에게는 리드글이 중요한 설명자료가 될 것 같아요. 이번에 교과서 집필 작업을 하면서 리드글의 중요성, 자세한 안내의 필요성을 깨달았어요.(2021. 07. 26. S교사)

교과서를 집필한 교사들은 다른 교사들이 제안한 수정 의견을 통해 자신들이 무엇을 놓쳤는지를 깨닫기도 했다. 교과서 개발 경험이 있는 교행팀 교사들의 의견은 이들이 교과서 개발에서 필요한 실천적 지식을 습득하게 하는 계기가 되었다. 집필진들은 활동 안내를 자세하게 기술하지 않으면 다른 교사와 학생들이 해당 활동을 이해하기 어렵다는 점을 깨닫게 되면서 좀 더 친절한 교과서가 될 수 있도록 수정하였다.

ㅅ. 수정본 출판사 송부

1차로 해당 학년 내에서 검토·수정하고, 2차로 외부교사들의 검토를 거쳐 수정한 수정본은 미리 계약해 둔 출판사로 보내졌다.

출판사를 정할 때 가장 크게 고려했던 점은 학교교과목 정책, 학교교과서의 의미를 얼마나 이해하고 있느냐였어요. 우리가 하는 일이 무엇인지 그 의미, 의의를 잘 알고 있는 업체여야 한다고 생각했어요. 그래서 여기저기 수소문한 끝에 ○○이라는 업체를 선정했어요.(2021. 07. 25. J교사)

이 학교의 혁신부장은 학교교과목 관련 정책을 비교적 잘 이해하고 있는 지역 출판사와 계약을 체결하였다. 그 업체 대표와 사전에 충분한 의사소통을 하고 난 후 교과서 원고를 보냈다.

ㅇ. 편집본 개발

출판사에서 전문가의 손을 거쳐 탄생한 편집본은 좀 더 정선되고 세련된 모습이었다. 편집본으로 전환되는 데 3주 정도의 시간이 소요되었다. 포맷이 다소 수정되면서 글과 그림 위치가 조금씩 달라지기도 했으나 기존 원고와 거의 비슷하게 개발되었다. 다음은 '3) 초고집필'에서 제시했던 교과서

페이지의 편집본이다. 내용과 구성이 크게 다르지 않으나 편집 전문가의 솜씨가 더해지면서 좀 더 세련되게 변화했음을 알 수 있다.

교과서 내용 이외에도 교과서 표지 디자인, 본문 구성 디자인, 학교 마크 삽입 여부, 목차 구성 컨셉 등 교과서 전반에 관해 편집자와 집필자 간 활발한 소통이 일어났다. 교사들의 다양한 의견 개진은 해당 학년 교과서 개발 업무를 담당하는 교사에 의해 취합되어 SNS 대화방(편집자+학년별 교과서 업무 담당교사+교행팀)을 통해 이루어졌다.

'나는 동산인이다' 1학년 교과서 편집본의 일부

ㅈ. 편집본 검토(내부+외부)

출판사를 거쳐 구성된 편집본은 내부 집필진과 외부 교사들(교행팀 및 교장, 교감)에 의해 동시에 검토되었다. 편집본은 총 네 차례에 걸쳐 검토·수정되었다.

출판사의 손을 거쳐 탄생한 편집본을 보니 우리가 정말 많은 것을 놓쳤다는 것을 알게 되었어요. 초고를 수정하면서 미처 발견하지 못한 것들이 많아 출판사에 무척 미안했어요. 그분들은 왜 이리 완벽하지 못한 원고를 넘겼는지 의아해하실 것 같으나, 초보라서 그런지 그때는 보이지 않았던 것들이 편집본에서는 많이 보이는 거예요. 저희도 좀 놀랐어요. 편집본을 받아본 후 정말 많은 부분을 고쳤어요. 나중에 편집자분이 수정량이 많아 힘들어하셨다는 이야기를 전해 들었을 때 정말 미안했어요.(2021. 07. 26. S교사)

편집본 검토 과정에서 가장 많은 수정이 이루어졌다. 교사들은 삽화가 들어가고 구성 디자인이 확정된 편집본을 보면서 미처 인식하지 못했던 오류, 보완할 점 등을 더욱더 잘 발견하였다. 수정 요청 사항은 1, 2차에는 편집본 출력본에 직접 수기로 수정 의견을 작성하였고, 수정 사항이 줄어든 3, 4차에는 한글파일에 수정 사항을 적어 전달하였다. 다음은 교사들이 출판사에 요청한 수정 사항의 일부이다.

출판사에 요청한 수정 사항 중 일부

순	수정 사항	수정 이유
1	p.10 활동 방법 수정: 방문 횟수에 따라 스티커 붙이는 활동 → 가장 많이/적게 방문한 장소를 표시하도록 수정	'1번 이상/5번 이상/10번 이상/20번 이상'이라는 포함관계에 있는 말이 아이들에게 혼란스러울 수 있다고 판단하여 가장 '많이/적게'로 수정함.
2	p.14 사진 삭제: 공공기관 중 '중앙지구대' 사진 삭제	깔끔한 편집을 위해 함께 제시된 익산경찰서와 중복되는 '중앙지구대' 사진은 삭제함.
3	p.15-p.19 역할극 내용 수정: 교육지원청 대본 삭제, 나머지 공공기관 대본 수정	각 공공기관이 하는 일에 대한 역할극 내용을 좀 더 자연스럽고 실제적인 이야기로 바꾸어 대본 수정함.
4	p.20 다양한 장소의 범위 제한: 다양한 장소 → 교육기관, 소비기관, 종교기관 등	막연히 다양한 장소라 하면 ○○마트, ○○문구, ○○학원과 같은 상호를 쓰는 학생들이 많은 것을 예상하여, 장소를 분류하여 표를 제시함.
5	홍보 배지 만들기 활동 삭제: 2학기 학교교과 활동과 중복되어 삭제	동산동 홍보지를 만드는 활동으로 충분하다고 판단함.

ㅊ. 검토 결과 반영, 편집본 완성

네 차례에 걸쳐 요청된 수정 사항이 반영되어 최종 편집본이 만들어졌다.

큰 차이 없이 편집본으로 구현된 부분도 있지만, 거의 새롭게 집필하는 수준으로 수정된 부분도 있었다. 다음 그림은 운동장에 있는 여러 시설들을 이리동산초등학교에 있는 시설 사진으로 교체할 것을 요청하여 반영된 페이지이다. 초고본, 수정본, 편집본을 거치면서 오류가 줄어들고, 학생들이 주변에서 볼 수 있는 시설, 평소 친하게 지내는 선·후배들의 모습이 담기면서 점점 학생 친화적인 교과서로 변모하였다.

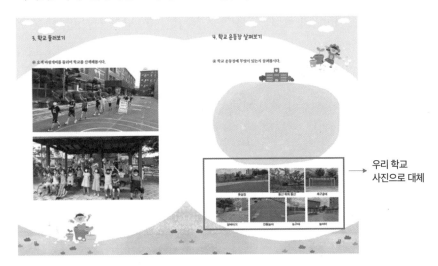

'나는 동산인이다' 1학년 교과서 편집본의 일부

ㅋ. 인쇄 및 수업 실행

완성된 편집본은 인쇄소로 넘겨 책자로 만들어졌다. 인쇄본으로 학교에 도착한 교과서는 해당 학년으로 전달되어 '나는 동산인이다' 수업 직전에 학생들에게 배부되었다.

ㅌ. 차기 교과서 개발을 염두에 둔 자료 집적

이 단계는 교과서 개발 1단계인 '교과서 개발 준비'와 같은 단계이기도 하다. 그러나 1차 연도 1단계와는 질적으로 다소 다르다고도 할 수 있다. 교과목 수업 2년 차 실행, 교과서 사용 1년 차를 지나면서 좀 더 시행착오가 줄어든 교과서 개발이 가능하고, 더욱더 학생 중심의 교과서 개발이 가능하기 때문이다. 이 단계에서는 앞서 사용한 교과서의 '업그레이드 버전'일지 아니면 완전히 '새로운 버전의 교과서'를 만들지 교사들이 선택할 수 있다. 아래 그림은 '나는 동산인이다' 학년별 학교교과서 완성본 표지이다. 이 6개의 교과서 표지는 전체 학년을 관통하는 '나는 동산인이다'라는 학교교과목의 특성을 나타내면서 학년별 특색 있는 주제를 잘 보여준다.

학교교과서 완성본 표지

나. 개발 절차

위에서 기술한 학교교과서 개발 과정을 절차화하면 크게 예비 단계, 본 단계, 실행 단계 3단계로 나눌 수 있다. 이 세 단계는 다시 1차 연도와 2차 연도로 나누어진다. 교과서 개발 1차 연도에는 교과서 개발 준비, 초고본 집필까지 포함되고, 2차 연도에는 초고 심의부터 차기 교과서 개발 준비까지 포함된다.

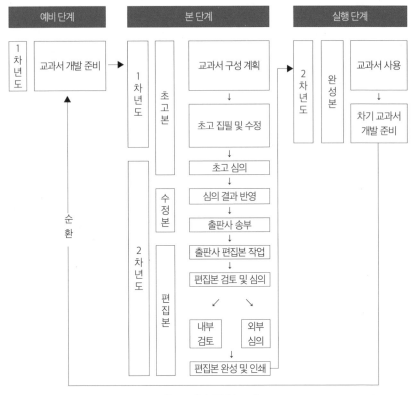

학교교과서 완성본 표지

첫째, '예비 단계'는 '교과서 개발 준비' 단계로 이루어져 있다. 이 단계에서는 학교교과목 수업을 하면서 교과서를 개발할 태세를 갖춘다. 이 단계에서는 교과서 개발을 염두에 두며 자료를 모아 분류한다.

둘째, '본 단계'는 '교과서 구성 계획 → 초고 집필 및 수정 →초고 심의 → 심의 결과 반영 → 출판사 송부 → 출판사 편집본 작업 → 편집본 검토 및 심의 → 편집본 완성' 단계로 이루어져 있다. 본 단계에서는 초고본, 수정본, 편집본 순으로 원고가 만들어지며 완성본을 향해 수정되어 간다.

본 단계는 교과서 개발 첫해인 1차 연도와 이듬해인 2차 연도로 나누어진다. 먼저 1차 연도인 2020년에 해당 교과목을 실행한 교사들이 초고본을 집필한다. 그리고 2차 연도인 2021년 3월에 새롭게 구성된 해당 학년 교사들이 1차 연도 초고본을 받아 자신들에게 맞게 초고본을 수정한다. 초고본을 집필한 교사들은 다른 학교나 다른 학년으로 이동하기 때문에, 2차 연도에 초고본을 수정하는 일은 새롭게 구성된 해당 학년 담임교사들이 하게된다. 즉 초고본 집필 교사와 수정본을 만드는 교사가 동일하지 않은 것이다. 따라서 교과서 집필자가 1차 집필자, 2차 집필자로 나누어지고, 2차 집필자가 교과서 사용자가 된다. 요컨대 집필은 두 개의 집필진을 거쳐 개발되고, 최종 집필진이 교과서를 사용하는 주체가 된다.

이후 초고본 심의 결과를 반영하여 수정본이 만들어지면 이 수정본은 출판사로 보내져 편집본으로 재탄생한다. 편집본은 교과서를 사용하게 될 교사들의 검토(내부 검토)와 교행팀 및 교장, 교감의 검토(외부 검토)를 거쳐 완성 후 인쇄된다.

셋째, '실행 단계'는 교과서를 사용하며 차기 교과서 개발을 준비하는 단계로 이루어져 있다. 차기 교과서 개발을 준비하는 단계는 학교교과서 개발 절차의 가장 첫 번째 단계인 예비 단계이기도 하다. 이렇듯 학교교과서 개발은 예비 단계, 본 단계, 실행 단계가 계속 순환하는 과정을 거친다.

② 학교교과서 개발 절차의 특성

'나는 동산인이다' 학교교과서 개발 과정과 절차를 살펴본 결과, 원고 개발 순서, 개발 및 사용 주체, 학생의 참여, 개정 주기 측면에서 고유한 특성이 나타났다.

첫째, 학교교과서는 '원고 개발 순서' 측면에서 '선 실행, 후 개발'의 특성이 있다. 통상적으로 국·검정교과서는 개발진에 의해 '선 개발'되고 실험학교(또는 현장적합성 검토 학교) 등을 통해 '후 임상 적용'된다. 좀 더 구체적으로 살펴보면 '교과서 원고작성-제작-심의-수정' 단계를 거쳐 '원고본→실험본→수정본→정본' 순으로 개발된다(정광순, 박채형, 2013). 이 중 실험본이 일선 학교에 적용되어 오류 발견, 수정 보완 등을 거치며 교과서의 질적 수준을 높인다.

그러나 학교교과서는 먼저 수업을 실행하며 자신이 가르치는 학생의 발달단계에 적합한지, 학생들의 관심과 흥미를 끌 수 있는지 등을 실험하게 된다. 즉 실험을 먼저 한 후 초고본이 만들어지는 것이다. 즉 초고본이 만들어지기 전 이미 임상 적용이 이루어지고, 이 과정에서 수정해야 할 사항들은 그 즉시 반영되고 적용되는 과정을 거친다.

> 학생들에게 적용한 후 교과서를 만드니까 일의 단계가 줄어드는 느낌이에요. 직접 수업한 교사들이 교과서를 만드니 학생들에게 더 친숙한 교과서를 만들 수 있는 것 같아요. 또 처음부터 '이럴 것이다'라는 가정이 아니라 '이랬어!'라는 확실한 결과를 바탕으로 자료를 넣으니까 교사와 학생들에게 더 도움이 되는 교과서를 만들 수 있었어요.(2021. 07. 27. S교사)

S교사는 학생들에게 실제 적용한 후 교과서를 만들기 때문에 개발에 필요한 일이 줄어들고, 막연한 가정이 아니라 경험을 통해 얻은 확실한 자료를 토대로 만들기 때문에 보다 학생들에게 친숙한 교과서를 만들 수 있다고 생각하고 있다.

실제 학교교과목 교육과정을 개발하여 실행한 후 학교교과서를 만드는 과정을 세부적으로 살펴보면 '교과목 교육과정 개발-교과목 실행-교과서 개발' 단계를 거쳐 '초고본→수정본→편집본→완성본' 순으로 개발된다. 따라서 학교교과서의 초고본은 교육과정 실행이 일어나고 난 후 개발되고, 개발 후에도 여러 번 심의와 수정을 거치기 때문에 해당 학교 및 교실 상황에 적합한 교과서가 될 가능성이 매우 크다. 국·검정 교과서가 촉박한 일정으로 말미암아 초고 개발에 들이는 시간도 매우 짧고, 실험본 적용 이후 수정할 수 있는 폭도 제한적인 것에 비하면(정광순, 박채형, 2013; 이윤미, 2021), 학교교과서는 좀 더 여유 있게 교과서를 개발할 수 있고 수정이 쉽다는 장점을 갖고 있다.

둘째, 학교교과서는 '개발 및 사용 주체' 측면에서 1차 집필자와 2차 집필자 두 주체가 관여하고, 개발자와 실제 사용자가 일치한다는 특징을 갖고 있다. 초고를 집필한 개발자들이 집필 전체를 관장하고, 개발자와 사용자가 이원화된 국·검정교과서와는 차별화되는 점이라 할 수 있다. 이리동산초등학교 학교교과서는 1차 연도 집필자가 초고본을 만들면, 이듬해 2차 집필자가 이를 수정, 통합, 삭제, 추가 작업을 수행하며 완성도를 높여가는 방식으로 개발되었다.

이미 실행한 수입을 토대로 교과서를 집필하기 때문에 학생 반응에 대한 예상이니 기대보디는 확실한 경험을 토대로 집필할 수 있다는 장점이 있어요. 교과목 수업의 흐름을 잘 알고 있어서 교과서의 흐름이 매끄럽게 이어질 수 있고요. 그러나 자신이 했던 수업을 기반으로 교과서를 만들다 보니 사고가 한정되기 쉬워 확장력이 부족하지 않나 싶어요. 이런 한계를 실제 교과서를 사용하게 될 새로운 선생님들이 수정하시면서 메워주는 것 같아요.(2021. 07. 28. S교사)

개발 과정이나 의도를 정확하게 아니까 수업이 더 매끄럽게 진행되었어요. 우리 학교, 우리 반 아이들을 고려해서 만든 교과서니까 아이들이 어려워하는 부분을 교사가 도와줄 때도 더 수월했어요.(2021. 07. 24. K교사)

S교사는 1차 집필자가 갖는 사고력의 한계를 2차 집필자가 보완해준다고 생각하고 있다. 이듬해 해당 교과서를 직접 사용하게 될 교사들이 자신의 의견을 더해서 자신과 학생들에게 적합한 교과서로 재탄생시키는 과정에서 한 단계 업그레이드될 수 있다고 생각하고 있는 것이다. 또한 개발자와 사용자가 같다는 점에서 교과서 흐름에 대한 이해도가 높아 활용도 또한 높다고 말한다. K교사 또한 개발 의도를 정확히 알고 있는 교사가 직접 교과서를 사용함으로써 학생들을 좀 더 잘 가르칠 수 있다고 말한다. 학교나 학생들을 가장 잘 파악하고 있으며, 직접 수업을 하는 교사가 만든 교과서이기에 각 단계에서 어떤 발문을 하고 활동을 어떻게 유도할지 누구보다 잘 알고 있기 때문이다. 이렇듯 학교교과서는 개발 주체 측면에서 국·검정교과서와 상이한 특성을 보이고 있었다.

셋째, 학교교과서는 '학생의 참여' 측면에서 학생들의 직·간접적인 참여가 일어난다는 특성이 있다. 이리동산초등학교 교사들은 2020학년도 학교교과목을 개발할 때 학생들의 의견을 반영하거나 반응을 살피며 교육과정을 구성하였고, 2021년 교과서 수정본과 편집본을 만들 때는 학생들의 의견을 개별적으로 물어보며 집필 내용을 수정하기도 했다.

교사들이 직접 수업에 사용할 교과서를 만드니까 학생들이 좋아하는 내용이나 활동을 바로바로 반영할 수 있어요. 국정교과서보다 훨씬 더 학생을 고려한 교과서라고 할 수 있죠. 생각해보

면 '나는 동산인이다' 학교교과서는 진짜 동산초 아이들과 떼려야 뗄 수 없는 것 같다는 생각이

드네요.(2021. 07. 26. S교사)

학생들의 의견은 교과서 집필 내용 구성에 직접적으로 반영되기도 했고, 수업 후에도 다음 연도 교과서에 그들의 작품, 활동사진, 각종 반응과 피드백이 포함되는 등 간접적으로도 반영되었다. 국가 주도로 교과서가 선 집필될 때는 초고 집필 단계에서 학생들의 참여가 원천적으로 불가능하다. 실험학교를 거쳐 수정된다고 하더라도 만들어진 내용의 일부 수정만 가능할 뿐 초반 계획 단계에서 학생들이 공부하고 싶은 내용이 반영되기는 어렵다. 그러나 학교교과서 개발에는 초반부터 학생들의 요구가 반영될 뿐만 아니라 수업 후에도 자신들이 경험한 수업을 상기하여 교과서로 구현되는 경험을 할 수 있다는 점에서 기존 교과서 개발과 매우 차별화된다.

넷째, 학교교과서는 '개정 주기' 측면에서 해마다 'version up' 되며 1년 단위로 순환한다는 특성이 있다. 국·검정교과서 개발은 2년 이상의 시간이 소요되고 한 번 개발되면 수년 동안 큰 변화 없이 계속 사용된다. 따라서 변화하는 사회의 요구와 학교 및 학생의 상황을 즉각적으로 반영하기 어렵다는 한계가 있다.

학교교과서는 지역이나 학교 어건에 맞게 교재화할 수 있죠. 그리고 사회적 이슈나 최신 트렌드 반영도 빠르고, 해마다 수정을 할 수 있다는 점이 가장 큰 장점이라 할 수 있어요. 학교교과서가 국정교과서의 한계를 보완한다고 봐야죠.(2021. 07. 25. J교사)

같은 지역이라 환경이 비슷하더라도 해마다 아이들의 특성이 다 다를 수 있어요. 학교교과서는 그걸 즉각 반영하기 좋아요.(2021. 07. 24. K교사)

J교사는 국정교과서가 급변하는 사회적 흐름을 담아내지 못하고 있는 점을 한계로 인식하며 학교교과서의 장점으로 사회적 이슈나 최신 트렌드를 반영하기 쉬운 점을 꼽았다. K교사 또한 같은 학년을 가르치더라도 해마다 다른 학생들을 가르친다는 점에서 같은 자료를 그대로 사용하는 것은 한계가 있다고 생각하며 학교교과서가 1년 단위로 수정할 수 있는 교재라는 점을 장점으로 꼽았다.

이렇듯 이리동산초등학교 교사들은 한번 제작되면 수정이 어려운 국가 주도 교과서에 비해 매해 학교 및 교실 상황에 맞게 교과서를 수정할 수 있고, 해가 거듭될수록 좀 더 완성도 높은 교육과정, 사용하기 편리한 교과서로 변모할 가능성이 크다는 점에서 학교교과서가 필요하다고 생각하고 있었다.

4) 연구결과

이 연구는 학교교과목 실행을 위한 학교교과서 개발 절차를 도출하고 그 특성을 밝히는 데 목적이 있다. 이를 위해 학교교과목 및 학교교과서를 개발하여 사용하고 있는 이리동산초등학교를 연구 대상으로 정하고 탐색적 사례 연구 방법을 통해 연구를 수행하였다.

연구 결과를 통해 먼저, 국가 주도의 교과서 개발 과정과 구별되는 학교교과서 개발 절차를 도출할 수 있었다. 이리동산초등학교의 학교교과서 개발은 예비 단계, 본 단계, 실행 단계의 절차를 거치며 2년에 걸쳐 만들어졌다. 실행 단계는 차년도 교과서 예비 단계와 이어져 계속해서 순환하는 형태를 띠고 있으며, 이를 통해 교사와 학생이 함께 만들어가는 교과서로서 학생의 삶과 직접 관련 있는 교육을 실행할 수 있는 토대가 되었다.

이를 통해 국정 및 검인정 교과서와 구별되는 학교교과서의 특성을 밝힐 수 있었다. A초등학교 학교교과서의 고유한 특성은 원고 개발 순서, 개발 및 사용 주체, 학생의 참여, 개정 주기 측면에서 두드러지게 나타났다. 원고 개발 순서 측면에서 '선 실행, 후 개발'에 따라 실제 교육 주체인 학생뿐만 아니라 지역, 학교, 교실 상황에 적합한 교과서 구현이 가능했다. 개발 및 사용 주체 측면에서 매해 담임이 교체되는 초등학교 특성에 따라 전 학년과 후속 학년 학생과 교사라는 개발 주체의 이원화 특성이 두드러졌으며, 실제 교과서 수요자가 교과서 개발에 참여하는 개발자와 사용자의 일치라는 특성이 잘 나타났다. 학생 참여 측면에서도 2년에 걸친 실행-개발 과정에서 교육의 직접 수요자인 학생들의 생생한 실제 반응을 교과서에 반영할 수 있었다. 마지막으로 개정 주기 측면에서 해마다 version up 하는 과정을 통해 지속적인 순환과 발전이 이루어짐에 따라 사회 변화와 학생의 수준에 따른 시기적절한 교육이 가능함을 발견할 수 있었다.

미래교육을 향한 대전환은 교과서 제도에도 일어나고 있다. 2022년부터는 초등교육에서도 국어와 도덕, 통합교과를 제외한 모든 교과서가 검정으로 전환된다. 이러한 교육과정 자율화, 분권화, 다양화의 목적은 결국 학습자 중심의 교육을 실현하기 위한 것이며, 단위 학교 학생들의 요구를 가장 잘 반영할 수 있는 학교교과서는 교육복표 달성에 숭요한 학습 도구이다. 2021년 8월 30일 고시된 전라북도 초등학교 교육과정 총론(제2021-12)에서는 학교운영위원회의 심의를 거쳐 학교교과목 개발이 가능하도록 규정하고 있다. 학습자의 요구를 가장 잘 반영할 수 있는 학교교과목의 효율적인 실행을 위해서는 관련된 교재 개발이 필수적이다. 중요한 교육과정 변화의 흐름이 이어지고 있는 현 상황에서 이 연구는 단위 학교와 교육청에 학교교과목 실행을 위한 학교교과서 개발 및 운영에 관한 중요한 정보를 제공한다는 점에서 의미가 크다.

위와 같은 결론을 바탕으로 몇 가지 정책적 시사점을 제안하면 다음과 같다.

첫째, 교육부와 시·도 교육청은 학교 단위의 교과목 및 교과서 개발이 활성화될 수 있도록 학교와 교사에게 교육과정 자율성을 많이 부여하고, 같은 맥락에서 2022 개정 교육과정에도 이를 적극적으로 반영해야 한다. 초등학교 차원의 교과목 개설 움직임이 본격화되면서 다양한 학습 도구 중 하나인 '교과서'에 대한 인식도 변화하고 있다. 또 통합교육과정적 성격을 지닌 학교교과목의 특성상(이윤미, 2020b) 교과별로 분절된 형태를 띠고 있는 현행 국정 및 검·인정교과서 위주의 학습을 통해서는 학교교과목의 목표를 달성하기에 한계가 있다. 더 나아가 학교교과서는 교과서를 개발하는 주체와 이를 사용하는 주체가 같고 해당 학교 학생의 참여가 가능하다는 점에서 학교나 교실 상황에 가장 적합한 교재일 가능성이 크다. 따라서 학교교과서 개발이 가능한 구조와 풍토를 만들고 교사들이 적극적으로 도전할 수 있도록 도와야 한다. 이런 맥락에서 2022 개정 교육과정 개발에서 교사의 자율성을 확대하는 방안 중의 하나로 학교교과목 및 학교교과서 개발을 장려할 수 있는 제도를 정비할 필요가 있다.

둘째, 교육부와 시·도 교육청은 교사들이 학교교과목 교육과정 및 교과서 개발 역량을 기를 수 있는 실질적인 개발 기회를 충분히 제공하고, 이와 관련한 연수도 확대해나가야 한다. 나아가 교사들이 교육과정과 교과서 개발에 전념할 수 있도록 불필요한 업무를 과감히 줄여 교사의 연구 풍토를 조성해야 한다. 이리동산초등학교의 경우 6년 이상 혁신학교를 운영하면서 교무행정전담팀 중심의 업무 체제로 학년 담임교사들은 교육과정 개발에만 집중할 수 있는 체제가 마련되어 있다. 업무에 드는 불필요한 시간을 줄여 대부분 시간을 학생들을 위한 교육과정 운영에 쓰고 있기에 교사 본연의 업무에 집중하고 있다는 만족도가 높다. 더불어 동학년 협의 체제가 활성화되어 있어 집단지성에 의한 교육과정 문해력 향상 및 전문성 신장에 매우 큰 도움이 되고 있다. 이처럼 교육부와 시·도 교육청은 교사교육과정 전문성 향상을 위한 꾸준한 노력을 통해 실제로 '학생에게 도움이 되는' 환경을 마련하는 데 집중해야 한다.

> 교과서를 처음 만들어보는 제 입장에서 보면 무엇을 검토해야 하고, 어떻게 수정해야 하는지조차 모른다는 게 가장 큰 어려움이었어요. 노OO 선생님이 자신이 맡은 부분을 샘플로 보여주면서 설명해주시니 그제야 감이 오더라고요. 교과서 시안을 받았을 때 어떤 항목을 검토하고 점검해야 하는지 사전에 연수받는다면 큰 도움이 될 것 같아요.(2021. 07. 27. 5학년 전입교사 하OO교사)

> 교사들이 교육과정에 대해 많이 공부하고 알지 않으면 교과서의 신뢰도 자체가 흔들릴 수도 있을 것 같아요. 우리 학교의 경우 담임교사들은 업무가 거의 없다 보니, 많은 교사가 함께 이야기 나누고, 학생, 학교, 지역에 대해 많이 공부하고 있지만 다른 학교는 업무가 많아 쉽지 않을 거예요.(2021. 07. 28. K교사)

실제 학교교과목과 학교교과서를 개발하는 경험이 교사의 실천적 지식을 함양할 수 있는 가장 좋은 방안이다. 교과서 사용자로만 머물러온 교사들이 개발자로서의 경험을 한다면 자신의 교육과정 전문성을 신장시킬 수 있는 좋은 기회로 작용할 수 있을 것이다. 따라서 학교교과목 교육과정 및 교과서 개발을 직접 경험할 수 있도록 각종 방안을 마련해야 한다. 또한 교사들이 교과목 교육과정을 개발하는 데 전념할 수 있도록 굳이 안 해도 되는 잡무성 업무를 과감히 없애고 행정적 업무를 최대한 줄여나가야 할 것이다.

셋째, 교육부는 현재 우리나라의 교과용도서 발행체제가 갖는 한계를 살펴보고 교과서의 다양화, 교과서 선택의 자율성을 보장할 수 있는 새로운 교과서 제도를 마련해야 한다. 우리나라의 교과용 도서들은 일정한 기관이 연구 개발하여 단위학교에 보급하는 RD&D 모형(Research, Development and Dissemination Model)을 취하고 있다. 이는 국가가 교수학습을 표준화함으로써 학교교육의 질을 관리할 수 있는 장점이 있으나, 교과서가 구체적인 교실 현장이나 학생에게 적절한지의 문제가 늘 제기되어 왔다(정광순, 박채형, 2013). 즉 교과서가 학교에서 실행하는 수업과 분리되어 개발·적용되는 구조이기 때문에 학교의 상황에 탄력적으로 대응하고 다양화된 수업을 지향하기에 역부족인 측면이 있다. 따라서 과도한 국가 주도성으로, 학교 현장과 분리된 개발에서 벗어난 새로운 교과서 발행 제도를 만들 필요가 있다.

이와 같은 맥락에서 2022 개정 교육과정에서는 학교와 교사가 다양한 교과용 도서를 사용할 수 있도록 제도적으로 길을 열어주어야 할 것이다. 예를 들어, 교과용도서와 수업 자료의 자유로운 발행 및 선택의 권한을 상위 법령인 초·중등교육법에 명시하는 방안이 필요하다. 특히 다양한 수업 자료의 활용을 강조한 총론의 교수·학습 관련 내용과 상충하는 교과용도서의 의무 사용에 대한 부분은 개정이 시급하다.

급변하는 사회의 변화는 더욱 열린 교과서관에 입각한 다양한 교과서로의 전환을 요구하고 있다(박기범 외, 2020). 따라서 현재의 교과용도서 발행체제가 교육의 질을 향상하는 데 기여하고 있는지 성찰하며 학교교과서를 포함하여 새로운 교과서 제도를 모색해야 할 것이다.

6. 학교교과목 Q&A

교육과정 재구성과 어떻게 다른가요?

교육과정 재구성을 무엇으로 규정하느냐에 따라 다릅니다. 통상적으로 말하는 교육과정 재구성 안에는 '교과서 재구성', '다른 교사의 수업 재구성', '성취기준에 충실한 교육과정 개발', '성취기준을 재구성한 교육과정 개발' 등 다양한 행위가 포함되어 있습니다. 따라서 교육과정 재구성을 어떤 행위로 간주하고 있느냐에 따라 대답은 달라질 수 있습니다. 만약 교육과정 재구성을 '교과서 재구성'이나 '다른 교사의 수업 재구성' 정도로 인식하고 있다면 교육과정 재구성과 다르다고 할 수 있습니다. 그러나 교육과정 재구성을 '교과서 재구성', '다른 교사의 수업 재구성', '성취기준에 충실한 교육과정 개발', '성취기준을 재구성한 교육과정 개발' 모두를 포함하는 것으로 간주하고 있다면 같다고 대답할 수 있습니다. 즉, 학교교과목 개발은 단순한 교과서 재구성에서 벗어나 위에서 제시한 다양한 행위 모두를 포함하여 그 학교만의 고유한 교육과정을 개발하는 것으로 볼 수 있습니다.

시수는 어떻게 확보하나요?

2009 개정 교육과정부터 교사에게 20퍼센트 시수 증감권이 부여된 바 있

습니다. 이 20퍼센트 시수 증감권을 사용하여 음악, 미술, 체육을 제외한 나머지 교과에서 20퍼센트 시수를 순감해 확보한 시수를 사용합니다. 추가로 교과와 창의적 체험활동과 통합하여 운영하면 더 많은 시수를 확보할 수 있습니다.

편제 및 시간 배당표

구분	학교교과목 최대 편성 가능 시수	교과(군)별 감축 가능 시수					창의적 체험활동
		국어	수학	사회/도덕	과학/실과	영어	
1~2학년군	140	0 ~ 89	0 ~ 51	-	-	-	336
3~4학년군	256	0 ~ 81	0 ~ 54	0 ~ 54	0 ~ 40	0 ~ 27	204
5~6학년군	297	0 ~ 81	0 ~ 54	0 ~ 54	0 ~ 68	0 ~ 40	204
비고	① 위는 국가교육과정의 교과(군)에서 2개 학년군 동안 감축하여 확보할 수 있는 시수의 범위를 보여주며, 이 범위 내에서 학교교과목으로 편성·운영할 수 있다. ② 학교교과목은 학교의 특성에 따라 마을, 언어, 수리, 사회탐구, 과학 탐구, 예술 및 신체 활동, 민주시민, 환경, 인권, 평등, 평화 등의 주제를 다룰 수 있다.						

* 전라북도교육청(2020b)

어떤 교육과정을 학교교과목으로 만들 수 있나요?

과거부터 해당 학교에서 꾸준히 실행되어온 교육과정, 학생의 삶에 밀접한 연관이 있는 교육과정, 해당 학교 학생들이 관심과 흥미를 갖는 교육과정, 국가교육과정에서 다루지 않고 있는 영교육과정(null curriculum) 등 학교와 교사가 학생들에게 가르칠 필요가 있다고 판단한 교육과정은 모두 학교교과목이 될 수 있습니다.

국가교육과정에서 제시하고 있는 성취기준을 반영하지 않아도 되는 건가요?

20퍼센트 순감 시수로 확보한 시간의 경우, 성취기준에 구애받지 않고 교사들이 실행하고 싶은 교육과정을 개발할 수 있습니다. 학교교과목에서 성취기준을 다루는 방법은 1)국가성취기준 가져다 사용하기, 2)새롭게 교사성취기준 개발하기, 3)국가성취기준과 교사성취기준 재조직하여 사용하기 등 다양한 방식을 선택할 수 있습니다.

학교교과목은 가르치고 싶지 않아도 무조건 따라야 하는 건가요?

강제사항은 아니지만, 해당 학교의 구성원들이 합의를 통해 공동 개발한 교육과정이기에 되도록 함께하는 것이 좋습니다. 다만, 학교교과목 교육과정의 세부적 내용은 가르치는 교사가 얼마든지 새롭게 개발하여 사용하거나 재구성하여 사용할 수 있기에, 내용 측면에서의 자율성은 항상 열려 있습니다. 또한 20퍼센트 순감 시수를 활용하여 학년교과목, 학급교과목 또한 개설 가능합니다.

학교교과목은 해마다 달라지나요?

해마다 학교 구성원이 달라지기 때문에 해당 학년이 시작되기 전 교육과정 워크숍에서 학교교과목에 대해 협의해야 합니다. 학교 구성원들이 합의한 교과목이 해마다 달라질 수도 있고 지속적으로 개설하는 교과목이 존재할 수도 있습니다. 그러나 몇 해 시행착오를 겪고 나면 그 학교만의 전통 교과목이 자리를 잡게 됩니다.

Ⅱ
교사교육과정 개발을 위한
관점 세우기

1. 아비투스로 교육과정 실행 탐색하기

2. 교육과정을 바라보는 다양한 시선들

3. 교육과정 실행의 다양한 모습들

4. 창의적 체험활동 다시 보기

2부의 주인공 아비투스 분석, 교육과정 개념, 교육과정 실행, 창의적 체험활동

¤ 아비투스 분석

- 아비투스: 행위를 가능하게 하는 근본 바탕이자 우리 안에 있는 '사회적 무의식'
- 아비투스를 렌즈로 교사들의 교육과정 실행 들여다보기

¤ 교육과정 개념

- 교육과정 개념을 통해 관점의 차이 인식하기

¤ 교육과정 실행

- 교사의 교육과정 실행 모습 자세히 들여다보기

¤ 창의적 체험활동

- 창의적 체험활동의 문제점, 한계, 나아갈 방향 탐색하기

1. 아비투스로 교육과정 실행 탐색하기[12]

'교육과정 재구성'은 우리나라 교육과정 실행 분야에서 비교적 오랫동안 널리 공유되어온 개념이자 현상이다. 대다수 초등교사는 교과서를 충실히 가르치는 것에서 벗어나 보다 나은 교육과정과 수업을 만들어 실행하는 행위를 교육과정 재구성이라 부르고 있고, 이를 교육과정 및 수업 혁신의 대명사처럼 사용하고 있다. 교육과정 재구성은 그 범위와 방법에 대해서는 이견이 있을 수 있지만, 그 정당성을 의심하는 교사를 찾기 힘들 만큼 대다수 교사에게 인정받는 개념이 되었다.

그러나 교육과정 재구성이 교육과정과 수업 혁신의 대명사로 사용되는 것에 대해 회의적인 시선을 보내는 연구도 있다(서명석, 김외솔, 박상현, 2012). 교육과정 재구성이라는 용어가 모호하여 교과서 재구성에 머물고 있다는 비판(서명석, 2011), 다른 교사들이 만든 수업을 가져다 수정하는 행위에 머무를 뿐 자신만의 교사교육과정을 창조하는 수준까지 나아가지 못하고 있다는 비판(이윤미, 조상연, 정광순, 2017), 가르칠 내용을 교과서로 전제하고 이를

---

12) 이 글은 다음의 글을 재구성한 것임. 1)이윤미(2020), 「아비투스 분석으로 본 초등교사의 교육과정 실행」, 한국교원대학교 박사학위논문. 2)이윤미(2020), 「초등교사의 아비투스를 통한 교육과정 실행 행위와 현상 해석」, 통합교육과정연구, 14(1), 45-74.

효과적으로 가르치는 방법 중심의 재구성에 몰두하고 있다는 비판(서경혜, 2009; 방기용, 강현석, 2014) 등이 존재한다. 실제 교육과정 실행의 장에서는 교육과정 재구성의 의미와 실체에 대한 사회적 합의가 명확히 이루어지지 못하고 있어, 다수의 교사는 교육과정 재구성을 어떤 행위로 규정해야 하는지, 어느 범위까지 가능한지, 어디로 나아가야 하는지 등에 대해 혼란을 느끼고 있다.

이에 필자는 교육과정 재구성으로 대변되는 초등교사의 교육과정 실행 행위와 현상을 어떻게 해석해야 할 것인가에 관심을 가졌다. 교사들은 각자 자신이 속한 교육과정 실행의 장에서 각자 상황에 맞게 교육과정을 실행하고 있다. 이 과정에서 교사는 자신의 의지를 작동하여 교육과정을 실행하기도 하지만, 자신이 속한 장의 집단적인 문화를 체화한 무의식적이고 습관적인 형태의 교육과정 실행을 보이기도 한다. 따라서 초등교사의 교육과정 실행을 제대로 해석하려면 행위 자체뿐 아니라 그 이면에 작용하고 있는 집단적 문화와 무의식도 함께 살펴보아야 한다.

필자는 교사의 행위에 영향을 미치는 집단적 문화와 무의식을 포함하는 개념으로 아비투스(habitus)를 주목했다. 아비투스는 부르디외(Bourdieu)에 의해 제안된 개념으로, 우리 안에 있는 '사회적 무의식', 객관적인 구조가 개인에게 내면화되어 오랫동안 지속하는 '성향들의 총체'(이상길, 2015: 530)를 의미한다. 그는 개인의 행위와 사회 현상을 심층적으로 파악하기 위해서는 개인의 아비투스를 이해해야 한다고 말한다(이상호, 1997; 홍성민, 2000; 이상길, 2015; Bourdieu & Wacquant, 1992; Reay, 1995).

이렇듯 아비투스는 교사의 행위 이면에 존재하는 내적 성향을 드러내주어 행위를 심층적으로 밝히는 데 유용한 개념이다. 또한 아비투스는 교사의 행위와 집단의 문화를 통합적으로 바라볼 수 있게 하는 개념이기에 교육과정 실행 현상을 총체적으로 이해하는 데도 유용하다. 즉 아비투스는 미시적 측면에서 교육과정 실행 행위를 세밀하게 밝히고, 거시적 측면에서 교육과정 실행 현상을 이해할 수 있게 하는 유용한 개념이다.

이에 이 글은 초등교사의 교육과정 실행 행위에 존재하는 아비투스를 탐색하고, 이를 통해 교육과정 실행 행위와 현상을 해석하는 데 그 목적이 있다. 아비투스에 비춰 교육과정 실행을 해석함으로써 교육과정 실행 분야의 발전에 도움을 줄 수 있는 논의점과 시사점을 제안하고자 한다.

1) 아비투스 분석

① 아비투스(habitus)

아리스토텔레스(Aristoteles)는 몸가짐이나 마음가짐으로 인해 굳어진 품성상태를 헥시스(hexis)라 불렀다. 이 '헥시스'를 13세기 신학자인 토마스아퀴나스(Thomas Aquinas)가 '아비투스'라고 번역하고, 이 개념을 '활동을 통한 성장의 능력', '의도적 행위와 잠재력 사이에 놓인 지속적 성향'이라는 의미로 사용했다(이상길, 2015). 이후 파노프스키(Panofsky)가 철학, 건축, 신학의 유사성을 증명하는 과정에서 개인 속에 잠재하는 집단을 발견하고 '개인들에게 내재된 집단문화'를 아비투스라 불렀다(안지호, 2011).

아비투스는 행위를 가능하게 하는 근본 바탕이자 우리 안에 있는 '사회적 무의식', '객관적인 구조를 내면화해서 오랫동안 계속되는 지각, 구상, 행위의 도식'이다(Bourdieu, 1985). Bourdieu는 습관처럼 자신도 의식하지 못한 채 독특한 행위성향으로 드러나지만, 습관 자체는 아닌 아비투스가 존재한다고 말한다. 그는 습관이 반복적이고 기계적인 것으로 기존 질서를 재생산하는 것이라면, 아비투스는 기존 질서를 변형시키며 재생산하는 기제라 설명한다(이상호, 1997: 173에서 재인용).

아비투스는 어떤 환경에서 일어나는 사고와 행위를 기계적으로 재생산하기도 하지만, 상황에 따라 '전략' 역할도 하는 자율 선택 기제이다. 그가 아비투스 개념에 규칙에 순응하지만은 않는 개인의 '전략'을 포함시켰다는 점에서 그의 이론은 구조주의와 차이를 보인다. 즉 부르디외(Bourdieu)는 제한적인 범위이긴 하지만 개인의 자율적 선택 영역을 만듦으로써 구조주의의 한계를 극복하였다. 이렇듯 아비투스는 인간의 행위의 규칙적인 면, 변화가 능한 면 모두를 설명하기 때문에 사회의 안정적인 재생산뿐만 아니라 위기와 변화까지 분석할 수 있게 해준다(현택수, 1998).

그러나 아비투스 개념은 엄밀하지 않고 느슨한 개념, 즉 열린 개념이라는 점에서 모호하다는 비판을 받기도 한다. 젠킨스(Jenkins, 1992)는 아비투스의 모호함을 존재론적 신비로움으로 비유하며 유용성과 함께 함정도 포함하고 있다고 비판하고, 조포케(Joppoke, 1986)는 흐릿하고 은유적인 방식으로 적용되는 '개념적 괴물'이라고 비판한다. 하지만 아비투스가 느슨하고 열려 있는 개념이라는 점은 혼란스럽고 복잡한 실제 세계에 더 잘 맞는 '방법'이 될 수 있다는 의미로도 해석할 수 있다. 아비투스가 느슨하고 열린 개념이라는 점은 경험적 연구에 이 개념을 간단하게 적용(adoption)하기보다 변용(adaptation)할 수 있게 만드는 강점이라고도 볼 수 있다(Reay, 1995; Reay, 1997).

② 아비투스 분석

부르디외(Bourdieu)의 개념을 토대로 필자가 구축한 아비투스 분석은 교육과정 실행의 장에 존재하는 구조의 변화와 교사의 행위를 미시적 관점뿐 아니라 거시적 관점으로도 파악할 수 있도록 도와준다. 구조와 교사의 행위가 만나 구조를 더욱 강화하는 '재생산(reproduction)'이 일어나기도 하지만, 새로운 구조를 만드는 '변화(transformation)'가 일어나기도 한다. 즉 아비투스가 교육과정 실행의 장을 안정적으로 유지시키는 '재생산'뿐만 아니라 장을 '변화'시키는 데에도 영향을 미친다는 점에서 아비투스를 통해 좀 더 거시적으로 교육과정 실행 현상을 볼 수 있는 관점을 제공해준다.

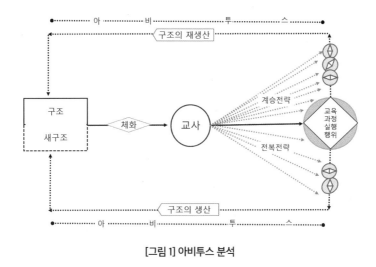

[그림 1] 아비투스 분석

[그림 1] 아비투스 분석을 간략하게 개관해보면 다음과 같다.

먼저 '구조'는 한 대상 속에 숨겨진 관계체계로 행위 근저에서 모든 행위의 기본이 되는 어떤 규칙이나 관계이다. 새롭게 형성되고 있는 구조는 현재 형성 중이라는 의미를 나타내기 위해 점선으로 표시하였다. 교사는 ○로, 체화는 ◇로 표현하였다. '체화'란 교육과정 실행의 장에 존재하는 구조가 교사의 몸에 들어오는 과정이다. 이 체화 과정을 통해 아비투스가 형성된다. '교육과정 실행 행위'는 구조와 교사(○)를 통합하여 ◎로 표현하였다. 교육과정 실행 행위는 교사가 교육과정 실행의 장에 존재하는 구조를 체화하여 나타나는 것이기 때문에 그러한 의미를 드러내기 위해 두 기호를 통합하였다. '전략'은 회색 ⋯▸로 표현하였다. 어떤 행위가 특정한 양상으로 드러나는 이유는 교사가 구사하는 전략에 차이가 있기 때문이다. 전략은 교사와 교육과정 실행 행위 사이에서 교사의 내적 기제가 변화하는 과정이다. 구조의 영향을 많이 받는 교사는 '계승전략'의 성격이 강한 행위를 하고, 구조의 영향력에서 벗어난 교사는 '전복전략'의 성격이 강한 행위를 한다. 교사가 무수히 많이 존재하듯이, 계승전략과 전복전략 사이의 전략들도 무수히 많으며, 교사의 행위 또한 무수히 많이 존재한다. 이런 의미로 이들 중간에 여러 개의 행위의 점들을 표시했다.

구조의 '재생산'과 '생산'은 검은색 ⋯▸로 표현하였다. 구조의 영향과 그 결과는 [그림 1] 전반에 걸쳐 나타난다. 구조의 재생산은 그림 윗부분에, 생산은 아랫부분에 해당한다. 그림을 전체적으로 조망해보면, 교사는 구조를 체화하고, 이 체화과정에서 교사는 저마다 다른 전략을 사용하여 행위들이 다양하게 나타난다. 이때 어떤 행위는 기존 구조를 재생산하는 역할을 하고, 어떤 행위는 새로운 구조를 생산하는 역할을 한다. 구조의 재생산에 기여하는 교사는 계승전략을 사용하여 기존의 구조를 강화하는 데 일조한다. 반면 구조의 영향력에서 벗어나려는 교사는 전복전략을 사용하여 기존 구조를 바꾸거나 새로운 구조를 생산한다.

[그림 1]에 제시된 것처럼, 교사가 교육과정을 실행하는 과정 전반에는 특정한 아비투스가 작용하고 있다. 이 연구에서는 이 분석 틀에 기반해서 연구 참여자들의 교육과정 실행에 어떤 아비투스가 작용하고 있는지 분석하

기 위해 구조, 체화, 전략, 교사의 교육과정 실행 행위를 종합적으로 고려하였다. 그러나 이 연구는 교사의 실행 행위와 현상 속에 존재하는 아비투스를 탐색하고, 아비투스를 통해 교육과정 실행을 해석하는 것에 목적을 두었기에 아비투스 분석 중 교사의 '교육과정 실행 행위'와 '아비투스'를 중심으로 이어지는 두 장에 연구결과를 기술하였다.

2) 교육과정 실행 행위에 존재하는 아비투스

① 교육과정 실행 행위

이 연구에 참여한 교사들의 교육과정 실행 행위는 교과서나 다른 교사의 수업을 가져다 사용하는 것에서부터 자신의 수업을 창조하는 것에 이르기까지 매우 다양하게 나타났다. 이들의 행위는 여러 가지 행위가 중첩되어 있기 때문에 한 교사가 어떤 행위를 보인다고 해서 모든 수업에서 그 행위만을 한다고 보기 어렵다. 즉 교사가 한 행위를 보여준다고 해서 나머지 행위를 배제하는 것으로 이해하기보다는 다양한 행위 중 하나를 그 순간에 선택하고 있는 것으로 이해하는 것이 더 적절하다.

가. 교과서대로 수업

교과서내로 수업하는 행위는 교과서 내용과 순시에 충실한 수업을 가리킨다. 이 행위는 교과서 내용에 충실하고, 단원 안에서의 순서뿐 아니라, 각 단원 간의 순서도 그대로 지키는 것을 의미한다.

월요일이면 항상 진도를 점검해요. 교과서를 보면서 시간표에 차시 배정을 하고 일주일 동안 어느 정도 진도를 나가야 하는지 점검하죠. … 진도가 느리면 좀 빨리 빼고, 빠르면 좀 천천히 빼면서 조절해요. 웬만해선 단원 순서도 그대로 지켜 가르쳐요.(2019. 02. 25. B교사)

교과서대로 가르치는 행위를 주로 보이는 교사는 교과서에 맞게 만들어진 진도표를 교육과정 실행의 이정표이자 점검표로 삼고 있다.

경력이 쌓여도 제가 수업 전문가라는 생각은 안 들어요. 오히려 시간이 지날수록 자신이 보잘 것 없게 느껴져요. 여러 학년과 교과를 가르치다보니 늘 자신감이 없고 위축돼요. 자신감이 떨어지니 교과서라도 잘 가르쳐야겠다는 생각이 들어요. 교과서는 적어도 전문가들이 잘 만들어 준 거니까요.(2019. 02. 25. D교사)

학년을 왔다 갔다 하니 늘 신규 같은 거예요. 그래서 신규 때처럼 늘 자신이 없어요. 자신이 없으니 결국 교과서 수업을 하게 되더라고요.(2019. 05. 14. M교사)

교과서대로 수업하는 교사들은 자신의 교육과정 전문성을 신뢰하지 않는 경향이 있다. 따라서 그들은 자신이 전문가라고 간주하는 사람들의 교육과정 자료를 가져다 그대로 사용하는 일을 선호한다.

교과서대로 수업하는 교사들은 이 행위의 장점으로 "편하다", "교과서에 맞는 수업자료가 많다", "안전하다"를 꼽았다. 이들은 교과서대로 가르치는 것이 편하고, 교과서를 토대로 만든 자료들을 쉽게 구할 수 있어 수업연구를 하지 않아도 무난한 수준의 수업을 할 수 있으며, 교과서대로 가르치면 문제가 생길 소지가 적다고 생각하기 때문에 이 행위를 선택하고 있었다.

그러나 위에서 살펴본 이유와 다르게 일시적으로 이 행위를 선택한 교사도 있다.

처음 맡은 학년이라 아이들에게 적응하느라 힘들었어요. 시간도 많이 필요했고요. 그래서 교

과서 진도 나가기도 급급했는데 생각해보니 교사 상황이 여의치 않을 때 교과서가 최소한의

수업 수준을 유지시켜주는 것 같아요.(2019. 05. 14. M교사)

M교사는 특정한 상황과 여건 때문에 일시적으로 교과서대로 가르치는 행위를 하고 있다. 그는 교과서대로 가르쳐서라도 학생들을 이해할 수 있는 시간을 확보해야 한다는 생각에서 이 행위를 하고 있지만, 상황이 좋아지면 이러한 수업에서 벗어나야 한다고 생각하고 있다. 이렇듯 교사가 새로운 학년을 맡게 될 때는 학생들과의 관계를 형성하는 데 관심을 집중해야 하기 때문에 전문성 있고 경력이 풍부한 교사라 할지라도 일시적으로 교과서대로 가르치는 수업을 선택하기도 한다.

나. 다른 교사의 수업 그대로 사용

다른 교사의 수업 그대로 사용은 다른 교사가 만든 수업을 가져다 모방하는 방식으로 교육과정을 실행하는 행위이다. 이 행위는 교과서라는 '틀'에서 벗어났지만, 다른 교사의 수업을 또 다른 '틀'이나 '기준점'으로 삼고 있다. 따라서 다른 교사의 수업을 가져다 사용하는 행위는 교과서를 가져다 사용하는 행위와 본질적으로는 크게 다르지 않다. 그러나 교과서는 국가가 만들어 제공했기에 선택의 여지 없이 꼭 사용해야 한다고 생각하는 교사들이 많지만, 다른 교사의 수업은 굳이 가져다 사용하지 않아도 되기에 교과서대로 수업하는 행위보다는 교사의 적극성이 더 많이 포함된 상태로 보아

야 한다. 따라서 이 두 가지 행위는 본질적으로는 같으나 현상적으로는 그 원천이 뚜렷하게 구분되기 때문에 이 연구에서는 교과서와 다른 교사의 수업을 분리하였다.

> 다른 교사의 것을 가져다가 사용하는 게 편해요. 인디스쿨에 가면 교육과정 재구성 자료가 많아
>
> 요. 제가 만든 것보다 훨씬 잘 만들어져 있으니까 많이 활용하고 있어요.(2018. 08. 19. F교사)

최근 컴퓨터와 인터넷의 발달로 다른 교사의 수업을 구하기 쉬워졌고, 수업자료도 파일형태로 일괄적으로 구할 수 있다. 따라서 교과서를 그대로 사용하는 수업만큼이나 다른 교사의 수업을 가져다 사용하는 예도 많아졌다. 특히 인디스쿨과 같은 교사 커뮤니티를 통해 다른 교사의 수업자료가 널리 통용되고 있다.

> 동의어, 다의어를 찾는 차시를 가르치는데 교과서는 재미없는 예시로 구성되어 있어서 재구성
>
> 좀 해보려고 인디스쿨을 찾아봤어요. 동영상을 활용해서 동의어와 다의어를 공부하고 여러 가
>
> 지 게임으로 공부하는 자료를 가져다 수업했더니 아이들이 재미있게 참여했어요.(2019. 02. 25.
>
> C교사)

통상적으로 다른 교사의 수업을 그대로 가져다 쓰는 것은 교과서 수업이 효과적이지 못할 때 그 대안으로 선택하는 행위이다. C교사는 교과서 체제를 지키는 범위 안에서 개별 차시 수업의 대안으로 다른 교사의 수업을 사용하고 있다. 따라서 교과서 체제에서 크게 벗어나지 않는 범위 내에서 일시적으로 다른 교사의 수업을 가져다 사용하고, 다시 교과서대로 수업으로

돌아온다.

다른 교사의 수업을 가져다 사용하고 있는 교사들은 그 이유로 '편하다', '안전하다'를 들고 있는데, 이런 이유들은 교과서대로 수업하는 교사들의 이유와 대동소이했다.

교육과정 재구성을 하고 싶어 다른 학교 선생님들이 하셨던 수업을 구해서 해봤는데 안정감 있고 좋았어요. 편하기도 하고요. 여러 사람이 해봐서 좋았다는 수업이니까 놓치는 것도 없는 것 같고 뿌듯했어요. 교육과정 재구성도 무조건 하라고만 할 것이 아니라 예시를 주면서 하라고 하면 좋겠어요.(2019. 02. 25. C교사)

C교사는 다른 교사들에 의해 실행된 수업을 안정적인 수업이라 여기고 있다. 따라서 교육과정 재구성 자료도 누군가에 의해 제공받기를 희망하고 있다. 그는 교과서에서 벗어나는 행위를 교육과정 재구성이라고 생각하고 있었다. 즉 그에게 교육과정 재구성은 '나만의 수업'을 만드는 행위가 아니라 '교과서에서 벗어난 수업'을 의미했다.

다. 교과서 차시 수준의 수업 개발

교과서 차시 수준의 수업 개발은 교과서 체제와 진도를 유지하면서 차시 수준에서 변화를 추구하는 행위이다. 교과서 체제와 진도를 유지한 상태에서 차시 수준의 수업을 개발하는 일은 그리 어렵지 않은 일이기에 많은 교사가 일상적으로 시도하는 행위이다. 교과서 차시 수준의 수업 개발에는 두 가지 양상이 있는데, 하나는 교사가 차시 수업을 직접 개발하는 것이고, 다른 하나는 다른 교사의 차시 수업을 가져다 자신의 교실 상황에 맞게 수정하여 재탄생시키는 것이다.

> 교과서의 경우 한 차시에 압축된 내용이 들어 있기에 교과서만 갖고 수업하는 건 어려워요. 그
> 차시와 관련된 이야기를 찾아 풀어내거나 관련 자료를 찾아 곁들여 수업하면서 지루하지 않게
> 만들어야 해요. 지식 위주로 구성된 교과서를 활동으로 구현하는 게 좋을 것 같아서 추가적인
> 활동을 만들려고 노력해요.(2019. 03. 26. L교사)

교사가 차시 수업을 직접 개발하는 행위는 자칫 어려울 수 있는 내용을
학생들의 발달단계에 맞게 수정하거나, 학생들이 적극적으로 참여할 수 있
는 활동으로 변환하는 일이 주를 이룬다.

> 교과서 진도를 유지하면서 차시를 수정하는 것은 큰 부담이 없어요. … 인디에 자료가 무궁무
> 진하게 많으니까 여러 개를 다운받아서 제 입맛에 맞게 고치죠.(2018. 06. 12. W교사)

다른 교사의 차시 수업을 가져다 수정하여 사용하는 행위는 시간과 노력
을 줄여주기에 많은 교사가 애용하고 있다. 다른 교사가 만든 차시 수업은
주로 인디스쿨을 통해 구한다. 인디스쿨에는 차시 수준에서 교과서를 재구
성한 자료가 많아서 교과서 체제를 지키면서 작은 변화를 시도하는 교사들
에게 유용하다. 이들은 다른 교사가 만든 수업을 내려받아 수정해서 사용
하고, 수정한 수업을 다시 업로드하면서 서로에게 기여한다.

> 교과서 내용에서 크게 벗어나지 않는 선에서 수업을 만들게 돼요. 수학, 과학처럼 계열성이 뚜
> 렷한 교과는 교과서가 기준점이 되죠. 그 교과의 지식체계를 잘 모르니까요. 교과서를 기준으

로 차시를 수정하는 것이 제일 마음 편해요.(2019. 03. 26. N교사)

이 행위를 하는 이유는 교과서 체제에서 벗어나기 어렵지만, 좋은 수업을 만들고 싶은 교사들의 욕구를 비교적 쉽게 충족시킬 수 있는 방식이기 때문이다. 특히 다른 교사의 수업자료를 수정해서 사용하는 일은 시간과 노력을 절감해주기 때문에 쉽게 매료되고 금방 익숙해진다. 이들은 차시 수준의 수업을 가져다 수정해서 사용하는 것으로 좀 더 나은 수업을 했다는 생각, 즉 교육과정 재구성을 했다는 생각을 갖는다.

라. 교과서 단원 수준의 재조직

교과서 단원 수준의 재조직은 교과서 진도에서 벗어나 교과서 단원의 통합, 해체, 삭제 등을 통해 새로운 수업을 개발하는 행위이다. 이 행위는 교과서나 다른 교사의 수업을 가져다 쓰는 행위, 교과서 차시 수준의 수업 개발 행위 등에 한계를 느낀 교사들이 새로운 돌파구를 찾을 때 시도하는 것으로, 차시 수준의 수업 개발보다는 개발의 범위와 정도가 좀 더 확대되고 심화된 것이다. 이 행위가 교과서 차시 수준의 수업 개발 행위와 다른 점은 교과서를 비판적인 시각으로 바라보며 새로운 대안을 상상하고, 보다 크고 넓은 범위에서 교과서를 통합, 해체, 삭제한다는 것이다. 또한 성취기준을 본격적으로 사용하기 시작했다는 점도 앞에 기술한 행위와 차이를 갖는다.

이 행위는 교과서 진도에서 벗어나 보다 자유롭게 수업을 만들기에 교과서대로 가르치는 행위와는 확연히 구분되지만, 여전히 교과서 체제를 기준으로 삼고 있기에 교과서를 근간으로 하는 교육과정 실행이라 할 수 있다. 교과서 단원 수준에서의 재조직 행위는 교과서 단원끼리의 통합, 단원의 일부를 발췌한 통합, 성취기준이 중복되는 단원이나 차시의 누락 등으로 나타났다.

> 비슷한 내용의 단원들을 통합시킬 때가 많아요. 생명, 환경, 지구, 경제 등 주제를 중심으로 관련된 교과의 단원들을 통합시키는 경우가 많죠. 사회, 도덕, 과학, 미술, 음악 등 많은 교과의 단원들을 연결시켜 수업량을 줄이면서도 재미있는 수업을 만들 수 있어요. 활동 중심으로 수업을 바꾸면 아이들이 학습의 주체가 되어서 좋아요.(2018. 06. 12. S교사)

S교사는 학생들이 좋아할 만한 주제로 접근하여 교과서 단원을 통합하거나 단원의 일부를 발췌한 통합수업을 만들고 있다. 그는 교과서 단원의 재조직을 통해 여유 시수를 확보하고, 그 시간에 활동 중심의 수업을 하면서 교사로서의 성취감을 느끼고 있다.

> 성취기준을 보면서 아이들에게 어려운 교과서 내용을 찾아요. 너무 어려우면 그냥 하지 말라고 해요.(2018. 05. 17. O교사)

교과서 단원 수준에서 재조직하는 행위는 성취기준을 사용하기 시작하였음을 의미한다. 교과서 단원을 재조직하려면 성취기준을 하나의 '체'로 사용해서 중복되는 내용이나 어려운 내용을 걸러낼 수 있어야 하기 때문이다.

> 자기 수업을 잘 만드는 교사들도 교과서를 기준으로 통합수업을 개발하는 경우가 많아요. 아마도 교과서를 기준으로 삼는 이유는 통합수업을 만들 때에는 교과들끼리의 연계성을 고려하는 것과 더불어 다양하고 풍성한 아이디어에 부담이 생기기 때문이에요. 이 방식으로도 좋은

수업을 만들 수 있다고 판단해서겠죠.(2018. 05. 17. J교사)

일부 교사의 경우 성취기준으로 수업을 창조하는 행위, 성취기준을 비판적으로 바라보고 활용하는 행위도 함께 나타났다. 단원 수준의 재조직 행위를 하는 교사 중의 상당수는 성취기준으로 수업을 창조하는 수준까지 확대된 행위를 하고 있다.

쉽게 구할 수 있는 대안 자료가 많지 않으니까 일단 교과서를 출발점으로 삼아요. 교과서를 비판하면서 새로운 대안을 생각하면 의외로 좋은 수업이 나와요.(2018. 05. 17. M교사)

이 행위를 하는 이유는 이를 통해 불필요한 수업 내용을 덜어내고 자신이 가르치는 학생들에게 최적화된 수업을 개발하고 싶기 때문이다. 교과서를 무시하기 어려운 현실을 고려할 수밖에 없기 때문이지만, 교과서를 활용해서 좋은 수업을 만들 가능성도 있기 때문에 이 행위를 선택한다.

마. 다른 교사의 수업 변용

다른 교사의 수업 변용은 다른 교사가 개발한 수업을 가져다 자신에게 맞게 수정해서 사용하는 행위이다. 여기에서 '다른 교사의 수업'은 교과서 진도에 맞게 제작된 차시 수준의 수정 자료가 아니라, 교사가 창작한 단원 및 주제 수준의 수업을 의미한다. 즉 다른 교사가 만든 차시 수준의 수업을 가져다 수정하는 것과는 구별되는 행위라 할 수 있다.

다른 교사의 수업을 가져다 수정하여 사용하는 것은 실제 많은 교사가 선택하고 있는 행위이다. 이들은 자기가 만든 수업을 다른 교사와 공유하고, 다른 교사가 만든 각종 수업자료를 수정해서 사용한다.

> 5학년을 맡으면 꼭 '교실 속 마을 활동'이라는 경제수업을 해요. 경제수업으로 이만한 게 없어
> 요. … 처음엔 책을 보고 따라했는데, 두 번째 수업부터는 제게 맞게 변형해서 하고 있어요. …
> 한 사람씩 거쳐 갈 때마다 더 정교한 수업이 만들어지는 것 같아요. 지금은 원래 버전보다 훨씬
> 나은 수업이 되었어요.(2019. 03. 26. P교사)

> 다른 교사들이 검증한 수업을 가져다 재구성하면 또 다른 기준을 잡아주는 것 같아 한결 마음
> 이 편해요.(2019. 03. 26. R교사)

P교사를 통해 알 수 있듯, 처음에는 다른 교사의 수업을 가져다 최소한
으로 수정하여 사용하지만 그 행위가 반복될수록 자신이 처한 상황과 맥락
에 맞게 대폭 수정하여 활용하는 행위로 변화되기도 한다. 이런 행위를 여
러 명의 교사가 함께 하는 경우, 집단지성의 힘으로 정교화되면서 더 좋은
수업을 탄생시키기도 한다. 교사들이 다른 교사의 수업을 가져다 수정하는
이유는 시간과 노력을 줄일 수 있을 뿐 아니라 다른 교사들에 의해 검증된
수업이기 때문에 안심하고 사용할 수 있기 때문이다.

바. 성취기준 내용 중심의 수업 개발

성취기준 내용 중심의 수업 개발은 성취기준의 내용을 기반으로 자신의
수업을 창조하는 것을 행위이다. 이 행위는 교과서나 다른 교사의 수업을
가져다 사용하는 수업에 한계를 느낀 교사들에게 나타나는 것으로, 이들은
성취기준을 본격적으로 사용하여 '자신만의 수업'을 만든다.

남의 것을 가져다 써도 의도를 모르면 사용하기 어려워요. 함께 이야기 나누지 않고 자료만 받아서는 어떤 수업인지 모르겠어요. … 그래서 어느 순간부터는 다른 사람의 수업은 참고자료로만 활용해요.(2018. 05. 17. H교사)

H교사는 교과서뿐 아니라 다른 교사의 수업을 따라 하는 것도 쉬운 일이 아니라고 말한다. 수업을 만든 이의 의도를 충분히 이해하지 못하면 사용하는 데 한계가 있다는 것이다. 이러한 한계에 부딪힌 교사들은 성취기준에 맞게 자신만의 수업을 만든다.

주민자치 성취기준에 충실하게 수업을 만든 적이 있어요. 성취기준 하나 당 하나의 소단원으로 구성해서 만들었던 수업이었는데, 역할극과 시뮬레이션을 적절하게 넣어 만들었더니 아이들이 정말 좋아했어요. 교과서로 가르칠 때 재미없었던 주민자치 수업이 아이들이 열광한 수업으로 바뀐 거죠.(2018. 05. 17. J교사)

J교사는 성취기준을 누락하지 않기 위해 성취기준 내용 하나하나에 대응하는 소단원을 만들었다. 그는 성취기준이 적절하다고 판단되면 성취기준 내용에 충실하게 수업을 개발하면서 학생들에게 적합한 수업을 만들기 위해 노력하고 있다.

제가 전문가라고 생각해요. 무엇을 가르칠지 제가 판단하는 것이 가장 정확하죠. 제가 직접 만들었을 때 가장 잘 가르칠 수 있어요. … 제가 처음 수업을 만들기 시작할 때 나침반이 되어 준 것은 바로 성취기준이었어요.(2018. 07. 10. P교사)

성취기준으로 수업을 만들면 위에서 내려온 수업을 재조직하기 쉽고, 제 수업 안에 자연스럽게 녹여낼 수 있어요. 특히 창의적 체험활동에 산발적으로 배정된 다양한 수업들이 하나의 흐름으로 제 교육과정 안으로 흡수되니까 좋아요.(2018. 05. 17. P교사)

P교사는 성취기준을 교육과정 실행의 '나침반'으로 삼아 자신만의 교육과정을 만들고 있다. 성취기준 내용 중심으로 수업을 개발하는 교사들은 성취기준이 국가교육과정을 이수하는 일이기에 충실해야만 한다고 생각하고 이 행위를 선택하기도 했지만, 성취기준이 학생들에게 적절하다고 판단하여 이 행위를 선택하는 교사도 있었다.

사. 성취기준을 도구로 사용하는 수업 개발

성취기준을 도구로 사용하여 수업을 개발하는 행위는 학생과 교실 상황을 중심에 두고 성취기준에서 비교적 자유롭게 수업을 만드는 것을 의미한다. 이 행위는 성취기준의 내용뿐 아니라 성취기준의 행간과 문장 너머의 의미를 해석하거나, 성취기준을 수정·삭제·추가하여 수업을 만드는 것을 의미한다. 즉 성취기준 그 자체를 목적으로 삼는 것이 아니라 학생들의 배움을 위한 수단으로 활용하는 행위인 것이다.

성취기준을 도구로 사용하여 수업을 개발하는 행위는 '성취기준이 목적이 되는 성취기준 내용 중심의 수업 개발' 행위와 수업 개발의 출발점이 다르기 때문에 상당히 다른 모습으로 나타난다. 성취기준 내용을 중심으로 수업을 개발하는 행위는 성취기준 텍스트에서부터 출발하여 성취기준에 충실하게 수업을 개발하지만, 성취기준을 도구로 사용하여 수업을 개발하는 행위는 학생과 교실 상황에서부터 출발하여 수업을 개발하며 성취기준은 참고용으로 활용한다.

처음엔 성취기준을 잘 준수하면서 수업을 만들어야 한다고 생각했어요. 교과서를 버리는 것도 불안한데 성취기준마저 지키지 않으면 안 된다고 생각했죠. 그런데 한 학기 정도 지나고 나니 성취기준의 문제점이 눈에 보이기 시작했어요. 문제점을 볼 수 있게 된 후로는 성취기준대로 수업을 만드는 것이 얼마나 불가능한 일인지 깨달았어요.(2019. 03. 26. I교사)

6학년의 사회과 성취기준은 공정과 연대, 노동의 가치 등 정작 배워야 할 가치들이 많이 누락 되어 있어요. 수학은 이번 교육과정에서 다소 쉬워졌지만 아직도 더 쉬워져야 하고 학습 내용 도 줄어야 해요.(2019. 03. 26. L교사)

L교사는 초기에는 성취기준에 충실하려고 노력했지만, 시간이 지날수록 성취기준의 문제점을 파악하게 되면서 비판적으로 바라보게 되었다. L교사 는 초등의 성취기준이 전반적으로 어렵고 내용이 많다고 여기기 때문에 성 취기준을 목적으로 삼는 방식으로 학생들에게 적절한 수업을 만들 수 없다 고 생각한다. 따라서 이들은 자신이 새로운 대안을 만들어야 한다고 생각 한다.

내 수업은 내가 만들어야죠. 남이 만든 수업에는 내 철학과 생각이 담겨있지 않잖아요. 전 제가 전문가라고 생각해요. 아이들에 대해서 잘 알고 있어야 수업도 잘 할 수 있어요. 교사들이 너무 위축되지 않았으면 좋겠어요. 우리가 스스로를 믿고 자신감을 가져야 좋은 수업을 만들 수 있 어요.(2019. 06. 12. J교사)

J교사는 자신의 수업은 자신이 제일 잘 만들 수 있다고 생각하고 있기에 자신감을 갖고 수업을 만들어야 한다고 생각한다. 이때 성취기준은 좋은 수업을 만드는 데 필요한 도구로 기능한다.

이 연구 참여자들의 교육과정 실행 행위는 교육과정 실행의 원천을 어떤 방식으로 가져와서 사용하느냐에 따라 '소비형', '소비-생산형', '생산형'으로 범주화할 수 있었다.

첫째, 소비형은 교과서를 비롯하여 다른 사람이 만든 교육과정을 가져다 큰 변화 없이 사용하는 행위를 의미한다. 소비형 행위를 하는 교사들은 가르칠 내용(What)이 이미 주어졌다고 생각하고, 주어진 내용을 어떻게(How) 가르칠 것인가에 집중한다. 따라서 가르칠 내용을 고민하기보다는 주로 방법적 측면에서 변형을 시도한다. 이 범주에 속하는 행위로는 첫째, '교과서대로 수업' 둘째, '다른 교사의 수업 그대로 사용'이 있다.

둘째, 소비-생산형은 다른 사람이 만든 교육과정을 가져다 사용하되 자신의 의도에 맞게 수정하거나 재조직하여 사용하는 행위를 의미한다. 이 행위에는 소비형에 가까운 행위, 소비와 생산의 중간적 행위, 생산형에 가까운 행위 등 비교적 다양한 행위가 나타난다. 이 범주에 속하는 행위로는 '교과서 차시 수준의 수업 개발', '교과서 단원 수준의 재조직', '다른 교사의 수업 변용'이 있다.

셋째, 생산형은 다른 사람의 교육과정을 가져다 사용하는 것이 아니라 자신이 직접 교육과정을 창조하는 행위를 의미한다. 이 행위를 하는 교사들은 가르칠 내용(What)을 자신이 정할 수 있다고 생각한다. 이 범주에 속하는 행위로는 '성취기준 내용 중심의 수업 개발', '성취기준을 도구로 사용하는 수업 개발'이 있다.

② 교사의 아비투스

교사들의 교육과정 실행 행위에 존재하는 아비투스는 '소비자적 아비투스'와 '생산자적 아비투스'로 분석되었다.

가. 소비자적 아비투스

"제 자신이 전문가라는 생각은 안 들어요"라고 말하며 교과서나 다른 교사의 수업을 가져다 실행하는 교사들은 자신을 교육과정 전문가로 인정하지 않는 아비투스를 갖고 있다. 자신의 교육과정 전문성을 신뢰하지 않는 교사들은 자기 확신이 결여되었기에 전문성을 가졌다고 생각하는 사람들, 즉 교육과정을 개발하는 교과교육학자(대학교수, 연구자 등), 교과서 개발자, 특정 분야로 유명해진 교사가 만든 틀을 가져다 소비한다. 이들은 자신의 교육과정 전문성을 신뢰하지 않는 만큼 국가교육과정과 교과서를 절대적으로 신뢰하고 있고, 이런 생각으로 인해 국가교육과정과 교과서를 자신의 교육과정 실행보다 상위에 두고 있다.

아비투스가 '행위를 유발하는 근본 성향체계이자 산출 원리'(이상길, 2015)라는 것을 고려해 볼 때, 스스로를 전문가나 생산자로 인식하지 못하고 사용자나 소비자로 인식하는 교사들에게 나타나는 성향체계이자 행위의 산출 원리는 '소비자적 아비투스'였다. 교육과정 실행 영역에서 자신을 소비자로 인식하는 성향체계, 집단적 무의식은 새로운 상황에서 더 활성화되면서 강화되고, 재활성화라는 이중 삼중의 과정을 통해서 소비자로서의 교육과정 실행 행위를 더욱 강화하고 있었다.

로르티(Lortie, 1975)는 교육 경험이 많은 교사도 신규교사로 대체될 수 있는 교직의 특수성으로 인해 교사의 자존심이 하락하기 쉽다고 말한다. 교사들이 자기 수용적이기보다는 자책을 많이 하고 '자기 능력에 대한 고통스러운 의심'이 일상화되어 있다는 것이다. 실제 교사들은 오랜 경험을 갖고 있더라도 가르치는 일에 자신감을 갖지 못하는 경향이 있다. 가르치는 일은 끊임없는 변화가 요구되고, 앞으로 일어날 상황을 예상하고 확신하기 어려운, 불확실성이 높은 일이기 때문이다. 따라서 교사들은 전문가들이 만들어 준 교과서라도 잘 가르쳐야겠다고 생각하기 쉽고, 이 과정에서 교사들은 자신을 교육과정 전문가가 아닌 단순한 사용자나 소비자로 인식하는 아비투스를 지니게 된다.

실제 많은 교사가 자신들이 가지고 있는 '실천적 지식(practical knowledge)'을 지식이라 생각하지 않고 있다(이한나, 2019). 자신들이 갖고 있는 교육과정 실행 노하우, 감, 촉, 순간적인 판단, 직관하는 능력, 임시변통하는 유연성 등을 전문적 지식이라 여기지 않을 뿐 아니라 심지어 비전문적인 지식으로 폄하하기도 한다. 또 이런 지식을 인지한다고 해도 체계적으로 관리하거나 지속적으로 발달시키지 못하고 있다.

소비자적 아비투스를 갖고 있는 교사들은 스스로 자신을 지식이 부족한 존재로 여기고 있기 때문에 자신이 만든 수업을 신뢰하지 않는다. 또한 가르칠 내용을 정하는 주체가 자신이 아니라 외부에 있는 전문가이고, 다른 사람의 수업을 가져다 사용하는 것이 안전하고 효율적이라는 생각은 소비자적 아비투스에 의해 유지되고 강화되고 있다. 소비자적 아비투스는 자신의 전문성을 신뢰하지 못하고 다른 교사의 수업을 가져다 사용하려는 연구 참여자들에게서 주로 나타나는 아비투스이지만, 실제 교육계의 주류 아비투스라고 해도 무방할 만큼 다수의 교사에게서도 나타나고 있다.

나. 생산자적 아비투스

소비자적 아비투스의 영향권 아래 머무는 교사도 있지만 새로운 아비투스를 형성하는 교사도 있다. 이들은 "제가 전문가예요"라는 말하며 더 이상 다른 사람이 만들어 놓은 수업을 대리 실행하거나 수정해서 사용하는 행위에 안주하지 않는다. 자신이 만든 수업이 아닐 경우 자신감도 떨어지고 매력을 느끼지 못하기 때문이다. 이들은 교육과정 계획부터 이를 수업으로 실행하는 과정에 이르기까지 자신이 주인이 되어야 한다고 생각한다. 즉 이들은 직접 교육과정을 만들어내는 생산자가 되어야 한다고 생각하는 '생산자적 아비투스'를 갖고 있다.

생산자적 아비투스를 갖고 있는 교사들은 학생들을 제일 잘 아는 위치에 있는 자신이 '최적의 교육과정'을 만들 수 있다고 생각한다. 따라서 이들은 자신을 믿고 자신만의 수업을 창조하고 지속적으로 새로운 수업으로 갱신해 가면서 전문성을 키워나간다. 이들은 자신들의 행위 하나하나를 완벽한 것으로 여기기보다는 자신이 하고 있는 행위의 방향에 대한 믿음을 갖고 있다. 이들은 자신의 능력에 대한 믿음에서 출발해서 그 믿음을 동력으로 지속적으로 노력하고 실천하고 있다.

생산자적 아비투스를 가진 교사는 교육과정 실행의 영역에서 새로운 틀을 만든다. 다른 사람이 만든 틀은 하나의 아이디어일 뿐이기에 기존의 틀에 얽매이지 않고 상상력을 발휘한다. 이미 만들어진 틀을 사용한다고 할지라도 자신감이 없거나 편하기 위해 그 틀을 따르는 것과는 구별된다. 그 틀이 적절한지 검토하고 자신의 판단에 따라서 선택하는 것이기에 소비자적 아비투스를 가진 교사와는 다르다. 생산자적 아비투스를 갖고 있는 교사는 소비자적 아비투스를 갖고 있는 교사에 비해 자존감과 자신감이 높았고, 비교적 창의적이고 독자적인 교육과정을 실행하고 있었다. 또한 소비자적 아비투스를 갖고 있는 교사에 비해 안정감과 여유를 가지면서 교육과정 실행 영역의 생산자로서 교육과정 전반에 대한 안목을 발전시키고 있었다.

3) 아비투스로 본 초등교사의 교육과정 실행

이 장에서는 2장에서 탐색한 아비투스를 통해 초등교사의 교육과정 실행 행위와 현상을 해석하고자 하였다. 그 결과 교육과정 실행 행위는 '같은 행위지만 다른 아비투스'로, 교육과정 실행 현상은 '교육과정 재구성, 두 가지 아비투스의 중간지대'로 해석할 수 있었다.

① 같은 행위, 다른 아비투스

통상적으로 비슷한 교육과정 실행 행위는 같은 범주로 묶고, 그 행위를 하는 교사들도 같은 범주로 묶는 경향이 있다. 교육과정 실행 양상을 유형화하는 연구들은(정혜승, 2002; 이경진, 김경자, 2005; 이경진, 2006; 이자연, 2008; 서경혜, 2009) 의도하지는 않았겠지만, 실제로 개별 교사에게 하나의 행위 양상이 존재하는 것으로 이해하게 만든다. 교사의 내적 세계를 감안하지 않고 겉으로 나타나는 행위에만 집중했기 때문에 빚어진 결과로 보인다. 그러나 실제 교사들은 상황에 따라 여러 행위를 동시에 선택하면서 살아간다. 따라서 아비투스와 같은 교사의 내적 기제를 제대로 이해하지 않으면 행위와 교사를 일대일 대응시키는 오류를 범할 가능성이 높다.

교육과정 실행의 장에서 교사는 자신이 처한 상황과 맥락에 따라 매순간 다양한 행위를 선택한다. 특정한 순간에 어느 한 행위를 한다고 해서 그 행위만을 하며 살아가는 것은 아니다. 즉 특정한 행위만 보고 그 교사의 교육과정 실행 행위를 단정할 수 없고, 특정한 행위만 보고 그 교사의 아비투스를 단정할 수 없다. 교사의 행위는 다양한 층위가 존재하기 때문에 같은 유형의 행위를 하고 있어도 그 행위를 하고 있는 신념, 이유, 의도, 가치관 등에 따라 매우 다른 행위로 볼 여지가 있다. 교사의 교육과정 실행 행위를 내적 기제인 아비투스에 비추어보면 같은 행위로 보이는 것도 다르게 볼 수 있다.

이러한 점을 논의하기 위해 이 연구에서 제시한 일곱 가지 교육과정 실행 행위를 두 가지 아비투스에 비추어 구분해 보았다.

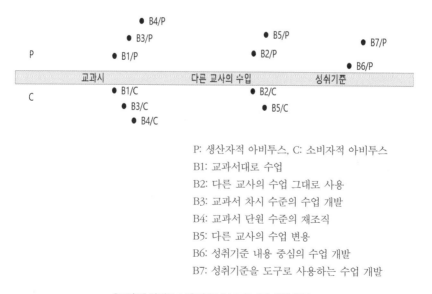

P: 생산자적 아비투스, C: 소비자적 아비투스
B1: 교과서대로 수업
B2: 다른 교사의 수업 그대로 사용
B3: 교과서 차시 수준의 수업 개발
B4: 교과서 단원 수준의 재조직
B5: 다른 교사의 수업 변용
B6: 성취기준 내용 중심의 수업 개발
B7: 성취기준을 도구로 사용하는 수업 개발

[그림 2] 아비투스에 비추어본 교육과정 실행 행위

[그림 2]처럼 아비투스에 비추어 교사의 교육과정 실행 행위를 보면 복잡한 행위의 실체와 그 의미를 보다 실제적으로 파악할 수 있다. 교사의 아비투스에 비추어 행위를 조망한다는 것은 교사의 교육과정 실행으로 드러나는 양상보다는 그 이면에서 작용하는 아비투스를 고려해야 한다는 것이며, 이렇게 교사의 교육과정 실행을 인식하고 이해할 수 있다는 의미이다.

아비투스에 따른 행위를 구분하기 위해 소비자적 아비투스가 작용하는 행위에는 '/C'를, 생산자적 아비투스가 작용하는 행위에는 '/P'를 사용해서 간략하게 표시하였다. 가운데 기준선의 아랫부분은 소비자적 아비투스가 영향을 미치는 영역이고, 기준선의 윗부분은 생산자적 아비투스가 영향을 미치는 영역이다. 그리고 일곱 가지 행위는 'B'에 숫자를 붙여 간략화했다.

아비투스에 비추어 교육과정 실행 행위를 구분하여 나타낸 [그림 2]는 다음과 같은 의미를 포함하고 있다.

첫째, 표면적으로 같은 행위일지라도, 아비투스에 따라 다른 행위로 바라볼 수 있다. 같은 B1이라 할지라도 교사가 어떤 아비투스를 갖고 있느냐에 따라 교과서를 바라보는 교사의 시각, 교과서대로 수업하는 행위의 지속 정도와 범위, 학생의 배움을 다루는 방식 등에서 차이를 보이기 때문이다. 따라서 드러나는 행위만을 보고 그 행위를 보이는 교사의 교육과정 전문성을 논하는 것은 적절하지 않다. 그 교사의 아비투스에 비추어 그 행위를 볼 때 비로소 그 행위가 어떤 맥락을 갖는지, 앞으로 그 행위가 어떻게 변화될 수 있는지를 보다 실제적으로 파악할 수 있다.

둘째, 같은 범주의 행위일지라도 그 행위를 하는 교사가 어떤 아비투스를 지녔느냐에 따라 교육과정 실행의 원천인 교과서, 다른 교사의 수업, 성취기준에 대한 충실-재구성 정도가 다르게 나타난다. 충실-재구성 정도가 다르게 나타난다는 것을 표현하기 위해 교과서, 다른 교사의 수업, 성취기준 세 가지 중심축으로부터의 거리를 다르게 표현했다. 즉 중심축에서 가까울수록 충실한 것이고, 멀어질수록 재구성을 많이 하고 있는 행위이다.

셋째, 교사가 어떤 아비투스를 가졌느냐에 따라 나타나는 행위의 종류 수가 다르다. 소비자적 아비투스를 가지고 있는 교사에게 나타나는 교육과 정 실행 행위의 종류는 적은 편인 반면, 생산자적 아비투스를 가진 교사에게 나타나는 종류의 수는 상대적으로 많고 다양하다. 실제 소비자적 아비투스를 가진 교사들에게서는 B6과 B7의 행위가 존재하지 않았다. 소비자적 아비투스를 갖고 있는 교사들은 자신의 교육과정 실행의 원천을 다른 곳에서 가져다 사용할 뿐 스스로 만드는 행위는 하지 않고 있었기 때문이다. 즉 이들은 행위의 종류와 폭을 넓혀 가는 데 소극적인 편으로 2~5개 정도의 행위 안에서 교육과정을 실행하고 있었다. 이에 비해 생산자적 아비투스를 가진 교사는 학생들의 상황과 자신의 수업 연구결과에 맞는 행위를 의식적으로 선택하고 있어 비교적 교육과정 실행 행위 종류의 수가 많고 다양했다. 이들은 5~7개 정도의 행위를 보이며 비교적 유연하게 여러 행위를 넘나들고 있었다.

위에서 살펴본 것처럼, 표면적으로 같은 행위일지라도 교사의 아비투스에 따라서 다른 행위로 볼 수 있다는 점을 설명하기 위해 '교과서대로 수업' 행위를 예로 들어보겠다. 아비투스가 다른 두 부류의 교사들은 교과서대로 수업을 하는 비슷한 행위를 하고 있을지라도 교과서를 바라보는 교사의 시각, 교과서대로 수업하는 행위의 지속 정도와 범위 측면, 학생의 배움을 다루는 방식에서 차이점을 보이기 때문에 질적으로 다른 모습의 행위로 나타난다. 이는 아비투스와 같은 내적 기제를 고려하지 않는다면 쉽게 알아차리기 어려운 부분이기도 하다.

첫째, 교과서를 바라보는 교사의 시각을 보면, 소비자적 아비투스를 가진 교사들은 교과서를 절대적인 자료로 인식하고 교과서대로 수업하는 반면, 생산자적 아비투스를 가진 교사는 교과서대로 수업하더라도 교과서를 하나의 자료로 간주한다. 소비자적 아비투스를 가진 교사들은 교과서에 실린 것을 교육내용으로 보고, 학생이 무엇을 배웠고 배울 수 있는지보다는 그 내용 자체를 가르치는 데 집중한다. 따라서 학습에 불필요한 부분이나 부적절한 내용도 빠짐없이 가르치는 편이다.

그러나 생산자적 아비투스를 가진 교사들은 교과서를 학생의 학습에 비춰서 유동적·비판적으로 바라보며, 해당 교과서의 특정한 내용이 학습 가능성이 있다고 판단한 경우 교과서를 사용한다. 따라서 교과서 내용 자체에 집중하기보다는 학생의 반응을 살피면서 적절성 여부를 판단한다. 만일 적절하지 않다고 판단하면 즉각적으로 대처하며 수업 중에 교과서 내용을 편집하여 가르친다. 또한 교과서대로 수업을 하더라도, 해당 차시나 단원에 대한 비판의식을 갖고 수업 과정에서 학생들과 함께 보다 나은 대안을 찾아가며 수업을 전개한다. 실제 교과서를 통해서 통념과 편견을 분석하는 수업을 하는 교사에게는 통념과 편견이 드러나는 교과서가 교육과정 자료로 필요하다. 이 자료를 사용해야만 학생은 통념을 깨고, 편견에서 벗어나는 경험을 해 볼 수 있기 때문이다. 즉 아비투스에 따라 교과서를 바라보는 시각이 다르기 때문에 교과서대로 수업을 하는 행위라 할지라도 수업 장면에서는 큰 차이가 발생한다.

둘째, 교과서대로 수업하는 행위의 지속 정도와 범위를 살펴보면, 소비자적 아비투스를 가진 교사들은 비교적 장시간에 걸쳐 지속적으로 교과서대로 수업하고 있고, 그렇게 수업하는 교과의 수가 많은 편이다. 특히 이들은 주지교과의 경우 교과서대로 수업하는 경향이 높다. 반면 생산자적 아비투스를 가지고 있는 교사들은 교과서를 일시적으로 선택하는 경우가 많고, 일부 교과나 단원에 한해 이 행위를 선택한다. 예를 들어, 해당 학년을 오랜만에 담임하는 경우 익숙하지 않은 교육과정과 학생들에게 적응해야 하는 시간을 확보하기 위해 일시적으로 교과서에 의존하여 교과서대로 수업하는 행위를 선택한다. 또한 자신이 교과서보다 더 좋은 자료를 만들기 어렵다고 판단한 교과나 차시에 한해서 교과서대로 수업하는 행위를 보인다. 이러한 교사는 대체로 일시적으로 이 행위를 선택하고 있어 변화될 가능성이 크다. 이들은 일정한 시간 동안 교과서대로 수업하면서 자신의 조절력과 전문성 발휘 방식을 모색한다.

셋째, 학생의 배움을 다루는 방식을 살펴보면, 소비자적 아비투스를 가진 교사가 교과서 진도를 먼저 고려한다면, 생산자적 아비투스를 가진 교사는 학생의 학습 가능성을 먼저 고려한다. 소비자적 아비투스를 가진 교사는 '교과서'라는 자료 자체를 준거로, 생산자적 아비투스를 가진 교사는 '교과서와 학생의 배움'의 관계를 준거로 사용한다. 교사의 교육과정 실행을 교사가 가진 아비투스를 통해서 보아야 한다는 말은 교과서 자체도 중요하지만, 실제로 더 중요한 것은 교사가 학생의 배움을 다루는 방식이며, 그 과정에서 교과서를 어떻게 사용하는지 그 맥락과 의도를 보는 것이 중요하다는 의미이다. 이에 교사의 아비투스에 비추어 교육과정 실행 행위를 볼 때, 교사가 교과서-학생의 배움을 어떻게 연결하고 있는지를 알 수 있고, 교사의 존재와 역할을 전제로 교사의 교육과정 실행을 이해할 수 있다.

② 교육과정 재구성, 두 가지 아비투스의 중간지대

교육과정 실행의 장에는 소비자적 아비투스와 생산자적 아비투스를 가진 교사들이 함께 살아가고 있다. 서로 다른 아비투스를 갖고 있는 교사들은 서로 다름을 인정하며 협력하기도 하지만, 차이를 좁히기 어려운 경우에는 갈등 양상을 보이기도 한다. 이러한 협력과 갈등은 교사 간, 교사 집단 간에도 나타나고 개별 교사 안에서도 일어난다. 한 교사 안에서 아비투스의 협력과 갈등이 일어난다는 것은 실제 소비자적 아비투스와 생산자적 아비투스를 모두 가지고 있는 교사가 존재한다는 의미이기도 하다. 한 교사 안에서 두 가지 아비투스는 통합되기도 하고 갈등하기도 하면서 변화한다. 즉 생산자적 아비투스를 가진 교사라 할지라도 소비자적 아비투스가 잔존하고 있으며, 이러한 교사의 경우 과도기적 형태의 교육과정 실행 행위가 나타난다.

이 연구의 참여자 중에서도 두 가지 아비투스를 동시에 갖고 있는 교사들이 있었다. 이렇듯 두 가지 아비투스가 공존하거나 충돌하면서 빚어지는 행위, 그리고 이들의 행위가 만들어내는 현상이 자칫 일관성이 없는 모습으로 보일 수 있지만, 변화의 과정에서 나타나는 자연스러운 현상이기도 하다. 실제 초등교사의 교육과정 실행의 장에서 두 가지 아비투스가 동시에 영향을 미쳐 나타나는 현상이 바로 '교육과정 재구성'이다. 교육과정 재구성은 비교적 장기간에 걸쳐 광범위하게 나타나 왔고, 변화의 중간다리, 교육과정 가능성의 영역을 넓혀가는 중간지대로 역할을 하고 있다. 이러한 교육과정 재구성을 아비투스에 비추어 살펴보면, 다양한 의미들을 짚어낼 수 있다.

교육과정 재구성은 '교육과정'과 '재구성'이 합성된 단어로, 대체로 교사들은 '재구성'이라는 단어에 의미를 부여한다. 재구성이라는 용어는 실체적으로 존재하는 그 무엇인가를 가져다 수정하는 것을 의미하기에, '교육과정 재구성'에서의 '교육과정'은 이미 누군가가 이미 만들어 실체로 존재하는 그 무엇일 수밖에 없다. 따라서 '그 무엇인가를 가져다 재구성하는 것'이 바로 교육과정 재구성인 셈이다. 연구 참여자들의 경우, 교육과정 재구성은 실제로 '교과서를 재구성하는 모습' 또는 '다른 교사가 만든 수업을 재구성해서 수업하는 모습'으로 나타났다.

교육과정 재구성에는 '가져다 사용한다'는 측면에서 소비자적 아비투스가 담겨 있다. 현재 교사들이 하고 있는 교육과정 재구성은 교사가 가르칠 가치와 내용을 직접 선정하고 개발하기보다는, 이미 정해져 있거나, 만들어져 있는 것을 가져다가 수정하여 사용하는 것을 의미하는 경우가 많다. 따라서 교육과정 재구성은 '구성'이 아니라 소비자적 아비투스와 연동되는 '재구성'의 프레임 안에 존재한다.

그러나 '교육과정 재구성'에는 생산자적 아비투스도 담겨 있다고 보아야한다. 교육과정 재구성은 교과서에 충실한 교육과정 실행에서 벗어나려는 교사들에게서 나타나는 행위이기 때문이다. 누군가 만들어 놓은 수업을 대리실행하는 것에 한계를 느끼고, 나름대로 새로운 행위를 하려는 의지를 갖고 있는 교사들에게서 나타나기 때문에 소비자적 아비투스만 반영되었다고 보기 어렵다. 주어진 내용을 그대로 가르치는 것에서 벗어나려는 교사들은 생산자적 아비투스 또한 일정 부분 갖고 있기 때문에, 다른 교사의 수입(교과서 포함)을 가져다 사용하더라도 단순한 소비자에만 머무르지 않는다.

이런 의미에서 교육과정 재구성은 다른 이들이 만들어놓은 수업(교과서 포함)을 가져다 사용하고자 하는 소비자적 아비투스와 자신만의 수업을 만들고 싶은 생산자적 아비투스가 결합해 만들어낸 하나의 중간지대로 이해할 수 있다. 효율성과 편리성을 추구하는 소비자적 아비투스와 학생들에게 적합한 수업을 만들고 싶은 생산자적 아비투스가 결합된 '소비-생산자적 아비투스'가 만들어낸 공간이 바로 교과서나 다른 교사의 수업을 가져다 재구성하는 방식의 교육과정 재구성이다. 교과서에서 완전히 벗어나지 못하더라도 자신만의 수업을 만들고 싶은 교사들이 절충점으로 찾은 중간지대가 바로 교육과정 재구성이라 일컬어지는 공간인 것이다.

중간지대로서의 교육과정 재구성은 보수적인 교사들도 받아들일 수 있을 만한 수준의 것이기에 큰 반감 없이 확산될 수 있었고, 현재도 지속적으로 확산되고 있다. 사실 교과서나 다른 교사의 수업을 가져다 재구성하는 방식의 교육과정 재구성은 현재 교사들이 선택할 수 있는 최적의 방식이기도 하다. 생산자가 되고 싶은 욕구를 충족시키면서도, 동시에 소비자로서 누릴 수 있는 이점도 함께 누릴 수 있기 때문이다. 따라서 이런 방식의 교육과정 변화나 혁신은 일반적인 교사들에게 도전해볼 만한 것으로 인식되고 있어 교사들 사이에서 널리 퍼져 있다.

4) 연구결과

이 연구는 초등교사의 교육과정 실행에 존재하는 아비투스에 비추어 교육과정 실행 행위와 현상을 해석하였다.

연구결과, 초등교사의 교육과정 실행 행위는 '교과서대로 수업', '다른 교사 수업 그대로 사용', '교과서 차시 수준의 수업 개발', '교과서 단원 수준의 재조직', '다른 교사의 수업 변용', '성취기준 내용 중심의 수업 개발', '성취기준을 도구로 사용하는 수업 개발' 일곱 가지로 나타났고, 이러한 행위들은 교육과정 실행의 원천을 어떤 방식으로 가져와서 사용하느냐에 따라 '소비형', '소비-생산형', '생산형'으로 범주화할 수 있었다.

이러한 행위에 존재하는 초등교사의 아비투스는 '소비자적 아비투스'와 '생산자적 아비투스'로 분석되었다. 소비자적 아비투스는 교사 스스로 자신을 전문가나 생산자로 인식하지 못하고 '사용자'나 '소비자'로 인식하는 아비투스이다. 반면 생산자적 아비투스는 교사 스스로 자신을 다른 사람이 만들어 놓은 수업을 대리로 실행하는 일에 안주하지 않고 직접 교육과정을 만드는 '생산자'로 인식하는 아비투스이다. 이 두 가지 아비투스에 비춰서 교육과정 실행 행위와 현상을 살펴본 결과, 교육과정 실행 행위는 '같은 행위지만 다른 아비투스'로, 교육과정 실행 현상은 '교육과정 재구성, 두 가지 아비투스의 중간지대'로 해석할 수 있었다.

이 연구결과를 바탕으로 다음과 같은 점을 논의해볼 수 있다.

첫째, 교과서대로 수업하는 교사들을 모두 교육과정 전문성이 부족한 교사로 간주하거나, 전문성의 수준을 낮게 평가하는 시각은 재고할 필요가 있다. 교과서와 같이 외부에서 제공한 자료를 사용한다고 할지라도 그 교사의 전문성을 논하려면, 그 교사가 갖고 있는 아비투스에 기초해서 해당 행위를 바라보고 전후 맥락을 살펴야 한다. 생산자적 아비투스를 갖고 있는 교사가 교과서대로 수업하는 것처럼 보이지만, 수업 중에 일어나는 다양한 상황과 맥락에 대처하는 모습은 소비자적 아비투스를 가지고 있는 교사가 대처하는 방식과 확연히 다르다. 똑같이 교과서대로 수업한다고 할지라도 소비자적 아비투스를 가진 교사는 주어진 교과서를 그대로 가르치는 것을 자신의 임무라고 생각하고 있지만, 생산자적 아비투스를 가진 교사는 학생의 배움에 가장 적확한 자료라고 판단하고 의도적으로 선택한 것이다.

따라서 교과서대로 수업을 하는 교사라고 해도 그가 소비자적 아비투스를 갖고 있는지, 생산자적 아비투스를 가지고 있는가에 따라 행위를 다르게 이해하며 접근할 필요가 있는 것이다.

둘째, 교과서나 다른 교사의 수업 재구성에 가까운 교육과정 재구성 즉, 소비-생산형 교육과정 재구성에서 벗어나 질적인 성장을 이루기 위해서는 '교육과정'이 가리키는 실체를 구분하고, 그에 따라 명확한 용어를 사용할 필요가 있다. 교사들이 교과서나 다른 교사의 수업 재구성에 가까운 교육과정 재구성을 선호하는 이유는 모험을 하고 싶지 않기 때문이다. 교사들은 전체적인 변혁보다는 점진적 개선, 간단한 조정을 원하는 존재이다(Lortie, 1975). 따라서 학교의 변화와 혁신은 교사 집단이 가진 성격이 반영된 점진적 개선, 가능한 조정과 같은 모습으로 나타난다(Cuban, 1992). 튀고 싶지 않고, 모난 돌이 되고 싶지 않은 보통의 교사들이 선택하는 안전한 방식이 바로 이러한 방식의 교육과정 재구성인 것이다. 현실적으로 개별 교사가 교과서 체제에서 벗어나 자신이 직접 가르칠 내용을 선정하고 조직하기 위해서는 가르칠 내용을 정당화하는 것과 더불어 조직 방식까지 증명해야 하는데 이는 보통 교사에게 쉽지 않은 일이다. 자신이 만든 수업에 대한 근거, 타당성, 가치 등을 증명해내야 하는 일은 상당히 어려운 일이기에(방기용, 강현석, 2014; 추광재, 2018), 교과서 재구성에 가까운 교육과정 재구성을 통해 안정성을 추구하며 불안감에서 벗어나려는 것은 자연스러운 일이다. 즉 교사들이 소비-생산자적 아비투스를 갖고 안전한 공간인 교육과정 재구성의 영역을 만드는 현상은 자연스러워 보인다.

그러나 교육과정 재구성이라는 용어를 제2차 교육과정 시기부터 사용했다는 점(김현규, 2015)을 감안하면, 비교적 오랜 시간 동안 교육과정 재구성

프레임이 지속되고 있다. 교사들이 자신의 교육과정을 개발해서 실행하는 능력이 성장하고 있음에도 소비-생산형 교육과정 재구성 프레임 안에 머무는 현상은 그리 긍정적이지만은 않다. 교과서 충실 수업에서 다소 벗어났다 할지라도 다른 사람이 만든 수업, 활동, 자료를 가져다가 컴퓨터와 복사기의 힘을 빌려 수업하는 '클릭 티처, 카피 티처'(서명석, 김외솔, 박상현, 2012: 34)의 모습, 교육과정 재구성조차도 유행하는 방식을 따라가는 '붕어빵 교육과정 재구성'(추광재, 2018: 441)과 같은 모습이 광범위하게 나타나고 있기 때문이다.

교사들이 누군가가 만들어놓은 것을 가져다 적당히 수정해서 사용하며 안정성, 편안함, 경제성만을 추구한다면 교육과정 전문성의 질적인 성장이 일어나기 어렵다. 따라서 초등교사의 교육과정 실행 분야의 발전을 위해서라도 교과서를 비롯하여 다른 교사의 수업을 가져다 재구성하는 소비-생산형 교육과정 재구성에 장시간 머무는 이유를 규명할 필요가 있다.

필자는 그 이유로 교육과정 재구성이라는 용어에 주목했다. 소비-생산형 교육과정 재구성에 장시간 정체되어 있는 이유를 용어 측면에서 살펴보면, '교육과정'이라는 용어가 가진 모호함으로 인해 혼선이 빚어지고 있는 점을 들 수 있다(서명석, 김외솔, 박상현, 2012). 교육과정 재구성에서 교육과정이 무엇인지 명확하게 규정하지 않은 채 교육과정 재구성이라는 개념을 모호하게 사용함으로써(서명석, 2011), 교육과정을 만드는 연구 단위와 이를 적용하는 집행 단위 모두 교육과정 재구성과 교과서 재구성을 구분하지 않고 있다. 이에 연구 분야와 실행 분야 모두에서 교육과정 재구성을 교과서 재구성으로 인식하는 경향이 만연해 있다(이윤미, 정광순, 2015).

우리나라는 교육과정이라는 용어를 모호하게 사용하면서 혼란이 일어나고 있는 반면, 영국이나 미국의 경우에는 교육과정이라는 용어를 교사 수준의 용어로 사용하고 있어 우리와 같은 혼란이 없는 편이다. 이들 나라에서는 학교 안에서 개발한 것이든 아니든 상관없이 교육과정이란 모두 '프로그램', '패키지화된 교실 수준의 교육과정'을 의미한다(Fullan & Pomfret, 1977; Cuban, 1992; Snyder, Bolin & Zumwalt, 1992). 영국을 비롯해 학교 및 교실 교육과정이 연방교육과정보다 먼저 발달한 나라의 경우, '교육과정'이라는 용어는 학교 안에서 교사나 학생 등 학교 교육 당사자들이 개발한 것을 지칭하며 사용되기 시작했다. 즉 연방 수준에서 학교교육과정 공통성을 확보하는 노력은 그 뒤에 나타났기 때문에 연방 수준의 교육과정은 기존의 'curriculum'과 구분해서 'standards'로 사용한다. 즉 외국의 경우 교육과정이라는 용어는 국가나 연방에서 제시하는 기준(standards)이 아니라 대체로 교사 수준에서 사용하는 자료나 문서를 가리키는 용어이다. 교육과정이라는 용어가 대체로 교과서나 국가교육과정과 동일시되면서 국가 차원의 용어로 간주되어 온 우리와는 다른 모습이다(김현규, 정광순, 2018).

벤 페레츠(Ben-Peretz, 1990)는 교육과정을 명확히 구분해야 한다고 주장한다. 벤 페레츠가 활동하는 이스라엘도 우리나라처럼 교사들에게 '국가교육과정'이 주어지고 국가교육과정에 기초하여 교실수업을 만들어야 했기 때문에, 교육과정이라는 용어를 명확히 구분하기 위해 국가 차원에서 개발하는 것을 '교육과정'으로, 그 후속 차원에서 개발하는 것을 '교육과정 자료'라는 개념으로 구분해야 한다고 제안했다. 최근 국내에서도 교육과정의 의미를 명확히 하자는 주장이 등장하고 있다. 김현규, 정광순(2018)은 교사가 교육과정 자료 개발자의 역할을 할 수 있도록 교육과정이라는 용어를 교실 수준에서 사용하는 용어로 교사에게 돌려주는 것이 필요하다고 말한다. 이들은 국가교육과정 체제로 학교교육을 시작한 우리나라에서 교육과정은 국가 수준에서 개발하는 것을 의미했기에 '교사와 학생이 창조하는 교육과정' 개념이 성장하기 힘들었다고 지적하며 국가교육과정은 '성취기준'으로 부르고, 교실 수준에서 교사가 개발한 프로그램, 교수학습 자료, 교재 등은 '교육과정'으로 부르면서 교사교육과정 개발을 촉진하자고 주장한다.

필자는 위에 언급한 두 가지 방식에 일정 정도 동의하지만, 교육과정이라는 용어가 갖는 모호함을 단시간에 해결하기 위해서는 교육과정 앞에 국가, 지역, 학교, 교사와 같은 주체를 붙여 명확하게 이름을 붙여 주는 방식이 더 적절하다고 생각한다. 국가가 만든 것은 국가교육과정, 지역에서 만든 것은 지역교육과정, 교사가 만든 것은 교사교육과정, 교사교육과정이 모여 학교의 정체성을 드러내는 교육과정은 학교교육과정이라 부르면 새로운 용어를 도입하거나 이름을 달리 부르지 않아도 각 교육과정의 실체를 명확히 할 수 있기 때문이다. 용어를 명확히 구분하는 것은 복합적이고 다층적인 교육과정 현상에 꼭 필요한 일이다. 각 차원의 교육과정이 자리하는 위치와 그 위치에서의 역할과 정체성을 이해하는 데 필요한 일이기 때문이다. 자신이 맞닥뜨린 교육과정의 실체가 무엇인지 명확하게 인지할 때 교과서 재구성에 가까운 교육과정 재구성에서 벗어나 자신만의 교사교육과정을 창조하는 일에 더 적극적으로 임할 수 있을 것이다.

2. 교육과정을 바라보는 다양한 시선들[13]

현재 교육과정이라는 용어는 교육계뿐 아니라 사회 전반에 걸쳐 일상적으로 사용되고 있다. 교육과정의 개념은 '수업'이나 '학습'과 동일하게 취급되기도 하고, '교육'이나 '삶'과 같은 의미로 취급되기도 한다. 그 결과 이제 교육과정과 관련이 없는 것은 없게 되었다(이원희, 2014). 교사, 관리자, 교육전문직, 학부모 등 여러 교육주체도 교육과정을 각자 다양한 의미로 사용하고 있다. 교육과정이란 용어가 일상생활 속에서 광범위하게 사용되고 있는 만큼 그 안에는 다양한 관점과 의미가 존재할 수밖에 없다. 따라서 어떤 관점을 갖고 이 용어를 사용하느냐에 따라 그 의미가 매우 다양하게 나타난다.

교육과정의 의미가 다양하여 교육과정을 정의 내리기 어려운 건 교육과정을 연구하는 학자들도 마찬가지이다. 교육과정에 대한 정의가 이를 연구하고 있는 학자의 수만큼이나 다양해서 그 실체를 파악하기 어려울 정도이다. 교육과정을 '학교에서 수업시간에 가르치는 교과 내용'만으로 좁게 정의하기도 하고, '학교 안팎에서 학생들이 경험하는 모든 것'으로 넓게 정의하기도 한다. 또한 '계획'을 중심으로 정의하는가 하면, '결과'를 중심으로 정의하기도

---

13) 이 글은 다음의 글을 재구성한 것임: 1)이윤미(2020). 교육과정 개념 사용 양상 및 유형 탐색. 초등교육연구, 33(4), 1-29. 2)박승배, 이윤미(2020). 교육과정 유형분류 및 척도개발 연구. 전라북도교육청 2020-370.

226

한다(김진규, 2002). 이에 교육과정은 명확히 규정하려고 할수록 난관에 부딪히게 되는 용어라고 말하는 학자도 있다(김승호, 2016). 또한 용어에 대한 정의는 정의를 내리는 사람의 신념에 따라 다양한 뜻 중에서 하나를 선택한 것이기 때문에 교육과정에 대해 단일한 정의를 내리는 일은 생산적이지 못하고(Zais, 1976), 용어에 대한 단일한 정의를 채택하는 것은 용어가 지닌 풍부한 의미를 살필 기회를 잃어버릴 수 있다(김대현, 2011)는 의견도 있다.

그러나 교육과정을 직접적으로 다루는 교원들은 교육과정 개념을 보다 명확하게 사용할 필요가 있다. 교원들마저 각자 다른 의미로 사용한다면 교육과정 실행 분야에 혼란이 일어날 수 있기 때문이다. 사실 우리나라는 서구 교육의 제도를 받아들이는 과정에서 교육과정에 대해 깊이 있게 연구하지 못한 채 받아들인 측면이 있기 때문에, 교육과정의 개념이 우리의 현실에 적절하지 않은 부분이 있다. 예를 들어 현재 학교 현장에서 가장 널리 통용되고 있는 '교육과정 재구성'의 경우, 그것이 무엇을 의미하는지 의견이 분분하고(서명석, 2011), 학교 현장의 주체들도 이 개념을 서로 다르게 사용하고 있어 의사소통 과정에서 혼란이 일어나고 있다. 이렇듯 모호한 용어 사용은 교육과정 실행 양상을 왜곡하거나, 연구가 축적되어도 실제는 개선되지 않는 이론과 실제의 분리 및 붕괴로 이어질 수 있다(이윤미, 조상연, 정광순, 2015). 엄밀하지 못한 용어의 사용은 해당 용어의 사용과 해석상의 문제로만 끝나는 것이 아니라 그 분야의 실천 및 연구의 발전을 저해할 수 있기 때문이다. 따라서 교육과정이 우리의 교육 현실에 적합한 개념이 될 수 있도록 그 의미를 명확히 하여 혼란이 일어나지 않도록 해야 한다.

이에 이 연구는 교원이 통상적으로 사용하고 있는 교육과정 개념의 실체를 밝히려는 목적에서 교원이 사용하고 있는 교육과정 개념의 사용 양상과 유형을 탐색하였다. 이를 위해 교원의 교육과정 개념 사용의 양상과 유형을 파악할 수 있는 설문을 개발하여, 전북지역에 근무하는 408명의 교원을 대상으로 2020년 5월부터 7월까지 설문조사를 실시하였다. 설문조사 결과를 분석하여 교원의 교육과정 개념 사용 양상과 유형을 도출한 후 이를 바탕으로 시사점을 제언하였다.

1) 연구 방법

이 연구에서는 교원의 교육과정 개념 사용 양상과 유형을 파악하기 위해 문헌 연구, 현장교사 의견 분석, 현장교사 검토, 교육과정 전문가 검토 등의 절차를 거쳐 설문조사 문항을 개발하였다.

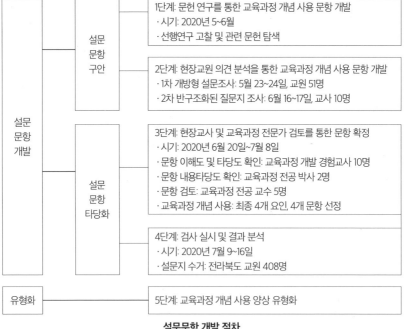

설문문항 개발 절차

교육과정 개념 사용 양상을 파악하기 위한 설문문항을 개발하기 위해 국내외에서 발행된 관련 문헌을 고찰하여 교육과정 개념을 이루는 구성요인을 탐색하였다. 그 결과는 다음과 같다.

교육과정 개념을 이루는 구성요인

저자	여러 층위의 교육과정	구성요인
김호권, 이돈희, 이홍우 (1982)	①공약된 목표로서의 교육과정: 국가, 지역, 학교 수준의 의도된 교육과정 ②수업 속에 반영된 교육과정: 실제로 가르치는 전개된 교육과정 ③학습 성과로서의 교육과정: 수업을 통하여 실현된 교육과정	범위 (공식적, 전개된, 실현된) 시간 (계획, 실천, 결과)
김종서 외 (1997)	①국가 및 사회적 수준 교육과정: 국가 및 사회가 학생들에게 어떤 목적을 위하여 무엇을 가르칠 것인지에 대한 일련의 의사결정을 해놓은 문서 ②교사 수준 교육과정: 교사가 결정자가 되어 어떤 목적을 위하여 무엇을 가르치려고 하는지 또는 가르치고 있는지를 의미하는 교육과정 ③학생 수준 교육과정: 학생들이 학교생활을 하는 동안에 가지는 경험의 총체	개발 주체 (국가, 교사, 학생)
김진규 (2002)	①국가 수준 교육과정: 교육에 대한 국가의 의도를 담아 교육부장관이 문서로 결정, 고시한 전국 공통의 일반적 기준이 되는 교육과정 ②지역 수준 교육과정: 국가 수준의 교육과정을 시·도 단위 혹은 시·군·구 단위에서 지역의 특성과 실정, 필요, 요구 등을 반영하여 지침의 형태로 구체화한 것 ③학교 수준 교육과정: 국가수준이나 지역수준 교육과정에 근거하여 지역의 특성과 학교의 실정, 학생의 실태에 알맞게 편성한 단위학교의 구체적인 교육과정	개발 주체 (국가, 지역, 학교)
김대현 (2011)	①공식적 교육과정 ②영 교육과정 ③실제적 교육과정 ④잠재적 교육과정	범위 (공식적, 영, 실제적, 잠재적)
Marsh & Willis(2003)	①계획된 교육과정 ②실행된 교육과정 ③경험된 교육과정	시간 (계획, 실천, 결과)
Glatthorn (1987)	①공식적 교육과정: 국가, 지역, 학교 수준의 교육과정 지침이나 교육계획 ②실제적 교육과정: 가르친(taught) 교육과정, 학습된(learned) 교육과정, 평가된(tested) 교육과정	범위 (공식적, 실제적, 가르친, 학습된, 평가된)
Eisner (1994)	①표면적(manifest) 교육과정: 공식적(official), 형식적(formal), 외현적(overt) 교육과정. 학교가 본래 가르치려고 계획하고 의도한 교육과정 ②잠재적 교육과정: 학교가 계획하지 않았음에도 불구하고 학생들이 배우게 되는 교육과정 ③영(null) 교육과정: 학교가 가르치지 않지만 관심을 가져야 하는 교육과정	범위 (공식적, 잠재적, 영)

문헌연구 결과, 교육과정 개념 사용을 구성하는 요인으로 개발 주체, 시간, 범위가 도출되었다. 개발 주체 측면에서 국가, 지역, 학교, 시간 측면에서 의도, 전개, 실현, 범위 측면에서 공식적, 실제적, 잠재적, 영 교육과정이 도출되었다. 문헌 연구를 통해 교육과정 개념 사용 양상 파악을 위한 구성요인을 탐색한 후, 구성요인에 관한 현장 교사들의 실제적인 의견을 수렴하기 위해 자신이 사용하는 교육과정 개념에 관한 개방형 설문, 개방형 설문으로 얻어진 결과에 기초한 반구조화된 질문지 방식으로 정보를 수집하였다. 1차 개방형 설문은 2020년 5월 23~24일에 걸쳐 실시하였고, 총 51명의 전라북도 초·중·고 교원들이 참여하였다. 1차 개방형 설문결과를 토대로 구성된 문항을 정교화하기 위해 반구조화된 질문지를 작성하였다. 2차 질문지를 통한 의견 수렴은 6월 16~17일, 전라북도 초등교사 10명을 대상으로 실시하였다.

1, 2차 조사를 통해 취합된 결과를 분석하여 교원들의 교육과정 개념 사용을 이루는 구성요인을 추출하였다. 현장 교원의 의견 분석을 통해 주체, 내용, 시기, 틀, 시간, 문서, 범위를 도출하였다.

현장교사의 의견을 통해 도출한 교육과정 개념 구성요인

구분	교육과정 개념	구성요인
1차 개방형 설문조사	①주체: 국가, 지역, 학교, 교사 ②내용: 교과지식(학문, 성취기준), 교과+행사, 교과+행사+경험 ③시기: 계획(전), 실행(중), 구현(후) ④틀: 교과의 배열표, 진도표, 시수표	주체 내용 시기 틀(문서)
2차 반구조된 질문지 조사	국가, 지역, 학교, 학년, 학급, 교사, 학생 계획, 과정, 결과 학교교육과정 안내 책자의 편제·시간 배당, 교과별 교과서 진도표, 교과별 성취기준, 교사가 만든 교사교육과정 지도 공식적 교육과정, 실행한 교육과정, 잠재적 교육과정, 영 교육과정	주체 시간 문서 범위

문헌과 현장 교원의 의견을 분석·종합하여 교육과정 개념 사용 양상을 파악할 수 있는 구성요인으로 개발 주체, 시간, 문서, 범위 네 가지를 선정하였다. 설문 문항은 요인 당 한 개씩 구안하여 총 4개의 문항으로 구성하였다. 개발된 설문지는 2020년 6월 20일부터 7월 8일까지 3회에 걸쳐 타당도 및 이해도를 검증하였다. 1차 검토는 교사 10명에게 검증받은 후 모호한 문장을 정련하여 수정·보완하였다. 2차 검토는 교육과정 박사학위를 소지한 교사 2명에게 내용 타당도 검증을 받아 정련하였다. 3차 검토는 교육과정 전공 교수 5명의 자문을 받아 수정·보완하였다. 그 결과 최종적으로 개발 주체, 시간, 문서, 범위 4개 요인, 4개 문항이 선정되었다.

최종 개발한 설문 문항은 다음과 같다.

최종 개발한 교육과정 개념 사용 설문문항

번호	설문문항
1	개발 주체 측면(Subject dimension) ①국가(nation) ②지역(local) ③학교(school) ④학년(grade) ⑤학급(class)
2	시간 측면(Time dimension) ①설계(design, 실행 전) ②실천(practice, 실행 중) ③결과(result, 실행 후)
3	문서 측면(Document dimension) ①학교교육과정 편제·시간배당 책자(booklet) ②교과별 교과서 진도표(textbook teaching schedule) ③교과별 성취기준(standards) ④교사가 만든 커리큘럼 맵(map of curriculum)
4	범위 측면(Range dimension) ①공식적 교육과정(official curriculum) ②공식적 교육과정+실행한 교육과정(taught curriculum) ③공식적 교육과정+실행한 교육과정+학습한 교육과정(learned curriculum) ④공식적 교육과정+실행한 교육과정+학습한 교육과정+잠재적 교육과정(hidden curriculum) ⑤공식적 교육과정+실행한 교육과정+학습한 교육과정+잠재적 교육과정+영 교육과정(null curriculum)

설문조사는 연구자가 근무하는 전라북도의 교원을 대상으로 실시하였다. 설문조사 대상자의 표집은 비확률적 표집 방법인 편의 표집법

(convenience sampling)을 사용하였고, 교원에게 URL 주소를 보내 응답하도록 하는 온라인 설문 방식으로 2020년 7월 9일에서 7월 16일까지 8일 동안 진행하였다. 설문결과, 408개의 설문지가 회수되었으며 이를 취합하여 분석하였다.

설문조사 대상의 배경변인별 분포는 다음과 같다.

응답자 특성

구분		빈도(명)	비율(%)
학교급	초등학교	264	64.7
	중학교	47	11.5
	고등학교	97	23.8
근무지	일반학교	265	65.0
	혁신학교	143	35.0
직급	교사	302	74.0
	교장 및 교감	56	13.7
	교육전문직	50	12.3
경력	5년 이하	34	8.3
	6~10년 미만	44	10.8
	10~20년 미만	141	34.6
	20년 이상	189	46.3
	계	408	100.0

설문결과는 배경변인-학교급, 근무지, 직급, 경력-에 따라, 개발 주체, 시간, 문서, 범위 요인에서 어떤 차이를 보이는지 알아보기 위해 교차분석을 실시하였다.

2) 연구 결과

① 배경변인에 따른 분석결과

교육과정 개념 사용 양상을 알아보기 위해 학교급, 근무지, 직급, 경력 등

의 배경변인에 따라 개발 주체, 시간, 문서, 범위 네 가지 요인에서 보이는
차이를 분석하였다.

가. '개발 주체'에 따른 차이 분석

개발 주체 측면에서 교원들은 '교사'를 교육과정의 주요한 개발 주체로
생각하는 것으로 나타났다. 특히 학교급과 근무지에 따라 인식의 차이가
두드러졌다. '개발 주체' 측면에서 배경변인에 따른 차이를 분석한 결과는
다음과 같다.

'개발 주체' 측면에서 배경변인에 따른 차이

배경변인	개발 주체	국가	지역	교사		
				학교	학년	학급
학교급	초등학교	28.0%	4.5%	67.5%		
				22.0%	16.7%	28.8%
	중학교	61.7%	2.1%	36.1%		
				23.4%	10.6%	2.1%
	고등학교	48.5%	4.1%	47.4.%		
				29.9%	14.4%	3.1%
근무지	일반학교	38.9%	4.9%	56.2%		
				23.8%	14.3%	18.1%
	혁신학교	32.9%	2.8%	64.4%		
				24.5%	17.5%	22.4%
직급	교사	38.1%	2.6%	59.2%		
				20.5%	18.2%	20.5%
	교장 및 교감	39.3%	7.1%	53.6%		
				28.6%	7.1%	17.9%
	교육전문직	26.0%	10.0%	64%		
				40.0%	8.0%	16.0%
경력	5년 이하	29.4%	2.9%	67.6%		
				23.5%	29.4%	14.7%
	6~10년 미만	36.4%	4.5%	59.1%		
				13.6%	27.3%	18.2%
	10~20년 미만	37.6%	2.8%	59.6%		
				22.7%	13.5%	23.4%
	20년 이상	37.6%	5.3%	57.1%		
				27.5%	11.6%	18.0%

학교급에 따른 차이를 살펴보면, 초등학교 교원은 '교사(학급)', 중·고등학교 교사는 '국가'를 교육과정 개발의 주체로 생각하고 있다. '국가'를 교육과정 개발의 주요한 주체로 생각하는 비율은 중학교, 고등학교, 초등학교 교원 순으로 나타났다. 이에 반해 '교사'를 교육과정 개발의 주요한 주체로 생각하는 비율은 초등학교, 고등학교, 중학교 교원 순으로 나타났다. 이를 통해 초등학교 교원은 교사교육과정을 중요하게 생각하는 교사의 비율이 높고, 중·고등학교 교원은 국가교육과정을 중요하게 생각하는 비율이 높다는 것을 알 수 있다.

교육과정 개발의 주요한 주체로 '교사'를 선택한 경우를 세부적으로 살펴보면, 초등학교 교원은 '학급', 중·고등학교 교원은 '학교'를 선택한 비율이 높았다. 이를 통해 초등학교 교원은 학급교육과정을 중요하게 인식하고 있는 반면, 중·고등학교 교원은 학교교육과정을 중요하게 인식한다는 것을 알 수 있다. 지역교육과정을 교육과정으로 인식하는 교원의 비율은 모든 학교급에서 현저히 낮게 나타났다. 이를 통해 교원들에게 지역교육과정의 존재감이 매우 낮다는 것을 알 수 있다.

근무지에 따른 차이를 살펴보면, '국가'를 교육과정 개발의 주요 주체로 생각하는 비율은 일반학교 교원이 혁신학교 교원에 비해 더 높게 나타났다. '교사'를 교육과정 개발의 주요 주체로 인식하는 비율은 혁신학교 교원이 일반학교 교원에 비해 높게 나타났다. 이를 통해 일반학교 교원은 국가교육과정을 더 강하게 의식하고 있고, 혁신학교 교원은 교사교육과정 개발을 중요하게 생각하고 있음을 알 수 있다. 또한 혁신학교 교원은 일반학교 교원에 비해 '학급'을 교육과정 개발의 주요한 주체로 보는 비율이 높게 나타났다.

직급에 따른 차이를 살펴보면, '국가'를 교육과정 개발의 주체로 생각하는 비율은 교장 및 교감에게서 가장 높게 나타났다. '교사'를 교육과정 개발의 주체로 생각하는 비율은 교육전문직, 교사, 교장과 교감 순으로 나타났다. 교장과 교감, 교육전문직은 '지역'을 교육과정의 주체로 생각하는 비율이 교사에 비해 높게 나타났다.

경력에 따른 차이를 살펴보면, 경력이 높아질수록 '국가'를 교육과정 개발의 주요 주체로 생각하는 것으로 나타났다. 5년 이하의 경우 '교사'를 주요한 주체로 보는 비율이 가장 높게 나타났다.

나. '시간'에 따른 차이 분석

시간 측면에서 교원들은 '실천'을 가장 중요하게 생각하고 있는 것으로 나타났다. 그 다음으로는 '설계', '결과' 순으로 나타났다. 시간 측면에서 배경변인에 따른 차이를 분석한 결과는 다음과 같다.

'시간' 측면에서 배경변인에 따른 차이

배경변인	시간	설계	실천	결과
학교급	초등학교	42.0%	51.9%	6.1%
	중학교	36.2%	59.6%	4.3%
	고등학교	47.4%	47.4%	5.2%
근무지	일반학교	44.2%	50.2%	5.7%
	혁신학교	39.9%	54.5%	5.6%
직급	교사	43.0%	51.3%	5.6%
	교장 및 교감	35.7%	53.6%	10.7%
	교육전문직	48.0%	52.0%	0.0%
경력 경력	5년 이하	47.1%	47.1%	5.9%
	6~10년 미만	52.3%	40.9%	6.8%
	10~20년 미만	41.1%	55.3%	3.5%
	20년 이상	40.7%	52.4%	6.9%

학교급에 따른 차이를 살펴보면, 초·중학교 교원은 '실천', 고등학교 교원은 '설계'와 '실천'을 교육과정으로 인식하는 비율이 높게 나타났다. 중학교 교원의 경우, '설계'를 교육과정으로 인식하는 비율이 초등학교와 고등학교 교원에 비해 비교적 낮게 나타났다. '결과'를 교육과정으로 인식하는 비율은 모든 학교급에서 약 6퍼센트 이하로 매우 낮게 나타났다.

근무지에 따른 차이를 살펴보면, 일반학교와 혁신학교 교원 모두 '실천'을 교육과정으로 인식하고 있으나, 비율 면에서 혁신학교 교원이 4퍼센트 정도 높게 나타났다. '설계'를 교육과정으로 인식하는 비율은 일반학교 교원이 혁신학교 교원에 비해 4퍼센트 가량 높게 나타났다. 이를 통해 일반학교 교원이 혁신학교 교원에 비해 '설계'를 좀 더 중요하게 생각하고 있음을 알 수 있다.

직급에 따른 차이를 살펴보면, 교사, 교장과 교감, 교육전문직 모두 '실천'을 교육과정으로 인식하고 있다. '설계'를 교육과정으로 인식하는 비율은 교육전문직이 48퍼센트로 가장 높게 나타났다. '결과'를 교육과정으로 인식하는 비율은 교장 및 교감이 다른 직급에 비해 높게 나타났다.

경력에 따른 차이를 살펴보면, 5년 이하의 경력을 가진 교원은 '설계'와 '실천', 6~10년 미만은 '설계', 10년 이상은 '실천'을 교육과정으로 인식하는 것으로 나타났다. 6~10년 미만은 교육과정을 '설계'로 보는 비율이 상대적으로 높은 반면, 경력이 10년 이상인 교원은 '실천'을 선택한 비율이 높게 나타났다. '결과'를 교육과정으로 인식하는 비율은 10~20년 미만, 20년 이상인 교원에게서 상대적으로 높게 나타났다.

다. '문서'에 따른 차이 분석

문서 측면에서 교원들은 '학교교육과정 편제·시간배당 책자'를 교육과정으로 간주하는 비율이 가장 높게 나타났다. 그 다음으로는 '교사가 만든 커리큘럼 맵', '교과별 성취기준', '교과별 교과서 진도표' 순으로 나타났다. 문서 차원에서는 학교급과 근무지에 따라 인식의 차이가 두드러졌다. '문서' 측면에서 배경변인에 따른 차이를 분석한 결과는 다음과 같다.

'문서' 측면에서 배경변인에 따른 차이

배경변인	문서	학교교육과정 편제·시간배당 책자	교과별 교과서 진도표	교과별 성취기준	교사가 만든 커리큘럼 맵
학교급	초등학교	22.0%	11.4%	29.5%	37.1%
	중학교	40.4%	8.5%	31.9%	19.1%
	고등학교	51.5%	11.3%	23.7%	13.4%
근무지	일반학교	35.5%	11.3%	30.6%	22.6%
	혁신학교	23.1%	10.5%	24.5%	42.0%
직급	교사	29.1%	13.2%	28.1%	29.5%
	교장 및 교감	39.3%	3.6%	25.0%	32.1%
	교육전문직	34.0%	6.0%	34.0%	26.0%
경력	5년 이하	17.6%	8.8%	29.4%	44.1%
	6~10년 미만	15.9%	11.4%	36.4%	36.4%
	10~20년 미만	30.5%	12.8%	29.1%	27.7%
	20년 이상	37.6%	10.1%	25.9%	26.5%

학교급에 따른 차이를 살펴보면, 초등학교 교원은 '교사가 만든 커리큘럼 맵'과 '교과별 성취기준'을 교육과정으로 인식하는 반면, 중·고등학교 교원은 '학교교육과정 편제·시간배당 책자'를 교육과정으로 인식하고 있다. 초등학교 교원은 '교사가 만든 커리큘럼 맵'을 선택한 비율이 가장 많았고, 학교급이 높아질수록 그 비율이 낮아졌다. 중학교와 고등학교 교원은 '학교교육과정 편제·시간배당 책자'를 가장 많이 선택했다. '교과별 성취기준'을 선택한 교원은 중학교, 초등학교, 고등학교 교원 순으로 나타났다.

근무지에 따른 차이를 살펴보면, 일반학교 교원은 '학교교육과정 편제·

시간배당 책자', 혁신학교 교원은 '교사가 만든 커리큘럼 맵'을 교육과정으로 인식하는 비율이 가장 높게 나타났다. '성취기준'을 교육과정으로 인식하는 교원은 일반학교 교원이 혁신학교 교원보다 더 높은 비율을 보였다.

직급에 따른 차이를 살펴보면, 교사는 '교사가 만든 커리큘럼 맵', '학교교육과정 편제·시간배당 책자', 교장과 교감은 '학교교육과정 편제·시간배당 책자', '교사가 만든 커리큘럼 맵', 교육전문직은 '학교교육과정 편제·시간배당 책자', '교과별 성취기준'을 교육과정으로 인식하고 있다. 교사는 '학교교육과정 편제·시간배당 책자', '교사가 만든 커리큘럼 맵'을 선택한 비율이 비슷한 비율로 높게 나타났으나, 교장과 교감의 경우 '학교교육과정 편제·시간배당 책자'를, 교육전문직의 경우 '학교교육과정 편제·시간배당 책자', '교과별 성취기준'을 선택한 비율이 비슷한 비율로 높게 나타났다. 교육전문직은 다른 직급에 비해 '교과별 성취기준'을 많이 선택했고, 교사는 교장과 교감, 교육전문직에 비해 '교과별 교과서 진도표'를 선택한 비율이 높았다.

경력에 따른 차이를 살펴보면, 5년 이하는 '교사가 만든 커리큘럼 맵', 6~10년 미만은 '교과별 성취기준', '교사가 만든 커리큘럼 맵', 10년 이상은 '학교교육과정 편제·시간배당 책자'를 교육과정으로 인식하고 있다. 반면 경력이 낮은 교원들은 시수와 시간배당에서 비교적 자유로운 것으로 나타났다. '교과별 성취기준'은 6~10년 미만의 교원들이 가장 많이 선택했다. 이를 통해 경력이 낮을수록 교사교육과정 개발을 중요하게 생각하고 있고, 6~10년 미만의 교원들이 성취기준을 가장 중요하게 생각하고 있음을 알 수 있다.

라. '범위'에 따른 차이 분석

범위 측면에서 교원들은 주로 '공식적 교육과정+실행한 교육과정+학습한 교육과정+잠재적 교육과정'을 교육과정의 범위에 포함시키는 것으로 나타났다. 학교급에 따라 범위 요인을 인식하는 차이가 유의미하게 나타났다. '범위' 측면에서 배경변인에 따른 차이를 분석한 결과는 다음과 같다.

'범위' 측면에서 배경변인에 따른 차이

배경변인	범위	공식적 교육과정	공식적+ 실행한 교육과정	공식적+ 실행한+학습한 교육과정	공식적+실행한 +학습한+ 잠재적 교육과정	공식적+실행한+ 학습한+잠재적+ 영 교육과정
학교급	초등학교	7.2%	12.5%	16.7%	31.4%	32.2%
	중학교	6.4%	12.8%	31.9%	25.5%	23.4%
	고등학교	13.4%	12.4%	29.9%	23.7%	20.6%
근무지	일반학교	9.4%	14.3%	21.9%	28.3%	26.0%
	혁신학교	7.0%	9.1%	21.0%	30.1%	32.9%
직급	교사	8.9%	9.9%	23.2%	31.1%	26.8%
	교장 및 교감	8.9%	16.1%	14.3%	30.4%	30.4%
	교육전문직	6.0%	24.0%	20.0%	14.0%	36.0%
경력	5년 이하	11.8%	2.9%	32.4%	32.4%	20.6%
	6~10년 미만	13.6%	6.8%	22.7%	31.8%	25.0%
	10~20년 미만	7.1%	11.3%	21.3%	27.7%	32.6%
	20년 이상	7.9%	16.4%	19.6%	28.6%	27.5%

학교급에 따른 차이를 살펴보면, 초등학교 교원은 '공식적 교육과정+실행한 교육과정+학습한 교육과정+잠재적 교육과정+영 교육과정', 중·고등학교 교원은 '공식적 교육과정+실행한 교육과정+학습한 교육과정'을 교육과정으로 인식하고 있다. 이는 초등학교 교원들이 중·고등학교 교원들에 비해 잠재적 교육과정과 영 교육과정을 더 많이 의식하고 있음을 보여준다. 좀 더 세부적으로 살펴보면, 초등학교 교원은 영 교육과정까지 포함하는 비율이 32.2퍼센트로 가장 높게 나타났고, 잠재적 교육과정까지 포함하

는 교원의 비율이 31.4퍼센트로 근접한 차이를 보였다. 중·고등학교 교원은 모두 학습한 교육과정까지 포함하는 비율이 가장 높게 나타났다. 중·고등학교 교원은 초등학교 교원에 비해 잠재적 교육과정과 영 교육과정을 포함하는 비율이 약 9~12퍼센트 낮게 나타났다. 이를 통해 초등학교 교원들이 잠재적 교육과정, 영 교육과정을 강하게 의식하고 있음을 알 수 있다.

근무지에 따른 차이를 살펴보면, 일반학교 교원은 '공식적 교육과정+실행한 교육과정+학습한 교육과정+잠재적 교육과정', 혁신학교 교사는 '공식적 교육과정+실행한 교육과정+학습한 교육과정+잠재적 교육과정+영 교육과정'을 교육과정으로 인식하고 있다. 이는 혁신학교 교원들이 일반학교 교원들에 비하여 영 교육과정에 더 많은 관심을 갖고 있음을 보여준다. 이를 통해 혁신학교 교원이 좀 더 교육과정의 범위를 넓게 인식하며 교육과정을 실행할 가능성이 높다는 것을 알 수 있다.

직급에 따른 차이를 살펴보면, 교사는 '공식적 교육과정+실행한 교육과정+학습한 교육과정+잠재적 교육과정', 교장 및 교감은 '공식적 교육과정+실행한 교육과정+학습한 교육과정+잠재적 교육과정', '공식적 교육과정+실행한 교육과정+학습한 교육과정+잠재적 교육과정+영 교육과정', 교육전문직은 '공식적 교육과정+실행한 교육과정+학습한 교육과정+잠재적 교육과정+영 교육과정'을 교육과정으로 인식하고 있다. 이는 교장 및 교감, 교육전문직이 교사들에 비해 영 교육과정을 더 많이 의식하고 있음을 보여준다. 좀 더 세부적으로 살펴보면, 영 교육과정까지 포함하는 교원의 비율은 교육전문직, 교장과 교감, 교사 순으로 교육전문직에서 가장 높게 나타났다. 잠재적 교육과정까지 교육과정으로 인식하는 교원의 비율에서 교사와 교장 및 교감은 비슷한 비율을 보였는데, 교육전문직은 비교적 큰 차이로 낮게 나타났다. 교육전문직은 영 교육과정을 의식하는 비율이 매우 높게 나타났다. 즉, 교육전문직은 영 교육과정을 강하게 의식하고 있다. 이를 통해 교육과정을 직접적으로 실행하는 교사가 영 교육과정에 대한 관심이 적다는 것을 알 수 있다.

경력에 따른 차이를 살펴보면, 5년 이하는 '공식적 교육과정+실행한 교육과정+학습한 교육과정', '공식적 교육과정+실행한 교육과정+학습한 교육과정+잠재적 교육과정', 6년 이상은 '공식적 교육과정+실행한 교육과정+학습한 교육과정+잠재적 교육과정'을 교육과정으로 인식하고 있다. 또한 교육경력이 높아질수록 잠재적 교육과정과 영 교육과정을 더 크게 의식하고 있다. 즉, 교육경력이 낮은 교원의 경우 잠재적 교육과정과 영 교육과정을 의식하는 비율이 낮게 나타났다. 좀 더 세부적으로 살펴보면, 공식적 교육과정을 중요하게 생각하는 교원의 비율은 10년 미만이 10년 이상보다 높게 나타났다. 그리고 학습한 교육과정까지 교육과정으로 인식하는 교원의 비율과 잠재적 교육과정 교육과정으로 인식하는 교원의 비율은 경력이 높아질수록 점점 낮게 나타났다. 영 교육과정까지 교육과정으로 인식하는 교원의 비율은 경력이 높을수록 점점 높아지는 경향을 보였다.

② 교원의 교육과정 개념 사용 유형

가. 유형화 방식

교원의 교육과정 개념 사용 양상을 유형화하기 위해 구성요인과 개념에 코드를 부여하였다.

교육과정 개념 사용 양상을 코드화하는 방식은 다음과 같다.

개념 구성요인	개념	유형 코드
개발 주체	국가	[주국]형
	지역	[주지]형
	교사 - 학교, 학년, 학급	[주교]형 [주교학]형, [주교년]형, [주교급]형
시간	설계	[시설]형
	실천	[시실]형
	결과	[시결]형
문서	학교교육과정 편제·시간배당 책자	[문책]형
	교과별 교과서 진도표	[문진]형
	교과별 성취기준	[문성]형
	교사가 만든 커리큘럼 맵(map)	[문맵]형
범위	공식적 교육과정	[범공]형
	공식적+실행한 교육과정	[범공실]형
	공식적+실행한+학습한 교육과정	[범공실학]형
	공식적+실행한+학습한+잠재적 교육과정	[범공실학잠]형
	공식적+실행한+학습한+잠재적+영 교육과정	[범공실학잠영]형

나. 구성요인별 유형

ㄱ. 개발 주체 측면의 교육과정 개념 사용 유형

개발 주체 측면에서 유형은 '국가'를 중요하게 생각하는 [주국]형, '지역'을 중요하게 생각하는 [주지]형, '교사'를 중요하게 생각하는 [주교]형으로 분류하였다.

첫째, [주국]형의 경우, 중학교 교원, 일반학교 교원, 교장 및 교감, 10년 이상의 경력을 가진 교원에게서 상대적으로 높은 비율이 나타났다. 특히 초등학교 교원의 경우 다른 학교급에 비해 [주국]형의 비율이 비교적 낮게 나타났다.

둘째, [주지]형의 경우, 초등학교 교원, 일반학교 교원, 교육전문직, 20년 이상의 교원에게서 상대적으로 높은 비율이 나타났다. [주지]형의 경우 교사는 5퍼센트를 넘는 수치를 찾기 어려울 정도로 매우 낮게 나타났으나, 교장 및 교감, 교육전문직은 7~10퍼센트 정도로 교사보다 비교적 높게 나타났다.

셋째, [주교]형의 경우, 초등학교 교원, 혁신학교 교원, 교육전문직, 5년 이하의 경력을 가진 교원들에게서 상대적으로 높은 비율이 나타났다. [주교]형을 좀 더 세부적으로 살펴본 결과 학교급에서 [주교학]형은 고등학교 교원에게서, [주교년]형과 [주교급]형은 초등학교 교원에게서 제일 높게 나타났다. 근무지에서는 [주교학]형, [주교년]형, [주교급]형 모두 혁신학교 교원에게서 높게 나타났고, 직급에서는 [주교학]형은 교육전문직, [주교년]형과 [주교급]형은 초등학교 교원에게서 높게 나타났다. 경력에서는 [주교학]형은 20년 이상의 경력을 가진 교원, [주교년]형은 5년 이하의 경력을 가진 교원, [주교급]형은 10년에서 20년 미만의 경력을 가진 교원에게서 가장 높게 나타났다.

ㄴ. 시간 측면의 교육과정 개념 사용 유형

시간 측면에서 유형은 '설계'를 중요하게 생각하는 [시설]형, '실천'을 중요하게 생각하는 [시실]형, '결과'를 중요하게 생각하는 [시결]형으로 분류하였다.

첫째, [시설]형의 경우, 고등학교 교원, 일반학교 교원, 교육전문직, 경력이 6~10년 미만의 교원에게서 상대적으로 높은 비율이 나타났다. [시설]형은 교육전문직에게서 가장 높게 나타났고, 교장 및 교감에게서 가장 낮게 나타났는데, 그 차이가 13퍼센트 정도로 비교적 컸다. 그리고 10년을 기준으로 경력이 낮을수록 [시설]형이 많이 나타났다.

둘째, [시실]형의 경우, 배경변인별로 큰 차이가 없었으나, 중학교 교원, 혁신학교 교원, 교장 및 교감, 10~20년 미만의 교원에게서 상대적으로 높은 비율이 나타났다. [시실]형은 가장 많은 교원들이 선택한 유형으로 대표적 유형이라 할 수 있다.

셋째, [시결]형의 경우, 초등학교 교원, 교장 및 교감에게서 상대적으로 높게 나타났으나, 대체적으로 모든 배경변인에서 낮은 비율을 보였다.

ㄷ. 문서 측면의 교육과정 개념 사용 유형

문서 측면에서 유형은 '학교교육과정 편제·시간배당 책자'를 중요하게 생각하는 [문책]형, '교과별 교과서 진도표'를 중요하게 생각하는 [문진]형, '교과별 성취기준'을 중요하게 생각하는 [문성]형, '교사가 만든 커리큘럼 맵'을 중요하게 생각하는 [문맵]형으로 분류하였다.

첫째, [문책]형의 경우, 고등학교 교원, 일반학교 교원, 교장 및 교감, 20년 이상의 경력을 가진 교원의 비율이 상대적으로 높게 나타났다. [문책]형은 학교급이 높을수록, 직급이 올라갈수록, 경력이 많아질수록 점점 비율이 높아지는 특징을 보였다. 학교급의 경우, 초등학교 교원과 고등학교 교원이, 10년 미만의 경력을 가진 교원과 10년 초과의 경력을 가진 교원 간의 인식 차가 크다는 것을 보여주었다.

둘째, [문진]형의 경우, 학교급, 근무지, 경력에서는 거의 차이가 나타나지 않았으나, 직급에서는 교사에게서 상대적으로 높은 비율이 나타났다.

셋째, [문성]형의 경우, 학교급에서는 중학교 교원, 초등학교 교원, 고등학교 교원 순으로 나타났다. 근무지에서는 일반학교 교원들에게서 더 많이 나타났고, 직급에서는 교육전문직이 다른 직급에 비해 높은 비율이 나타났다. 경력에서는 6년에서 10년 미만의 경력을 가진 교원이 가장 높은 비율을 보였다. 이를 통해 중학교 교원, 일반학교 교원, 교육전문직이 성취기준을 중요하게 생각하고 있음을 알 수 있다.

넷째, [문맵]형의 경우, 학교급에서는 초등학교, 중학교, 고등학교 교원 순으로 나타났는데, 초등학교 교원과 고등학교 교원의 차이가 24퍼센트로 매우 큰 차이를 보였다. 근무지에서는 혁신학교 교원이 일반학교 교원보다 20퍼센트나 높게 나타났다. 직급에서는 교장 및 교감, 교사, 교육전문직 순으로 나타났다. 경력에서는 5년 이하의 경력을 가진 교원이 20년 이상의 경력을 가진 교원에 비해 약 18퍼센트가 높게 나타났다. 이를 통해 초등학교 교원, 혁신학교 교원, 경력이 낮은 교원들이 교사교육과정을 중요하게 생각하고 있음을 알 수 있다.

ㄹ. 범위 측면의 교육과정 개념 사용 유형

범위 측면에서 유형은 '공식적 교육과정'을 교육과정으로 간주하는 [범공]형, '공식적+실행한 교육과정'까지 교육과정으로 간주하는 [범공실]형, '공식적+실행한+학습한 교육과정'까지 교육과정으로 간주하는 [범공실학]형, '공식적+실행한+학습한+잠재적 교육과정'까지 교육과정으로 간주하는 [범공실학잠]형, '공식적+실행한+학습한+잠재적+영 교육과정'까지 교육과정으로 간주하는 [범공실학잠영]형으로 분류하였다.

첫째, [범공]형의 경우, 고등학교 교원, 일반학교 교원, 교사와 교장 및 교감, 6년에서 10년 미만의 경력을 가진 교원들의 비율이 상대적으로 높게 나타났다.

둘째, [범공실]형은 학교급에서는 거의 차이를 보이지 않았고, 근무지에서는 일반학교, 직급에서는 교육전문직, 경력에서는 20년 이상의 비율이 상대적으로 높게 나타났다. 특히 경력에 따라 비율이 점점 높아졌다.

셋째, [범공실학]형의 경우, 학교급에서는 중·고등학교 교원의 비율이 상대적으로 높게 나타났다. 근무지에서는 차이가 나타나지 않았고, 직급에서는 교장 및 교감이 다른 직급에 비해 낮게 나타났다. 또한 경력이 낮아질수록 비율이 높아졌다.

넷째, [범공실학잠]형의 경우, 학교급에서는 초등학교 교원, 근무지에서는 혁신학교 교원의 비율이 상대적으로 높게 나타났다. 직급에서는 교장 및 교감, 교사, 교육전문직 순으로 나타났는데, 특히 교육전문직은 초등학교 교사에 비해 매우 낮은 수치를 보였다. 경력에서는 경력이 낮아질수록 그 비율이 점점 높아졌다. 이를 통해 초등학교 교원, 혁신학교 교원, 5년 이하의 교원들이 잠재적 교육과정을 상대적으로 중요하게 생각하고 있는 것을 알 수 있다.

다섯째, [범공실학잠영]형의 경우, 학교급에서는 초, 중, 고 교원 순으로 나타났는데, 초등학교와 고등학교 교원과의 차이가 크게 나타났다. 근무지에서는 혁신학교 교원이 일반학교 교원에 비해 높은 비율을 보였다. 직급에서는 교육전문직이 영 교육과정을 가장 많이 의식하는 것으로 나타났다. 경력에서는 10년에서 20년 미만의 교원들이 가장 높게 나타났다. 이를 통해 초등학교 교원, 혁신학교 교원, 교육전문직이 상대적으로 영 교육과정을 더 중요하게 생각하고 있음을 알 수 있다.

다. 배경요인별 대표 유형

ㄱ. 학교급별 대표 유형

학교급별로 가장 높은 비율을 보이는 대표적인 유형은 다음 표와 같다.

학교급별로 가장 대표적인 유형을 살펴보면, 초등학교 교원은 [주교][시

배경변인	유형		대표 유형
학교급	초등학교	[주교] [시설] [문맵] [범공실학잠]형	교육과정 개발의 주요한 주체로 '교사'를, 시간적 측면에서는 '실천'을, 문서 측면에서는 '교사가 만든 커리큘럼 맵'을, 범위 측면에서는 '공식적+실행한+학습한+잠재적 교육과정'을 교육과정으로 인식하는 유형의 비율이 높음.
	중학교	[주국] [시실] [문책] [범공실학]형	교육과정 개발의 주요한 주체로 '국가'를, 시간적 측면에서는 '실천'을, 문서 측면에서는 '학교교육과정 편제·시간배당 책자'를, 범위 측면에서는 '공식적+실행한+학습한 교육과정'을 교육과정으로 인식하는 유형의 비율이 높음.
	고등학교	[주국] [시설실] [문책] [범공실학]형	교육과정 개발의 주요한 주체로 '국가'를, 시간적 측면에서는 '설계'와 '실천'을, 문서 측면에서는 '학교교육과정 편제·시간배당 책자'를, 범위 측면에서는 '공식적+실행한+학습한 교육과정'을 교육과정으로 인식하는 유형의 비율이 높음.

설] [문맵] [범공실학잠]형, 중학교 교원은 [주국] [시실] [문책] [범공실학]형, 고등학교 교원은 [주국] [시설실] [문책] [범공실학]형이다. 초등학교 교원과 중·고등학교 교원 간의 가장 큰 차이는 첫째, 초등학교 교원들은 교육과정 개발의 주체로 주로 '교사'를 꼽는 반면, 중·고등학교 교원은 '국가'를 주체로 꼽는다는 점이다. 둘째, 초등학교 교원은 교육과정 문서로 '교사가 만든 커리큘럼 맵'을 간주하는 반면, 중·고등학교 교원은 '학교교육과정 편제·시간배당 책자'로 간주한다는 점이다. 셋째, 초등학교 교원은 교육과정을 '공식적+실행한+학습한+잠재적 교육과정'까지의 범위로 인식하는 반면, 중·고등학교 교원은 '공식적+실행한+학습한 교육과정'까지의 범위로 인식한다는 점이다. 이를 통해 초등학교 교원은 교사가 만든 교육과정, 잠재적 교육과정을 강하게 의식하고 있고, 중·고등학교 교원은 국가가 만든 교육과정, 학생이 학습한 교육과정을 중요하게 생각하고 있음을 알 수 있다. 이는 초등에 비

해 입시의 영향을 비교적 많이 받고 있기 때문으로 보인다.

ㄴ. 근무지별 대표 유형

근무지별로 가장 높은 비율을 보이는 대표적인 유형은 다음과 같다.

'근무지별' 대표 유형

배경변인	유형		대표 유형
근무지	일반학교	[주교]_[시실]_[문책]_[범공실학잠]형	교육과정 개발의 주요한 주체로 '교사'를, 시간적 측면에서는 '실천'을, 문서 측면에서는 '학교교육과정 편제·시간배당 책자'를, 범위 측면에서는 '공식적+실행한+학습한+잠재적 교육과정'을 교육과정으로 인식하는 유형의 비율이 높음.
	혁신학교	[주교]_[시실]_[문맵]_[범공실학잠영]형	교육과정 개발의 주요한 주체로 '교사'를, 시간적 측면에서는 '실천'을, 문서 측면에서는 '교사가 만든 커리큘럼 맵'을, 범위 측면에서는 '공식적+실행한+학습한+잠재적+영 교육과정'을 교육과정으로 인식하는 유형의 비율이 높음.

근무지별로 가장 대표적인 유형을 살펴보면, 일반학교 교원은 [주교]_[시실]_[문책]_[범공실학잠]형, 혁신학교 교원은 [주교]_[시실]_[문맵]_[범공실학잠영]형이다. 일반학교 교원과 혁신학교 교원 간의 가장 큰 차이는 첫째, 일반학교 교원은 교육과정 문서를 '학교교육과정 편제·시간배당 책자'로 간주하는 반면, 혁신학교 교원은 '교사가 만든 커리큘럼 맵'으로 간주한다는 점이다. 둘째, 일반학교 교원은 교육과정을 '공식적+실행한+학습한+잠재적 교육과정'까지의 범위로 인식하는 반면, 혁신학교 교원은 '공식적+실행한+학습한+잠재적+영 교육과정'까지의 범위로 인식한다는 점이다. 이를 통해 혁신학교 교원이 일반학교 교원에 비해 교사교육과정 개발에 적극적이고, 영 교육과정을 의식하며 교육과정을 개발하고 있음을 알 수 있다. 이러한 결과는 혁

신학교 교원이 일반학교 교원에 비해 교육과정의 범위를 더 넓게 인식하고
있음을 보여준다.

ㄷ. 직급별 대표 유형

직급별로 가장 높은 비율을 보이는 대표적인 유형은 다음과 같다.

'직급별' 대표 유형

배경변인	유형		대표 유형
직급	교사	[주교] [시실] [문맵] [범공실학잠]형	교육과정 개발의 주요한 주체로 '교사'를, 시간적 측면에서는 '실천'을, 문서 측면에서는 '교사가 만든 커리큘럼 맵'을, 범위 측면에서는 '공식적+실행한+학습한+잠재적 교육과정'을 교육과정으로 인식하는 유형의 비율이 높음.
	교장과 교감	[주교] [시실] [문책] [공실학잠영]	교육과정 개발의 주요한 주체로 '교사'를, 시간적 측면에서는 '실천'을, 문서 측면에서는 '학교교육과정 편제·시간배당 책자'를, 범위 측면에서는 '공식적+실행한+학습한+잠재적+영 교육과정'을 교육과정으로 인식하는 유형의 비율이 높음.
	교육선분식	[주교] [시실] [문책성] [공실학잠영]형	교육과정 개발의 주요한 주체로 '교사'를, 시간적 측면에서는 '실천'을, 문서 측면에서는 '학교교육과정 편제·시간배당 책자'와 '선취기준'을, 범위 측면에서는 '공식적+실행한+학습한+잠재적+영 교육과정'을 교육과정으로 유형의 비율이 높음.

직급별로 가장 대표적인 유형을 살펴보면, 교사는 [주교] [시실] [문맵] [범공실
학잠]형, 교장 및 교감은 [주교] [시실] [문책] [공실학잠영]형, 교육전문직은 [주교]
[시실] [문책성] [공실학잠영]형이다. 직급별로 나타나는 가장 큰 차이는 첫째, 교
사는 교육과정 문서로 '교사가 만든 커리큘럼 맵'으로 간주하는 반면, 교장
과 교감, 교육전문직은 '학교교육과정 편제·시간배당 책자'로 간주한다는
점이다. 다만, 교육전문직은 '성취기준'과 '학교교육과정 편제·시간배당 책자'

가 거의 비슷하게 나타났기에 [문책성]형으로 표기하였다. 둘째, 교사는 교육 과정을 '공식적+실행한+학습한+잠재적 교육과정'까지의 범위로 인식하는 반 면, 교장 및 교감, 교육전문직은 '공식적+실행한+학습한+잠재적+영 교육과 정'까지의 범위로 인식한다는 점이다. 이를 통해 교사에 비해 교장과 교감, 교육전문직이 학교교육과정 편제·시간배당 책자를 중요하게 생각하고 있 고, 영 교육과정을 중요하게 생각하고 있음을 알 수 있다.

ㄹ. 경력별 대표 유형

경력별로 가장 높은 비율을 보이는 대표적인 유형은 다음과 같다.

경력별로 가장 대표적인 유형을 살펴보면, 5년 이하의 교원은 [주교] [시설

'경력별' 대표 유형

배경변인	유형		대표 유형
경력		5년 이하	[주교] [시설결] [문맵] [범공실학잠]형	교육과정 개발의 주요한 주체로 '교사'를, 시간 적 측면에서는 '설계'와 '결과'를, 문서 측면에서는 '교사가 만든 커리큘럼 맵'을, 범위 측면에서는 '공식적+실행한+학습한+잠재적 교육과정'을 교육 과정으로 인식하는 유형의 비율이 높음.
		6~10년 미만	[주교] [시설] [문책성] [범공실학잠]형	교육과정 개발의 주요한 주체로 '교사'를, 시간적 측면에서는 '설계'를, 문서 측면에서는 '학교교육 과정 편제·시간배당 책자'와 '성취기준'을, 범위 측면에서는 '공식적+실행한+학습한+잠재적 교육과정'을 교육과정으로 인식하는 유형의 비율이 높음.
		10~20년 미만	[주교] [시실] [문책] [범공실학잠영]형	교육과정 개발의 주요한 주체로 '교사'를, 시간 적 측면에서는 '실천'을, 문서 측면에서는 '학교교 육과정 편제·시간배당 책자'를, 범위 측면에서는 '공식적+실행한+학습한+잠재적+영 교육과정'을 교육과정으로 인식하는 유형의 비율이 높음.
		20년 이상	[주교] [시실] [문책] [범공실학잠]형	교육과정 개발의 주요한 주체로 '교사'를, 시간 적 측면에서는 '실천'을, 문서 측면에서는 '학교교 육과정 편제·시간배당 책자'를, 범위 측면에서는 '공식적+실행한+학습한+잠재적 교육과정'을 교 육과정으로 인식하는 유형의 비율이 높음.

결], [문맵], [범공실학잠]형, 6~10년 미만의 교원은 [주교], [시설], [문책성], [범공실학잠]형, 10~20년 미만의 교원은 [주교], [시실], [문책], [범공실학잠영]형, 20년 이상의 교원은 [주교], [시실], [문책], [범공실학잠]형이다. 경력에 따라 보이는 가장 큰 차이는 첫째, 시간적 측면에서는 10년 미만의 경력을 가진 교원은 교육과정을 주로 '설계'로 인식하는 반면, 10년 초과의 경력을 가진 교원은 '실천'으로 인식한다는 점이다. 둘째, 문서 측면에서는 10년 초과의 경력을 가진 교원은 교육과정을 '학교교육과정 편제·시간배당 책자'로 인식하는 반면, 10년 미만의 교원은 학교교육과정 편제·시간배당 책자에서 조금씩 벗어나 '성취기준', '교사가 만든 커리큘럼 맵'으로 인식한다는 점이다. 이를 통해 경력이 높아질수록 학교교육과정 편제·시간배당 책자를 교육과정으로 인식하는 교원의 비율이 높다는 점을 알 수 있다. 이러한 결과는 경력이 높을수록 국가에서 내려온 시수, 편제, 시간배당 등을 교육과정으로 인식하는 교원의 비율이 높음을 보여준다.

3) 나오며

본 연구에서는 교원이 통상적으로 사용하고 있는 교육과정 개념의 실체를 밝히기 위해 교원의 교육과정 개념 사용 양상과 유형을 탐색하였다. 주요 연구 결과는 다음과 같다.

첫째, 구성요인별 개념 사용 양상을 살펴보면, '교사'를 주된 개발 주체로 인식하는 교원, '실천'을 중요하게 생각하는 교원, '학교교육과정 편제·시간배당 책자'를 중요하게 생각하는 교원, '공식적 교육과정+실행한 교육과정+학습한 교육과정+잠재적 교육과정'을 교육과정으로 인식하는 교원의 비율이 가장 높게 나타났다.

둘째, 배경변인별 개념 사용 유형을 살펴보면, 학교급별 대표 유형은 초등학교 교원 [주교][시실][문맵][범공실학잠]형, 중학교 교원 [주국][시실][문책][범공실학]형, 고등학교 교원 [주국][시설실][문책][범공실학]형, 근무지별 대표 유형은 일반학교 교원 [주교][시실][문책][범공실학잠]형, 혁신학교 교원 [주교][시실][문맵][범공실학잠영]형, 직급별 대표 유형은 교사 [주교][시실][문맵][범공실학잠]형, 교장과 교감 [주교][시실][문책][범공실학잠영]형, 교육전문직 [주교][시실][문책성][범공실학잠영]형, 경력별 대표 유형은 5년 이하의 교원 [주교][시설결][문맵][범공실학잠]형, 6~10년 미만의 교원 [주교][시실][문책성][범공실학잠]형, 10~20년 미만의 교원 [주교][시실][문책][범공실학잠영]형, 20년 이상의 교원 [주교][시실][문책][범공실학잠]형으로 나타났다.

이상의 연구결과를 바탕으로 다음과 같은 정책적 제언을 하였다.

첫째, '교사'를 교육과정 개발의 주체로 인식하는 교원의 비율이 현재보다 더 높아질 필요가 있다. 본 연구에 의하면, 초등학교 교원의 경우 교육과정 개발의 주체로 교사를 선택한 비율이 높게 나타났지만, 중·고등학교 교원의 경우 [주국]형의 비율이 매우 높게 나타났다. 또한 교육과정 문서 측면에서 성취기준, 교과별 교과서 진도표, 국가교육과정에서 제시한 편제·시간배당을 적어 놓은 책자를 교육과정으로 인식하는 [문진]형, [문성]형, [문책]형의 비율이 70퍼센트에 달한 반면 자신이 만든 커리큘럼 맵을 교육과정으로 인식하는 [문맵]형의 비율은 30퍼센트에 그쳤다. 이러한 결과를 통해 우리나라의 교원들에게 성취기준, 교과서 등 국가교육과정의 영향력이 여전히 강하게 작용하고 있음을 알 수 있다.

우리나라는 국가교육과정 체제로 학교교육을 시작했기 때문에 교육과정이라는 용어가 교과서나 국가교육과정과 동일시되면서 국가 차원의 용어로 간주되는 경향을 보여 왔다(김현규, 정광순, 2018). 국가만을 교육과정의 개발 주체로 인식해 온 시간이 장기적으로 지속되면서 교사는 국가교육과정이나 교과서를 충실하게 구현하는 전달자, 소비자로 인식되고 규정되었다. 이로 인해 우리나라에서는 교사와 학생이 만들어가는 교육과정 개념이 성장하기 힘든 구조가 형성되었다(이윤미, 2020a).

교육과정 개발의 주요한 주체를 누구로 인식하느냐는 교육과정 실행에 큰 영향을 미친다. 용어는 우리의 의식에 영향을 미치고, 이렇게 형성된 의식은 행위에도 영향을 미치기 때문이다. 교육과정 혁신 정책이 강조되어도 여전히 교과서를 충실히 가르치는 교사가 많은 것은 교육과정이라는 단어가 교사 차원의 것이 아니라 국가 차원의 것으로 간주되고 있기 때문이기도 하다. 용어가 바뀌면 교사의 의식과 행위도 함께 바뀔 수 있다. 따라서 교사의 교육과정 주체성과 자율성이 반영된 용어를 만들고 정선하여 사용하는 일은 매우 중요하다고 할 수 있다. 이런 맥락에서 '교사교육과정'이라는 용어와 '구성, 개발, 디자인'과 같은 용어를 함께 사용한다면 교사의 주체성과 자율성을 좀 더 부각시키고 인식시킬 수 있을 것이다. 교사가 개발한 프로그램, 교수학습 자료, 교재 등을 단순히 재구성, 수업이나 자료, 활동 차원으로 인식하기보다는 '교육과정' 차원으로 인식하는 문화를 확산하면서 교사교육과정 개발을 촉진한다면, 교육과정이 으레 국가교육과정을 가리킨다는 인식에서 벗어나 교사교육과정을 의미하는 것으로 인식하는 문화가 자리 잡을 수 있을 것이다.

둘째, '이상과 실제', '문서와 실제'의 일체화를 이루기 위해서는 교사에게 교육과정 자율성을 더 많이 부여해야 한다. 본 연구의 결과에 따르면, 교육과정 문서로 '교과별 교과서 진도표'를 선택한 교원의 비율은 11퍼센트 정도에 불과했고, 89퍼센트의 교원들은 '교사가 만든 커리큘럼 맵', '학교교육과정 편제·시간배당 책자', '성취기준'을 교육과정 문서로 인식하고 있다고 응답했다. 그러나 이러한 응답과 달리 실제 학교에서 가장 많이 사용하고 있고, 공식적으로 제출하고 있는 교육과정 문서는 '교과별 교과서 진도표'이다(이윤미, 2020a). 실제로 교육과정 계획은 교과서 진도표로 제출하면서 이러한 진도표를 교육과정이라고 인식하는 비율이 매우 낮은 것을 볼 때, 교사들의 이상과 실제의 괴리가 큰 것으로 보인다. 이를 통해 교원들의 이상 속에 자리하고 있는 교육과정 개념과 실제 교육과정 개념이 발현되는 상황에서의 교육과정이 다르게 나타나고 있음을 알 수 있다.

또한 실제 학교교육과정 문서를 살펴보면, 실체적으로는 존재하는 교사 교육과정이 학교교육과정 문서 속에는 존재하지 않는 경우가 많다. 교사들은 혹시 발생할 수 있는 시비를 줄이기 위해 국가에서 요구하는 양식 이외의 것은 좀처럼 올리지 않는 경향이 있다. 잘 만들어진 다른 학교의 교육과정 문서를 가져다가 'ctrl+c, ctrl+v' 하는 '붕어빵 교육과정 재구성'(추광재, 2018: 441) 현상이 만연해 있어서 문서로서의 교육과정은 대다수 학교가 비슷한 모습이다. 이에 학교교육과정 영역에서 '문서 따로 실제 따로' 현상은 그리 특별한 현상이 아니다.

교육과정 분야에서 이상과 실제, 문서와 실제의 괴리가 큰 이유는, 교사에게 주어진 교육과정 자율성이 너무 적기 때문이다. 자신이 개발한 교육과정 계획을 공식적 문서에 올렸다가 괜한 시비에 휘말리게 될 염려가 있기 때문에 교과서를 기준으로 만든 교과별 진도계획을 올리고 자신의 실제 교육과정은 다르게 운영하는 사례가 많다(이윤미, 2020a). 실제 교사는 수십 장이 훌쩍 넘는 자세한 교육과정 계획을 제출해야 하고 그 계획은 되도록 수정되어서는 안 된다. 계획이 수정되면 각종 관련 문서를 수정해야 하는 현실에서 교사들의 선택지는 많지 않다. 또한 교사가 만든 교육과정을 증명하는 데 과도한 노력이 소요되는 문서를 요구한다. 교사가 계획된 교육과정에서 벗어나 새로운 것을 시도할 때에는 '만들어가는 교육과정'이라는 구호가 무색할 만큼 이를 증명하고 설득하기 위해 많은 노력과 시간을 투자해야 한다. 따라서 대다수 교사는 새로운 문서를 만드는 일이 번거롭고 시간과 노력이 과도하게 투입되기 때문에 좀처럼 새로운 시도를 하려 하지 않는다.

또한 시수를 증명하는 일에 시간을 쏟으니 그냥 교과서를 충실히 가르치겠다는 교사들이 많은 것이 현실이다. 아니면 제출된 문서와 상관없이 비공식적으로 성취기준 재구성, 시수 변경 등을 하고 있는 교사가 상당수 존재한다. 이러한 경우 문서와 실제의 괴리가 점점 커진다. 따라서 이상과 실제, 문서와 실제의 괴리를 줄이고 일체화하기 위해서는 교사에게 교육과정 자율성을 더 확대하는 제도가 필요하다. 진정한 의미의 교육과정의 자율화, 지역화, 다양화를 이루려면 교사에게 교육과정과 관련한 권한과 자율성을 더 많이 부여되어야 한다. 특히 성취기준에 대한 일정 비율의 자율권 부여, 시수 편성에 관한 자율권 확대 등이 함께 주어져야 한다.

셋째, 학교교육과정을 실질적으로 지원하는 지역교육과정 개발이 될 수 있도록 시·도교육청이 나서서 우수한 교육과정을 발굴하여 체계화한 후 지역교육과정의 자료 체계에 흡수시켜야 한다. 본 연구결과에 의하면, 대다수 교원은 지역교육과정의 존재를 크게 의식하지 않는 것으로 나타났다. 지역교육과정이 시·도교육과정 편성·운영지침이나 지역교과서와 같은 사회과 교육과정 자료 정도로만 간주되면서 그 존재감이 현저히 약한 상황이다

(이윤미, 2020a).

제6차 교육과정 이후로 교육과정의 지역화, 자율화가 지속적으로 강조되었고, 시·도 교육청은 제도적으로 교육과정의 지역화와 교육과정에 대한 자율권을 확보하였다. 그러나 그동안 그 권한을 효율적으로 행사하지 못했다는 비판에 직면하고 있다. 각 시·도의 교육과정이 진정한 의미의 지역화를 이루지 못한 이유 중의 하나는 국가교육과정에서의 국가는 생성의 주체이자 합의의 단위로 인식하면서도, 지역교육과정에서 지역은 주체가 아닌 교육과정의 소재 정도로 간주해왔기 때문이다(박승배, 이윤미, 박정기, 2018).

지역교육과정이 본연의 기능을 수행하기 위해서는 지역의 자연환경, 인문환경, 사회적 특성을 교육과정으로 전환하는 방식의 '공간 수준의 지역화'뿐 아니라, 그 지역만의 정체성을 가진 교육과정을 만드는 '합의 수준의 지역화'도 함께 추구해야 한다(박승배, 이윤미, 박정기, 2018). 다양한 지역교육과정과 이와 관련한 교재를 개발하거나, 잘 만들어진 교육과정을 발굴하여 이 자료들을 지속적으로 축적해 나가면서 지역교육과정이 각 지역의 교육과정의 자료창고, 플랫폼으로 자리매김해야 한다. 이를 위해 각 학교가 개발하고 있는 교육과정 중 우수한 교육과정을 선정하여 공식화, 교재화할 필요가 있다. 좋은 교육과정이 개별 교사, 개별 학교 차원에서만 소비되는 일은 바람직하지 않다. 시·도 교육청이 나서서 우수한 교육과정을 발굴하여 체계화한 후 지역교육과정의 자료 체계에 흡수시켜야 한다. 풀뿌리 교육과정을 활성화하고 이를 지역의 공식적 교육과정으로 흡수시킬 때 교육과정의 지역화, 다양화, 자율화에 다가갈 수 있을 것이다.

넷째, '결과'를 교육과정으로 간주하는 인식의 확산이 필요하다. 본 연구의 결과에 따르면, 시간적 차원에서 교육과정을 '결과'로 인식하는 교원은 6

퍼센트 이하로 학교급, 근무지, 직급, 경력 등 모든 변인에서 그 비율이 현저히 낮게 나타났다. 이러한 인식을 반영하듯, 학교교육과정은 주로 설계에 초점이 맞춰져 있는 편이다. 대다수 학교는 학기 초에 설계한 교육과정을 '○○학교교육과정'이라는 이름의 책자로 모든 교사에게 배부하고 그 책자가 그 학교의 최종적인 학교교육과정으로 남는다.

학기 초에 만들어지는 학교교육과정 편제·시간배당 책자는 계획으로서의 교육과정일 뿐이다. 계획된 교육과정이 실행되는 과정에서 다양한 변수들이 생겨나기 때문에 계획된 교육과정은 계속 수정될 수밖에 없고, 수정되는 것이 당연하다. 따라서 단위학교의 교육과정은 당해 연도가 끝나는 이듬해 2월에야 비로소 완성된다고 보아야 한다. 즉, 교육과정을 실행하는 과정에서 수정된 사항, 학생들의 피드백을 최종적으로 반영하여 정리한 것이 그 해의 완결된 학교교육과정이 돼야 하는 것이다.

그러나 다수의 학교는 여전히 관행처럼 학기 초에 학교교육과정 편제·시간배당 책자를 제작하여 인쇄하고, 그 후 수정되는 사항, 학생들의 피드백 등은 학교교육과정 문서에 반영하지 않는다. 또한 개별 교사들이 만든 교육과정을 취합하여 지속적으로 축적해가는 구조적 틀도 없다. 따라서 개별 교사들의 교육과정은 개별적으로 생산되고 사라질 뿐, 학교교육과정의 문서 안에 취합되지 않는다. 결국 학교교육과정 편제·시간배당 책자 안에는 시수와 편제 등의 계획들이 대부분을 차지하게 된다.

이런 맥락에서 시간 차원에서 교원들이 갖고 있는 교육과정 개념은 '계획'과 '실천'을 넘어 '결과' 차원의 개념으로까지 확장될 필요가 있다. 교사교육과정을 기록으로 남기고, 해당 학교의 교육과정이 기록으로 남아 서로에게 공유된다면 교사의 교육과정 개발이 보다 수월해지고 전문성을 기르는 데 도움을 줄 수 있을 것이다. 이를 위해 시·도 교육청은 각 학교의 학교교육과정이 학년말에 정리되어 기록으로 남을 수 있도록 지원하고, 질적으로 우수한 학교교육과정을 취합하여 지역교육과정에 취합될 수 있도록 할 필요가 있다.

다섯째, '영교육과정'의 중요성에 대한 환기가 필요하다. 본 연구의 결과에 따르면 학교에서 소홀히 하거나 공식적으로 가르치지 않은 교육과정, 즉 선택되지 않은 또는 배제된 교육과정인 영 교육과정을 교육과정으로 인식하고 있는 교원의 비율은 비교적 낮게 나타났다. 특히 직급 측면에서는 교사가 교장과 교감, 교육전문직에 비해 낮게 나타났다. 이를 통해 교장과 교감, 교육전문직에 비해 교사가 영 교육과정을 가장 의식하지 않고 있음을 알 수 있다. 학교 교육에서 배제되고 있는 영 교육과정이 있는지 가장 가까이에서 살펴야 할 교사들이 가장 영 교육과정을 놓치고 있다는 것은 학생들이 배워야 할 것들을 많이 놓치고 있을 수 있다는 것을 의미한다. 따라서 교사는 학생들의 삶에 매우 중요한 것들이 혹시 배제되지 않았는지 늘 의식하면서 교육과정을 개발하고 실행할 필요가 있고, 교육부와 교육청은 이를 위한 연수 등을 개발하여 영 교육과정의 중요성을 환기할 필요가 있다.

3. 교육과정 실행의 다양한 모습들[14]

교육과정 실행 연구는 외부에서 의도한 학교 개혁이 실패하게 된 원인을 연구하기 위해 시작되었기에, 통상적으로 외부 주체가 개발한 교육과정을 학교에서 실행으로 옮기는 것을 교육과정 실행으로 간주해왔다. 최근까지도 교육과정 실행은 주로 국가나 정부 기관이 만든 교육과정을 가져다 교사가 실천하는 것이라 여겨져 왔다(정광순, 2017). 그러나 교사의 교육과정 재구성이 활발해지면서 교육과정 실행은 개발된 교육과정을 학교 현장에 적용하여 교육과정 목표를 달성하는 과정(Short, 1993), 계획한 교육과정의 내용을 이행하는 과정뿐만 아니라 만들어진 교육과정을 학습 실제에서 해석하는 것(Marsh, Willis, 1995), 교사가 교육 현장의 여러 요인을 고려하여 교육과정을 이해하고, 해석하고, 재구성하여 실제에 옮기는 과정(김선영·김가은, 2015; 정광순, 2017)까지 포함하며 그 의미가 확장되고 있다.

최근 교사들의 교육과정 실행에서 두드러지게 나타나고 있는 현상은 '교육과정 재구성'을 넘어 '교사교육과정 개발'로 패러다임이 전환되어야 한다

---

14) 이 연구는 다음의 글을 재구성한 것임: 1)이윤미(2020). 교사의 교육과정 실행 양상 및 유형 탐색: 교육과정 자료 사용 및 동료와의 소통을 중심으로. 교육과정연구, 38(4), 207-237. 2)박승배, 이윤미(2020). 교육과정 유형분류 및 척도개발 연구. 전라북도교육청 2020-370.

는 주장이 확산하고 있다는 것이다. 교사가 주어진 교육과정의 '사용자', '소비자'임과 동시에 '개발자', '생산자'가 되어야 한다는 인식이 교사들 사이에 퍼지면서 '교사교육과정 개발' 담론이 생겨나고 있다(김현규, 2020; 이한나: 2019). 이러한 상황을 반영하듯 일부 시·도교육청은 '교사교육과정 개발'을 정책으로까지 반영하여 지역교육과정 지침 등을 수정하고 있다(경기도교육청, 2020 전라북도교육청, 2020). 이들 교육청은 '교사교육과정'을 "교사가 학생의 삶을 중심으로 국가, 지역, 학교 수준 교육과정을 공동체성에 기반하여 적극적으로 해석하고 학생의 성장 발달을 촉진하도록 편성·운영하는 교육과정"(경기도교육청, 2020: 34), "교사가 학교나 교실 교육공동체의 비전과 철학을 바탕으로 개발 운영하는 교육과정을 아우르는 것"(전라북도교육청, 2020: 14)이라 정의하면서 교사의 교육과정 개발을 적극적으로 지원하고 있다.

이렇듯 교사교육과정 개발이 활발해진 현실을 고려할 때, 교육과정 실행을 단순히 외부에서 개발한 교육과정을 가져다가 실행하는 개념으로만 사용한다면 교사의 다양한 교육과정 실행을 실제적으로 이해하는 데 한계가 있다. 따라서 교사의 교육과정 실행의 실제를 이해하기 위해서는 외부에서 만들어진 교육과정을 사용하는 것에서부터 자신만의 교육과정을 개발하여 사용하는 것까지 모두 포함하여 살펴보아야 한다. 그럼 교육과정 실행에서 교육과정은 무엇을 가리키는가? 실제 교사들은 '교육과정 자료'를 통해서 교육과정을 만난다. 실체로 존재하는 교육과정 자료가 있어야 교육과정을 실행할 수 있기 때문이다. 따라서 교육과정 실행의 실제를 이해하기 위해서는 교사가 주어진 교육과정 자료를 어떤 방식으로 사용하는지, 자신만의 교육과정 자료는 어떤 방식으로 개발하는지 등을 종합적으로 살펴볼 필요가 있다.

또한 교사의 교육과정 실행은 학교의 교육과정 실행 관련 문화와 밀접한 관계를 맺고 있기에 문화적 측면도 함께 고려할 필요가 있다. 특히 교육과정은 동료 교사와의 소통 양상에 따라 변화되기 쉽다는 점에서(이윤미, 2020a), 교육과정과 관련한 소통 측면을 좀 더 자세히 살펴보아야 한다. 혼자서 교과서와 지도서를 연구하여 가르쳤던 과거와 달리, 지금은 학교 안팎에서 교사공동체를 구성하여 함께 연구하고 실행하는 문화가 확산되고 있다. 최근 활발히 일어나고 있는 교사교육과정 개발 또한 교사들의 집단 지성을 기반으로 한 교육과정이 많고(이윤미, 2020a; 이윤미·정광순, 2016; 정미향, 2015), 소통 여부에 따라 교육과정을 실행하는 양상도 다르게 나타나고 있다(이형빈, 2020). 따라서 동료 교사와의 소통도 교육과정 실행을 구성하는 일부 요소로 포함하여 함께 살펴볼 필요가 있다.

교육과정 실행에 관한 선행연구를 살펴보면 일부 교사나 학교의 교육과정 실행 경험에 기반을 둔 실제에 관한 연구, 문헌에 기반을 둔 이론에 관한 연구가 주를 이룬다. 교육과정 실행의 실제에 관한 연구로는 교사들의 신념이나 관점에 관한 연구(이경진·최진영, 2008; 이윤미·정광순, 2015), 실행 양상이나 경험에 관한 연구(김선영·김가은, 2015; 박민정, 2012; 소경희, 2003, 이경진, 2006; 정미향, 2015; 정혜승, 2002; 한광웅, 2010) 등이 있고, 문헌에 기반을 둔 이론에 관한 연구로는 교육과정 실행 형태와 발전방향을 탐색한 연구(손승희, 2008), 교육과정 실행에서 교사의 역할에 관한 연구(이경진·김경자, 2005), 교육과정 실행 기준에 관한 연구(김두정·김소영, 2017), 교육과정 실행 관점에 대한 연구(이윤미·조상연·정광순, 2015) 등이 있다. 이들 연구는 교육과정 실행의 실제를 드러내거나 이론적 기반을 구축하는 데 기여하고 있으나, 교육과정 자료 사용 및 동료와의 소통 측면에서 나타나는 양상, 유형, 경향성을 파악하는 데는 한계가 있다.

이에 이 연구는 교육과정 자료 사용 및 동료와의 소통 양상 측면에서 교사의 교육과정 실행을 파악할 수 있는 검사 도구를 개발하여 교육과정 실행 양상과 유형을 탐색하고자 한다. 이를 통해 교사의 교육과정 실행의 구체적이고 실제적인 모습을 밝혀 교육과정 실행 분야에 유의미한 시사점을 제안하고자 한다.

본 연구에서 설정한 주요 연구 문제는 다음과 같다.

첫째, 교육과정 자료 사용 및 동료와의 소통 측면에서 교사의 교육과정 실행 양상은 어떠한가?

둘째, 교육과정 자료 사용 및 동료와의 소통 측면에서 교사의 교육과정 유형은 어떠한가?

셋째, 배경변인별로 나타나는 대표적인 유형은 무엇인가?

1) 교육과정 실행과 교육과정 자료

교사가 교육활동 중에 만나는 가장 흔한 교육과정은 교과서, 실러버스, 지도서, 수업 보조자료, 읽기 자료, 활동지 등이다. 이러한 형태의 교육과정은 교실의 관점에서 볼 때는 '교육과정 자료(curriculum materials)'이다(Ben-Peretz, 1990). 교사는 학교에서 매일 학생을 가르치면서 다양한 교육과정 자료를 통해서 교육과정을 만나기 때문에 교육과정 자료는 교육과정 실행과 밀접한 관계를 맺고 있다. 실제 교사가 교육과정을 실행하기 위해서는 실체로 존재하는 교육과정 자료가 있어야 한다. 외부에서 주어진 교육과정이든 교사가 자체적으로 개발한 교육과정이든 교육과정은 교육과정 자료로 변환되어 존재한다.

벤 페레츠(Ben-Peretz, 1990: 8)는 교육과정을 "교육과정 자료와 상호작용하는 경험"이라고 정의하며, 수업은 교육과정 자료에 의존한다고 말한다. 그리고 교육과정 자료는 교육내용 선정, 자료의 성격, 의사결정 형태에 포괄적으로 영향을 미친다며 그 중요성을 강조했다. 또한 교사가 교육과정 자료를 어떻게 구분하는가에 따라 교육과정 실행이 달라진다고 주장했다.

> 어떤 교사는 주어지는 교육과정 자료를 선호하지만, 또 어떤 교사는 교육과정 자료를 스스로 만들어야 한다고 생각한다. 교육과정 자료의 성격은 교사의 교육활동을 강요하거나 자유롭게 한다. 예를 들어 어떤 교사는 가르칠 내용의 구조와 계열을 미리 정해 놓은 교과서가 수업에 도움이 된다고 느끼지만, 또 다른 교사는 주어지는 교육과정이 그것을 실행할 때 좀 더 유연하고 자율권을 발휘할 여지가 있어야 한다고 생각한다. 교육과정과 교육과정 자료를 다양하게 구분할 줄 아는 교사는 외부에서 만든 것을 사용하기도 하고, 스스로 만들어 사용할 수도 있다.
>
> Ben-Peretz(1990: 56-57)

교육과정 자료는 주어진 자료와 직접 만든 자료, 구조적인 것과 비구조적인 것, 상세한 자료와 포괄적인 자료, 장기적 자료와 단기적 자료 등으로 구분할 수 있다(Ben-Peretz, 1990). 교육과정 해석자로서의 교사는 교육과정 자료를 나름의 기준으로 구분하며 교육과정 자료의 가능성을 통찰할 수 있어야 한다. 이런 통찰을 하지 못하면 교육과정 자료를 전달하는 역할에 머무르게 된다. 따라서 교사는 자신이 가르치는 학생들에게 최적화된 교육과정을 실행하기 위해 교육과정 자료를 적절하게 다루는 능력을 기를 필요가 있다.

본 연구에서는 교사들이 주로 사용하는 교육과정 자료를 알아보기 위해 교육과정 자료가 나타나 있는 국내의 선행연구 몇 편을 분석하였다(정광순, 2017; 하언지·정광순, 2018; 정혜진·정광순, 2019; 이윤미, 2020a). 그 결과, 우리나라 교사들에게 주요한 교육과정 자료는 '교과서', '다른 교사의 수업', '성취기준'인 것으로 나타났다. 선행연구 중 이윤미(2020)의 연구가 교육과정 실행과 교육과정 자료를 구체적으로 연결하고 있었는데, 그는 교육과정 실행을 '교과서대로 수업', '다른 교사의 수업 그대로 사용', '교과서 차시 수준의 수업 개발', '교과서 단원 수준의 재조직', '다른 교사의 수업 변용', '성취기준 내용 중심의 수업 개발', '성취기준을 도구로 사용하는 수업 개발' 일곱 가지로 나누고, 이를 다시 교육과정 자료를 다루는 방식에 따라 소비형, 소비-생산형, 생산형으로 구분하여 제시하고 있다.

교육과정 실행 범주

소비형		소비-생산형			생산형	
교과서대로 수업	다른 교사의 수업 그대로 사용	교과서 차시 수준의 수업 개발	교과서 단원 수준의 재조직	다른 교사의 수업 변용	성취기준 내용 중심의 수업 개발	성취기준을 도구로 사용하는 수업 개발

다음 표는 선행연구 분석을 통해 도출한 교육과정 실행에 영향을 미치는 교육과정 자료를 정리한 것이다.

교육과정 실행에 영향을 미치는 교육과정 자료

저자	교육과정 실행 양상	교육과정 자료
정광순 (2017)	교과서 재구성 성취기준을 준거로 수업 만들기	교과서 성취기준
하언지·정광순 (2018)	교과서 재구성, 차시 만들기, 주제 중심 수업 만들기	교과서 성취기준
정혜진·정광순 (2019)	교육과정 자료의 '활동' 변용 / 교육과정 자료의 '내용' 조정 '차시 수준'의 교육과정 자료 개발 / '프로그램 수준'의 교육과정 자료 개발	교과서 성취기준
이윤미 (2020)	교과서대로 수업, 다른 교사의 수업 그대로 사용, 교과서 차시 수준의 수업 개발, 교과서 단원 수준의 재조직, 다른 교사의 수업 변용, 성취기준 내용 중심의 수업 개발, 성취기준을 도구로 사용하는 수업 개발	교과서 다른 교사 수업 성취기준

2) 연구 방법

본 연구에서는 교사의 교육과정 실행 양상과 유형을 파악하기 위해 문헌
연구, 현장 교사 의견 분석, 현장 교사 검토, 교육과정 전문가 검토, 예비검
사, 본검사 절차를 거쳐 검사지 문항을 개발하였다.

연구방법과 절차

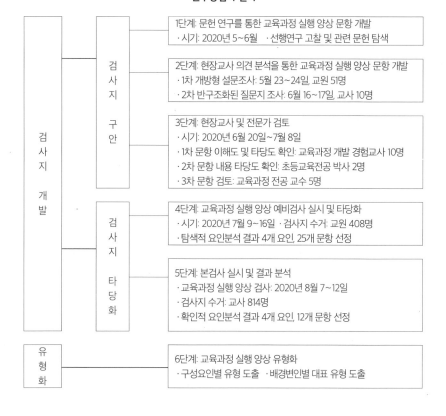

교육과정 실행 양상을 파악하기 위한 검사지 개발을 위해 국내의 문헌을
고찰하여 교육과정 실행을 이루는 구성요인을 탐색하였다. 그 결과 교사가
교육과정을 실행할 때 주요하게 고려하는 요인으로 '교과서', '다른 교사의

수업', '성취기준'이 도출되었다. 문헌 연구를 통해 교육과정 실행 사용 양상 파악을 위한 구성요인을 탐색한 후, 구성요인에 관한 현장 교사들의 실제적인 의견을 수렴하기 위해 개방형 설문, 반구조화된 질문지 방식으로 정보를 수집하였다. 1차 개방형 설문은 5월 23~24일에 걸쳐 실시하였고, 총 51명의 초·중·고 교원들이 참여하였다. 1차 개방형 설문결과를 토대로 구성된 문항을 정교화하기 위해 반구조화된 질문지를 작성하였다. 2차 질문지를 통한 의견 수렴은 6월 16~17일, 초등교사 10명을 대상으로 실시하였다.

1, 2차 조사결과를 분석하여 교육과정 실행을 이루는 구성요인을 추출하였다. 현장 교사의 의견 분석을 통해 '교과서', '다른 교육자료', '성취기준', '다른 교사의 수업', '학생의 흥미와 요구', '교사의 가치관', '동료와의 소통'을 도출하였다.

연구방법과 절차

구분	교육과정 실행 양상	구성요인
1차 개방형 설문조사	• 교과서를 바탕으로 수업 짜기 • 교과서 또는 다른 교육 자료를 적절히 배합하여 수업 만들기 • 성취기준에 도달할 수 있도록 학습자료 구성하기	-교과서 -다른 교육자료 -성취기준
2차 반구조화된 질문지 조사	• 교과서 수업, 교과서 내용수정, 교과서 확장 • 성취기준 변용 및 응용, 성취기준으로 수업 개발 • 타인의 수업 인용 및 변형 • 학생의 흥미와 요구에 따라 수업을 창조 • 교사의 철학과 관심사에 따라 수업 개발 • 동료와 협력하여 수업 만들기	-교과서 -성취기준 -다른 교사의 수업 -학생의 흥미와 요구 -교사의 가치관 -동료와의 소통

문헌과 현장 교원의 의견을 분석·종합하여 교육과정 실행 양상을 파악할 수 있는 구성요인으로 '교과서', '다른 교사의 수업', '성취기준', '학생의 삶과 경험 반영', '교사의 가치관 반영', '동료와의 소통' 여섯 가지를 선정하였다. 설문문항은 요인 당 3~9개를 구안하여 총 41개의 문항으로 구성하

였다. 문항 반응 양식은 인식이나 태도를 측정할 때 사용하는 리커트(Likert) 척도를 사용하였다. 리커드 척도는 5단계로 매우 그렇다(5점), 대체로 그렇다(4점), 보통이다(3점), 대체로 그렇지 않다(2점), 전혀 그렇지 않다(1점)로 배점하였다.

개발된 검사지는 2020년 6월 20일부터 7월 8일까지 3회에 걸쳐 타당도 및 이해도를 검증하였다. 1차 검토는 현직 교사 10명에게 검증받은 후 모호한 문장을 정련하여 수정·보완하였다. 2차 검토는 초등교육전공 박사학위를 소지한 10년 이상 경력을 가진 교사 2명에게 내용 타당도 검증을 받아 정련하여 총 37개 문항으로 구성하였다. 3차 검토는 교육과정 전공 교수 5명의 자문을 받아 수정·보완하였다. 그 결과 '학생의 삶과 경험 반영', '교사의 가치관 반영'은 '성취기준'에 통합되어 '교과서', '다른 교사의 수업', '성취기준', '동료와의 소통' 총 4개 요인, 25개 문항이 선정되었다.

검사지 타당화를 위해 예비검사와 본검사를 실시하였다. 본 연구의 조사 대상자 표집은 비확률적 표집 방법인 편의 표집법(convenience sampling)을 사용하였다. 연구결과의 일반화를 위하여 무작위 표집법(random sampling)과 같은 확률적 표집 방법을 사용하여야 하지만, 연구대상의 협조와 성실한 설문지 확보를 고려하여 편의 표집법을 사용하였다. 표집은 전국의 교사를 대상으로 하였다. 예비검사와 본검사는 URL 주소를 보내 응답하는 온라인 설문 방식으로 진행하였다.

예비검사는 2020년 7월 9일에서 7월 16일까지 진행하여 408개의 검사지를 수거하였다. 탐색적 요인분석 결과 최종 4개 요인, 20문항이 결정되었다. 본검사는 2020년 8월 7일에서 8월 12일까지 진행하여 814개의 검사지를 수거하였다. 확인적 요인분석 결과 '교과서', '다른 교사의 수업', '성취기준', '동료와의 소통' 총 4개 요인, 12개 문항이 결정되었다. 본검사 대상의 배경변인별 분포는 다음과 같다.

배경변인별 분포

구분		빈도(명)	비율(%)
근무지역	서울	76	9.3
	경기	172	21.1
	충청권	115	14.1
	경상권	110	13.5
	전라권	290	35.6
	강원·제주	51	6.3
학교급	초등학교	475	58.4
	중학교	208	25.6
	고등학교	131	16.1
근무지	일반학교	573	70.4
	혁신학교	241	29.6
학교 규모 (초등)	6학급 이하	50	10.5
	7-18학급	98	20.6
	19-29학급	126	26.5
	30학급 이상	201	42.3
학교 규모 (중등)	3학급 이하	35	16.8
	4-9학급	35	16.8
	10학급 이상	138	66.4
경력	5년 이하	67	8.2
	6-10년 미만	92	11.3
	10-20년 미만	234	28.7
	20년 이상	421	51.7
계		814	100.0

본검사 결과는 배경변인(근무지역, 학교급, 근무지, 학교 규모, 경력)에 따라 교육과정 실행 양상에 차이가 있는지 알아보기 위하여 독립표본 t검정(t-test)과 일원배치분산분석(one-way ANOVA)을 실시하였다. 일원배치분산분석의 경우 집단 간 차이의 분석을 위해 사후분석으로 셰페(Scheffé) 분석을 실시하였다. 통계처리는 SPSS WIN 19.0 프로그램을 사용하여 통계 처리하였다.

최종 개발된 검사지는 다음과 같다.

번호	검사지 문항	요인
1	나는 교과서 소재를 그대로 사용한다.	교과서
2	나는 교과서 활동을 그대로 사용한다.	
3	나는 교과서 자료를 그대로 사용한다.	
4	나는 다른 교사가 만든 수업의 소재를 그대로 사용한다.	다른 교사의 수업
5	나는 다른 교사가 만든 수업의 활동을 그대로 사용한다.	
6	나는 다른 교사가 만든 수업의 자료를 그대로 사용한다.	
7	나는 성취기준을 중심으로 교과서를 재구성한다.	성취기준
8	나는 성취기준을 바탕으로 내 수업을 만든다.	
9	나는 내 수업을 만든 후 수업에 맞는 성취기준을 연결한다.	
10	나는 동료 교사와 함께 수업을 연구하고 계획한다.	동료와의 소통
11	나는 동료 교사에게 내가 갖고 있는 수업자료를 공유한다.	
12	나는 실행한 수업을 동료 교사와 함께 성찰하고 개선한다.	

3) 연구 결과

교육과정 실행 양상을 알아보기 위해 '학교급', '근무지', '학교 규모', '경력' 등의 배경 변인에 따라, '교과서 사용', '다른 교사의 수업 사용', '성취기준 사용', '동료와의 소통' 네 가지 요인에서 보이는 차이를 분석하였다.

① 배경변인에 따른 분석 결과

가. 학교급에 따른 차이 분석

학교급에 따른 교육과정 실행 요인의 차이를 분석한 결과는 다음 표와 같다.

학교급에 따른 교육과정 실행 요인의 차이분석은 교과서 사용, 다른 교사 수업 사용, 동료와의 소통 양상 요인에서 통계적으로 유의한 차이(F교과

학교급에 따른 교육과정 실행 요인의 차이

요인	학교급	N	M	SD	df	F	Scheffé
교과서 사용	초	475	2.68	0.903		4.672**	2>1
	중	208	2.92	0.981			
	고	131	2.73	0.918			
	전체	814	2.75	0.930			
다른 교사의 수업 사용	초	475	2.37	0.874		20.241***	1>2,3
	중	208	1.98	0.811			
	고	131	2.01	0.816			
	전체	814	2.21	0.869	(2, 811)		
성취기준 사용	초	475	3.42	0.835		2.590	
	중	208	3.55	0.754			
	고	131	3.38	0.852			
	전체	814	3.45	0.819			
동료와의 소통	초	475	3.57	0.962		4.352*	1>3
	중	208	3.45	0.918			
	고	131	3.32	0.858			
	전체	814	3.50	0.939			

$^*p<.05,\ ^{**}p<.01,\ ^{***}p<.001$

서사용=4.672, F다른 교사 수업 사용=20.241, F동료와의 소통=4.352)를 보였다. 첫째, 교과서 사용 요인에서 초등학교와 중학교 교사 간에 차이가 나타났다. 중학교 교사의 경우, 초등학교 교사에 비해 교과서 충실도가 높게 나타났다. 이는 중학교 교사가 초등학교 교사에 비해 교과서를 더 충실하게 가르치고 있음을 보여준다. 둘째, 다른 교사의 수업 사용 요인에서 초등학교 교사와 중학교, 고등학교 교사 간에 차이가 나타났다. 초등학교 교사의 경우, 중·고등학교 교사에 비해 다른 교사의 수업 모방도가 높게 나타났다. 셋째, 동료와의 소통 요인에서 초등학교와 고등학교 교사 간에 차이가 나타났다. 초등학교 교사의 경우, 고등학교 교사에 비해 동료와의 소통 정도가 높게 나타났다.

나. 근무지에 따른 차이 분석

근무지(일반학교, 혁신학교)에 따른 교육과정 실행 요인의 차이를 분석한 결과는 다음과 같다.

근무지에 따른 교육과정 실행 요인의 차이

요인	근무지	N	M	SD	df	t
교과서 사용	일반학교	573	2.86	0.913	812	5.261***
	혁신학교	241	2.49	0.921	812	5.261***
다른 교사의 수업 사용	일반학교	573	2.25	0.860	812	1.913
	혁신학교	241	2.12	0.886	812	1.913
성취기준 사용	일반학교	573	3.36	0.812	812	-4.934***
	혁신학교	241	3.66	0.797	812	-4.934***
동료와의 소통	일반학교	573	3.34	0.904	812	-7.982***
	혁신학교	241	3.89	0.905	812	-7.982***

***$p < .001$

근무지에 따른 교육과정 실행 요인의 차이분석은 교과서 사용, 성취기준 사용, 동료와의 소통 요인에서 통계적으로 유의한 차이(t교과서 사용=5.261, t성취기준 사용=-4.934, F동료와의 소통=-7.982)를 보였다. 첫째, 교과서 사용 요인에서 일반학교 교사와 혁신학교 교사 간에 차이가 나타났다. 일반학교 교사의 경우, 혁신학교 교사에 비해 교과서 충실도가 높게 나타났다. 이러한 수치를 통해 혁신학교 교사가 교과서에서 비교적 자유로운 교육과정 실행을 하고 있음을 알 수 있다. 둘째, 성취기준 사용 요인에서 일반학교 교사와 혁신학교 교사 간에 차이가 나타났다. 혁신학교 교사의 경우, 일반학교 교사에 비해 성취기준 활용도가 높게 나타났다. 이는 혁신학교 교사가 성취기준을 비교적 많이 활용하고 있음을 보여준다. 셋째, 동료와의 소통 요인에서 일반학교 교사와 혁신학교 교사 간에 차이가 나타났다. 혁신학교 교사의 경우, 일반학교 교사에 비해 동료와의 소통 정도가 높게 나타났다.

다. 학교 규모에 따른 차이 분석

학교 규모에 따른 교육과정 실행 요인의 차이를 분석한 결과는 다음 표와 같다.

학교 규모(초등)에 따른 교육과정 실행 요인의 차이분석은 동료와의 소통 요인에서 통계적으로 유의한 차이(F동료와의 소통=9.313)를 보였다. 동료와의 소통 요인에서 학교 규모 간에 차이가 나타났다. 동료와의 소통 정도가 19학급 규모 이상에서 근무하는 교사가 18학급 규모 이하의 교사보다 소통 정도가 더 높게 나타났다. 이는 동학년 교사의 숫자가 늘어날수록 소통이 더 활발하다는 것을 보여준다.

학교 규모에 따른 교육과정 실행 요인의 차이(초등)

요인	학교 규모	N	M	SD	df	F	Scheffé
교과서 사용	6학급 이하	50	2.76	0.855		.134	
	7~18학급	98	2.66	0.921	(3, 471)	.134	
	19~29학급	126	2.68	0.901	(3, 471)	.134	
	30학급 이상	201	2.68	0.914	(3, 471)	.134	
	합계	475	2.68	0.903	(3, 471)	.134	
다른 교사의 수업 사용	6학급 이하	50	2.32	0.811	(3, 471)	.571	
	7~18학급	98	2.29	0.800	(3, 471)	.571	
	19~29학급	126	2.43	0.968	(3, 471)	.571	
	30학급 이상	201	2.39	0.864	(3, 471)	.571	
	합계	475	2.37	0.874	(3, 471)	.571	
성취기준 사용	6학급 이하	50	3.39	0.813	(3, 471)	.105	
	7~18학급	98	3.44	0.780	(3, 471)	.105	
	19~29학급	126	3.39	0.883	(3, 471)	.105	
	30학급 이상	201	3.43	0.840	(3, 471)	.105	
	합계	475	3.42	0.835	(3, 471)	.105	
동료와의 소통	6학급 이하	50	3.11	0.877	(3, 471)	9.313***	3,4>1.2
	7~18학급	98	3.32	1.007	(3, 471)	9.313***	3,4>1.2
	19~29학급	126	3.74	0.910	(3, 471)	9.313***	3,4>1.2
	30학급 이상	201	3.71	0.934	(3, 471)	9.313***	3,4>1.2
	합계	475	3.57	0.962		9.313***	3,4>1.2

*** $p < .001$

학교 규모(중등)에 따른 교육과정 실행 요인의 차이분석은 교과서 사용과 다른 교사 수업 사용 유형에서 통계적으로 유의한 차이(F교과서 사용=12.277, F다른 교사 수업 사용=12.277)를 보였다. 첫째, 교과서 사용 요인에서 학교 규모 간에 차이가 나타났다. 3학급 이하의 학교에서 근무하는 교사는 4학급 이상의 학교에서 근무하는 교사보다 교과서 충실도가 더 높게 나타났다. 이는 학교의 규모가 작을수록 교과서를 충실히 가르치고 있음을 보여준다. 둘째, 다른 교사 수업 사용 요인에서 학교 규모 간에 차이가 나타났다. 3학급 이하의 학교 교사가 4~9학급 학교에서 근무하는 교사보다 다른 교사의 수업 모방도가 높게 나타났다. 이는 학교의 규모가 작을수록 다른 교사의 수업을 모방해서 가르칠 확률이 높다는 것을 보여준다.

학교 규모에 따른 교육과정 실행 요인의 차이(중등)

요인	학교 규모	N	M	SD	df	F	Scheffé
교과서 사용	3학급 이하	38	3.55	0.784		12.277***	1>2,3
	4~9학급	62	2.71	0.943			
	10학급 이상	238	2.77	0.947			
	합계	338	2.85	0.960			
다른 교사의 수업 사용	3학급 이하	38	2.31	0.769		3.677*	1>2
	4~9학급	62	1.87	0.764			
	10학급 이상	238	1.97	0.823			
	합계	338	1.99	0.813	(2, 335)		
성취기준 사용	3학급 이하	38	3.39	0.701		.440	
	4~9학급	62	3.55	0.771			
	10학급 이상	238	3.48	0.820			
	합계	338	3.48	0.797			
동료와의 소통	3학급 이하	38	3.19	0.781		1.130	
	4~9학급	62	3.39	0.910			
	10학급 이상	238	3.43	0.911			
	합계	338	3.40	0.898			

*p <.05, ***p <.001

라. 경력에 따른 차이 분석

경력에 따른 교육과정 실행 요인의 차이를 분석한 결과는 다음 표와 같다.

경력에 따른 교육과정 실행 요인의 차이분석은 교과서 사용, 다른 교사 수업 사용, 성취기준 사용 요인에서 통계적으로 유의한 차이(F교과서 사용 =3.940, F다른 교사 수업 사용=8.024, F성취기준 사용=3.951)를 보였다. 첫째, 교과서 사용 요인에서 20년 이상과 6~10년 미만 교사 간에 차이가 나타났다. 20년 이상의 경력을 가진 교사에게서 교과서를 충실히 가르치는 비율이 높게 나타났고, 6~10년 미만의 교사에게서 가장 낮게 나타났다. 5년 이하의 교사는 교과서를 충실하게 가르치는 비율이 비교적 높게 나타났지만 6~10년까지의 교사는 가장 낮게 나타났다. 그러나 10년 이후부터는 경력에 따라 교

경력에 따른 교육과정 실행 요인의 차이

요인	경력	N	M	SD	df	F	Scheffé
교과서 사용	5년 이하	67	2.71	0.738		3.940**	
	6~10년 미만	92	2.57	0.770			
	10~20년 미만	234	2.64	0.938			
	20년 이상	421	2.85	0.974			
	전체	814	2.75	0.930			
다른 교사의 수업 사용	5년 이하	67	2.38	0.901		8.024***	2>3,4
	6~10년 미만	92	2.59	0.938			
	10~20년 미만	234	2.15	0.876			
	20년 이상	421	2.14	0.822			
	전체	814	2.21	0.869			
성취기준 사용	5년 이하	67	3.27	0.772	(3, 810)	3.951**	3>2
	6~10년 미만	92	3.23	0.893			
	10~20년 미만	234	3.52	0.806			
	20년 이상	421	3.48	0.809			
	전체	814	3.45	0.819			
동료와의 소통	5년이하	67	3.41	0.878		2.171	
	6~10년 미만	92	3.34	0.956			
	10~20년 미만	234	3.61	0.974			
	20년 이상	421	3.49	0.920			
	전체	814	3.50	0.939			

**p<.01, ***p<.001

과서를 충실히 가르치는 교사의 비율이 점점 높아졌다. 둘째, 다른 교사의 수업 사용 요인에서 6~10년 미만과 10~20년 미만, 20년 이상 간에 차이가 나타났다. 6~10년 미만의 경력을 가진 교사는 10년 초과의 경력을 갖고 있는 교사에 비해 다른 교사의 수업 모방도가 높게 나타났다. 이는 경력이 10년 미만인 경우 다른 교사의 수업을 그대로 사용하는 비율이 높다는 것을 보여준다. 셋째, 성취기준 사용 요인에서 10~20년 미만과 6~10년 미만 간에 차이가 나타났다. 10~20년 미만의 경력을 가진 교사는 6~10년 미만의 경력을 가진 교사에 비해 성취기준 활용도가 높게 나타났다. 이는 10년 초과의 경력을 가진 교사가 성취기준을 많이 사용하고 있음을 보여준다.

② 교사의 교육과정 실행 유형

가. 유형화 방식

교사의 교육과정 실행 양상을 유형화하기 위해 구성요인과 개념에 코드를 부여하였다.

교육과정 실행 코드화 방식

구성요인 \ 개념	배점	유형	유형코드
교과서	3-6점	교과서 생성	[교생]형
	7-11점	교과서 수정	[교수]형
	12-15점	교과서 충실	[교충]형
다른 교사의 수업	3-11점	다른 교사의 수업 벤치마킹	[다벤]형
	12-15점	다른 교사의 수업 모방	[다모]형
성취기준	3-6점	성취기준 미사용	[성미]형
	7-13점	성취기준 출발	[성출]형
	14-15점	성취기준 도구	[성도]형
동료와의 소통	3-6점	나홀로 실행	[소홀]형
	7-11점	상황에 따른 선택	[소선]형
	12-15점	공동체	[소공]형

나. 구성요인별 유형

ㄱ. 교과서 사용 측면에서 교육과정 실행 유형

교과서 사용 측면에서 유형은 교과서 충실형이면 [교충]형, 교과서 수정형이면 [교수]형, 교과서 생성형이면 [교생]형으로 분류하였다.

첫째, [교충]형의 경우, 중학교, 일반학교, 초등 6학급 이하의 학교에서 근무하는 교사, 중등 3학급 이하의 학교에서 근무하는 교사, 경력 20년 이상의 교사의 비율이 상대적으로 높게 나타났다. 특히 3학급 이하에 근무하는 중학교 교사의 경우 다른 학교급에 비해 높은 수치를 보였다. 둘째, [교수]형의 경우, 모든 배경변인에서 고루 높게 나타났다. 이를 통해 대다수 교사들

교과서 사용 측면의 유형

배경변인	교과서 사용	[교충]형 (교과서 충실형)	[교수]형 (교과서 수정형)	[교생]형 (교과서 생성형)
학교급	초	87(18.3%)	206(43.4%)	182(38.3%)
	중	57(27.4%)	83(39.9%)	68(32.7%)
	고	27(20.6%)	56(42.7%)	48(36.6%)
근무지	일반학교	132(23.1%)	265(46.2%)	176(30.7%)
	혁신학교	39(16.2%)	80(33.2%)	122(50.6%)
학교 규모 (초등)	6학급 이하	11(22.0%)	23(46.0%)	16(32.0%)
	7~18학급	19(19.4%)	45(45.9%)	34(34.7%)
	19~29학급	23(18.3%)	54(42.9%)	49(38.9%)
	30학급 이상	34(16.9%)	84(41.8%)	83(41.3%)
학교 규모 (중등)	3학급 이하	21(55.3%)	11(28.9%)	6(15.8%)
	4~9학급	11(17.7%)	25(40.3%)	26(41.9%)
	10학급 이상	52(21.8%)	103(43.3%)	83(34.9%)
경력	5년 이하	9(13.4%)	34(50.7%)	24(35.8%)
	6~10년 미만	12(13.0%)	47(51.1%)	33(35.9%)
	10~20년 미만	43(18.4%)	89(38.0%)	102(43.6%)
	20년 이상	107(25.4%)	175(41.6%)	139(33.0%)

이 이 유형에 속해 있음을 알 수 있다. 셋째, [교생]형의 경우, 학교급에 따라 차이가 나타나지 않았다. 높은 비율을 보인 집단은 혁신학교, 규모가 큰 학교에 근무하는 교사, 10~20년 경력을 가진 교사였다. 특히 혁신학교 교사의 경우 [교생]형이 매우 높게 나타났다.

ㄴ. 다른 교사의 수업 사용 측면에서의 유형

다른 교사의 수업 사용 측면에서 유형은 다른 교사의 수업 모방형이면 [다모]형, 다른 교사의 수업 벤치마킹형이면 [다벤]형으로 분류하였다.

첫째, [다모]형의 경우, 초등학교 교사, 초등 19-29학급의 학교에서 근무하는 교사, 경력 6-10년 미만 교사에게서 상대적으로 높은 비율이 나타났다.

다른 교사의 수업 사용 측면의 유형

배경변인	다른 교사의 수업 사용	[다모]형 (다른 교사의 수업 모방형)	[다벤]형 (다른 교사의 수업 벤치마킹형)
학교급	초등학교	44(9.3%)	431(90.7%)
	중학교	7(3.4%)	201(96.6%)
	고등학교	6(4.6%)	125(95.4%)
근무지	일반학교	38(6.6%)	535(93.4%)
	혁신학교	19(7.9%)	222(92.1%)
학교 규모 (초등)	6학급 이하	4(8.0%)	46(92.0%)
	7-18학급	4(4.1%)	94(95.9%)
	19-29학급	18(14.3%)	108(85.7%)
	30학급 이상	18(9.0%)	183(91.0%)
학교 규모 (중등)	3학급 이하	2(5.3%)	36(94.7%)
	4-9학급	2(3.2%)	60(96.8%)
	10학급 이상	9(3.8%)	229(96.2%)
경력	5년 이하	6(9.0%)	61(91.0%)
	6-10년 미만	15(16.3%)	77(83.7%)
	10-20년 미만	15(6.4%)	219(93.6%)
	20년 이상	21(5.0%)	400(95.0%)

그러나 그 비중은 [다벤]형에 비해 현저히 낮았다. 둘째, [다벤]형의 경우, 모든 배경변인에서 고루 높게 나타났다. 따라서 대다수 교사들이 이 유형에 속해 있음을 알 수 있었다.

ㄷ. 성취기준 사용 측면에서의 유형

성취기준 사용 측면에서는 성취기준 미사용형이면 [성미]형, 성취기준 출발형이면 [성출]형, 성취기준 도구형이면 [성도]형으로 분류하였다.

첫째, [성미]형의 경우, 고등학교 교사, 일반학교 교사의 비율이 상대적으로 높게 나타났다. 이 밖에 학교 규모나 경력에서는 큰 차이를 보이지 않았다. 둘째, [성출]형의 경우, 일반학교 교사의 비율이 상대적으로 높게 나타났다.

성취기준 사용 측면의 유형

배경변인	성취기준 사용	[성미]형 (성취기준 미사용형)	[성출]형 (성취기준 출발형)	[성도]형 (성취기준 도구형)
학교급	초등학교	50(10.5%)	267(56.2%)	158(33.3%)
	중학교	11(5.3%)	117(56.3%)	80(38.5%)
	고등학교	17(13.0%)	67(51.1%)	47(35.9%)
근무지	일반학교	61(10.6%)	338(59.0%)	174(30.4%)
	혁신학교	17(7.1%)	113(46.9%)	111(46.1%)
학교 규모 (초등)	6학급 이하	5(10.0%)	28(56.0%)	17(34.0%)
	7~18학급	9(9.2%)	54(55.1%)	35(35.7%)
	19~29학급	14(11.1%)	73(57.9%)	39(31.0%)
	30학급 이상	22(10.9%)	112(55.7%)	67(33.3%)
학교 규모 (중등)	3학급 이하	2(5.3%)	22(57.9%)	14(36.8%)
	4~9학급	4(6.5%)	30(48.4%)	28(45.2%)
	10학급 이상	22(9.2%)	132(55.5%)	84(35.3%)
경력	5년 이하	9(13.4%)	43(64.2%)	15(22.4%)
	6~10년 미만	10(10.9%)	60(65.2%)	22(23.9%)
	10~20년 미만	21(9.0%)	121(51.7%)	92(39.3%)
	20년 이상	38(9.0%)	227(53.9%)	156(37.1%)

이 밖에 학교급, 학교 규모, 경력에서는 큰 차이를 보이지 않았다. 셋째, [성도]형의 경우, 학교급에서는 큰 차이를 보이지 않았다. 두드러지게 높은 비율을 보인 것은 혁신학교 교사, 중등의 4~9학급에 근무하는 교사, 10년 초과의 경력을 가진 교사였다. 특히 혁신학교 교사의 경우 [성도]형의 비율이 16퍼센트 차이로 비교적 높게 나타났다.

ㄹ. 동료와의 소통 측면에서의 유형

동료와의 소통 측면에서는 나홀로형이면 [소홀]형, 상황에 따른 선택형이면 [소선]형, 공동체형이면 [소공]형으로 분류하였다.

첫째, [소홀]형의 경우, 고등학교, 일반학교, 작은 학교(초등)에 근무하는 교

동료와의 소통 측면의 유형

배경변인	동료와의 소통	[소홀]형 (나홀로형)	[소선]형 (상황에 따른 선택형)	[소공]형 (공동체형)
학교급	초등학교	39(8.2%)	220(46.3%)	216(45.5%)
	중학교	21(10.1%)	107(51.4%)	80(38.5%)
	고등학교	15(11.5%)	73(55.7%)	43(32.8%)
근무지	일반학교	58(10.1%)	323(56.4%)	192(33.5%)
	혁신학교	17(7.1%)	77(32.0%)	147(61%)
학교 규모 (초등)	6학급 이하	7(14%)	30(60%)	13(26%)
	7~18학급	15(15.3%)	51(52%)	32(32.7%)
	19~29학급	6(4.8%)	54(42.9%)	66(52.4%)
	30학급 이상	11(5.5%)	85(42.3%)	105(52.2%)
학교 규모 (중등)	3학급 이하	4(10.5%)	25(65.8%)	9(23.7%)
	4~9학급	8(12.9%)	28(45.2%)	26(41.9%)
	10학급 이상	24(10.1%)	126(52.9%)	88(37%)
경력	5년 이하	4(6%)	36(53.7%)	27(40.3%)
	6~10년 미만	9(9.8%)	51(55.4%)	32(34.8%)
	10~20년 미만	22(9.4%)	101(43.2%)	111(47.4%)
	20년 이상	40(9.5%)	212(50.4%)	169(40.1%)

사, 경력이 높은 교사의 비율이 상대적으로 높게 나타났다. 특히 초등의 경우 18학급 이하의 학교에 근무하는 교사가 비교적 높은 수치를 보였다. 둘째, [소선]형의 경우, 고등학교, 일반학교 교사, 작은 학교 교사(초등), 경력이 10년 미만인 교사의 비율이 상대적으로 높게 나타났다. 특히 초등의 경우 6학급 이하의 근무하는 교사가 비교적 높은 수치를 보였다. 셋째, [소공]형의 경우, 초등학교, 혁신학교, 19학급 이상의 규모에서 근무하는 교사(초등), 경력이 10년 미만인 교사의 비율이 높게 나타났다. 특히 혁신학교 교사의 경우 [소공]형이 매우 높게 나타났다.

다. 배경변인별 대표 유형

ㄱ. 학교급별 대표 유형

학교급별로 가장 높은 비율을 보이는 대표적인 유형은 다음과 같다.

학교급별 대표 유형

배경변인	유형		대표 유형
학교급	초등학교	[교수]_[다벤]_[성출]_[소선]형	교과서 사용 측면에서 '교과서 수정형', 다른 교사 수업 사용 측면에서는 '벤치마킹형', 성취기준 사용 측면에서 '성취기준 출발형', 동료와의 소통 측면에서 '상황에 따른 선택형' 실행 유형의 비율이 높음.
	중학교		
	고등학교		

모든 학교급에서 [교수]_[다벤]_[성출]_[소선]형이 가장 대표적으로 나타났다. 즉, 학교급별 대표적인 유형 간의 차이는 나타나지 않았다. 동료와의 소통 측면에서는 초등학교 교사에게서 [소공]형의 비율이 중·고등학교 교사에 비해 비교적 높게 나타났지만 대표적인 유형은 같았다. 이를 통해 [교수]_[다벤]_[성출]_[소선]형이 초·중·고 교사들에게 보편적으로 나타나는 유형임을 알

수 있었다.

ㄴ. 근무지별 대표 유형

근무지별로 가장 높은 비율을 보이는 대표적인 유형은 다음과 같다.

근무지별 대표 유형

배경변인	유형		대표 유형
근무지	일반학교	[교수]_[다벤]_[성출]_[소선]형	교과서 사용 측면에서는 '교과서 수정형', 다른 교사 수업 사용 측면에서는 '벤치마킹형', 성취기준 사용 측면에서는 '성취기준 출발형', 동료와의 소통 측면에서는 '상황에 따른 선택형' 실행 유형의 비율이 높음.
	혁신학교	[교생]_[다벤]_[성출]_[소공]형	교과서 사용 측면에서는 '교과서 생성형', 다른 교사 수업 사용 측면에서는 '벤치마킹형', 성취기준 사용 측면에서는 '성취기준 출발형', 동료와의 소통 측면에서는 '공동체형' 실행 유형의 비율이 높음.

근무지별로 가장 대표적인 유형을 살펴보면, 일반학교 교사는 [교수]_[다벤]_[성출]_[소선]형, 혁신학교 교사는 [교생]_[다벤]_[성출]_[소공]형이다. 일반학교 교사와 혁신학교 교사 간의 가장 큰 차이는 교과서를 다루는 방식, 동료와의 소통 방식이었다. 혁신학교 교사는 일반학교 교사에 비해 교과서를 생성하는 비율이 높았고, 동료와의 소통이 활발했다. 또한 성취기준 사용 측면에서는 혁신학교 교사에게서 [성출]형이 높게 나타났지만 [성도]형의 비율도 거의 비슷한 수준으로 높게 나타났다. 이를 통해 혁신학교가 공동체성이 두터운 교육과정 실행 문화를 갖고 있음을 알 수 있고, 혁신학교 교사가 성취기준으로부터 비교적 자유로운 실행을 하고 있음을 알 수 있다.

ㄷ. 학교 규모별 대표 유형

학교 규모별로 가장 높은 비율을 보이는 유형은 초등은 다음과 같다.

학교 규모(초등)별로 가장 대표적인 유형을 살펴보면, 18학급 이하의 규모에 근무하는 교사는 [교수] [다벤] [성출] [소선]형, 19~29학급의 규모에 근무하는 교사는 [교수] [다벤] [성출] [소공]형, 30학급 이상의 규모에서 근무하는 교사는 [교수] [다벤] [성출] [소공]형이다. 학교 규모(초등) 차원에서 나타난 차이는 동료와의 소통 방식이었다. 19학급 이상의 학교에 근무하는 교사들은 동료와의 소통 측면에서는 [소공]형이 가장 높게 나타났다. 또한 30학급 이상의 학교에 근무하는 교사들은 교과서 사용 측면에서는 [교수]형과 [교생]형이 거의 비슷하게 나타났으나 [교수]형이 근소한 차이로 높아서 [교수생]형으로 표시하였다. 학교 규모가 클수록 [소공]형이 많이 나타난다는 점은 동학년 교사가 많기 때문에 당연한 결과라고 할 수 있다. 동학년 교사가 많을수록

학교규모별 대표 유형(초등)

배경변인	유형		대표 유형
학교 규모	6학급 이하	[교수] [다벤] [성출] [소선]형	교과서 사용 측면에서는 '교과서 수정형', 다른 교사 수업 사용 측면에서는 '벤치마킹형', 성취기준 사용 측면에서는 '성취기준 출발형', 동료와의 소통 측면에서 '상황에 따른 선택형' 실행 유형의 비율이 높음.
	7-18학급	[교수] [다벤] [성출] [소선]형	교과서 사용 측면에서는 '교과서 수정형', 다른 교사 수업 사용 측면에서는 '벤치마킹형', 성취기준 사용 측면에서는 '성취기준 출발형', 동료와의 소통 측면에서는 '상황에 따른 선택형' 실행 유형의 비율이 높음.
	19-29학급	[교수] [다벤] [성출] [소공]형	교과서 사용 측면에서는 '교과서 수정형', 다른 교사 수업 사용 측면에서는 '벤치마킹형', 성취기준 사용 측면에서는 '성취기준 출발형', 동료와의 소통 측면에서는 '공동체형' 실행 유형의 비율이 높음.
	30학급 이상	[교수] [다벤] [성출] [소공]형	교과서 사용 측면에서는 '교과서 수정형', 다른 교사 수업 사용 측면에서는 '벤치마킹형', 성취기준 사용 측면에서는 '성취기준 출발형', 동료와의 소통 측면에서는 '공동체형' 실행 유형이 다수를 차지하고 있음.

교과서 생성이 많이 일어난다는 것을 볼 때, 교육과정 연구가 더 활발하게 일어날 수 있는 여건으로 동료 교사 요인이 주요하게 작용하고 있음을 알 수 있다.

학교 규모(중등)별로 가장 대표적인 유형을 살펴보면, 3학급 이하의 규모에 근무하는 교사는 [교충].[다벤].[성출].[소선]형, 4~9학급의 규모에 근무하는 교사는 [교생].[다벤].[성출].[소선]형, 10학급 이상의 규모에서 근무하는 교사는 [교수].[다벤].[성출].[소선]형이다. 학교 규모(중등) 차원에서 나타난 차이는 교과서 사용 방식이었다. 3학급 이하의 학교에 근무하는 교사들은 교과서 사용 측면에서는 [교충]형이 가장 높게 나타난 반면, 4~9학급은 [교생]형, 10학급 이상은 [교수]형으로 나타났다. 중등의 경우, 학교 규모에 따라 교과서를 사용하는 양상에서 다양한 실행을 보여 특별한 패턴을 찾기 어려웠으나 학교 규모가 작은 경우 교과서를 충실히 가르치는 교사가 많다는 점에서 규모가 작을수록 교육과정 자료를 생성하기 어렵다는 점을 알 수 있다.

학교규모별 대표 유형(중등)

배경변인	유형		대표 유형
학교 규모	3학급 이하	[교충].[다벤].[성출].[소선]형	교과서 사용 측면에서는 '교과서 충실형', 다른 교사 수업 사용 측면에서는 '벤치마킹형', 성취기준 사용 측면에서는 '성취기준 출발형', 동료와의 소통 측면에서는 '상황에 따른 선택형' 실행 유형의 비율이 높음.
	4~9학급	[교생].[다벤].[성출].[소선]형	교과서 사용 측면에서는 '교과서 생성형', 다른 교사 수업 사용 측면에서는 '벤치마킹형', 성취기준 사용 측면에서는 '성취기준 출발형', 동료와의 소통 측면에서는 '상황에 따른 선택형' 실행 유형의 비율이 높음.
	10학급 이상	[교수].[다벤].[성출].[소선]형	교과서 사용 측면에서는 '교과서 수정형', 다른 교사 수업 사용 측면에서는 '벤치마킹형', 성취기준 사용 측면에서는 '성취기준 출발형', 동료와의 소통 측면에서는 '상황에 따른 선택형' 실행 유형의 비율이 높음.

ㄹ. 경력별 대표 유형

경력별로 가장 높은 비율을 보이는 대표적인 유형은 다음과 같다.

경력별로 가장 대표적인 유형을 살펴보면, 10년 미만의 경력을 가진 교사는 [교수] [다벤] [성출] [소선]형, 10~20년 미만의 경력을 가진 교사는 [교생] [다벤] [성출] [소공]형, 20년 이상의 경력을 가진 교사는 [교수] [다벤] [성출] [소선]형이다. 경력 차원에서 나타난 차이는 교과서 사용 방식이었다. 10~20년 미만의 경력을 가지고 있는 교사는 다른 경력의 교사와 달리 [교생]형 교사가 가장 높은 비율을 나타냈다. 이를 통해 10~20년 미만 경력을 가진 교사들이 가장 활발하게 교사교육과정을 개발하고 있음을 알 수 있다. 이러한 결과는 생애주기별 교사 연수를 다르게 제공할 필요가 있음을 시사한다.

경력별 대표 유형

배경변인	유형	대표 유형	
경력	5년 이하	[교수] [다벤] [성출] [소선]형	교과서 사용 측면에서는 '교과서 수정형, 다른 교사 수업 사용 측면에서는 '벤치마킹형', 성취기준 사용 측면에서는 '성취기준 출발형', 동료와의 소통 측면에서는 '상황에 따른 선택형' 실행 유형의 비율이 높음.
	6-10년 미만		
	10-20년 미만	[교생] [다벤] [성출] [소공]형	교과서 사용 측면에서는 '교과서 생성형', 다른 교사 수업 사용 측면에서는 '벤치마킹형', 성취기준 사용 측면에서는 '성취기준 출발형', 동료와의 소통 측면에서는 '공동체형' 실행 유형의 비율이 높음.
	20년 이상	[교수] [다벤] [성출] [소선]형	교과서 사용 측면에서는 '교과서 수정형, 다른 교사 수업 사용 측면에서는 '벤치마킹형', 성취기준 사용 측면에서는 '성취기준 출발형', 동료와의 소통 측면에서는 '상황에 따른 선택형' 실행 유형의 비율이 높음.

4) 나오며

이 연구는 교육과정 자료 사용 및 동료와의 소통 양상 측면에서 교사의 교육과정 실행을 실제적으로 파악할 수 있는 검사 도구를 개발하여 교육과정의 실행 양상과 유형을 탐색하였다.

교사의 교육과정 실행은 매우 다양할 뿐 아니라 여러 가지가 중첩되어 나타나기 때문에 검사 도구의 요인을 구성하는 일이 쉽지 않았다. 이에 현장 교사들의 의견 수렴과 검토를 반복하며, 교사의 실제적 교육과정 실행을 반영한 검사 도구를 개발하기 위해 노력했다. 그러나 인간의 의식과 행위를 객관적인 척도로 변환하고 유형화하는 과정에서 여러 가지 어려움과 한계에 직면하게 되었다. 이러한 어려움과 한계에도 불구하고 필자는 교사들이 자신의 교육과정 실행 행위를 파악하는 데 도움이 되는 검사 도구가 필요하다고 판단하였다. 자신의 교육과정적 성향과 행위가 어떠한지 파악할 수 있어야 자신의 교육과정 실행을 성찰할 수 있기 때문이다.

이 연구에서 개발한 검사 도구가 일정 부분 한계를 갖고 있을지라도 교사의 교육과정 전문성 성장에 도움이 되고, 나아갈 방향을 설정하는 데 도움이 될 수 있을 것으로 기대한다. 그러나 여기서 주의할 점은 이 검사지를 통해 도출된 결과를 본질적인 것, 고정된 것으로 이해해서는 안 된다는 것이다. 교사들은 교육과정 실행의 장에서 다양한 생각과 행위를 하며 역동적으로 살고 있기 때문에, 이들의 생각과 행위는 상황과 맥락에 따라 변할 수 있는 것으로 이해해야 한다. 따라서 본 연구의 검사 도구는 처방의 도구가 아닌 자신의 성향과 행위를 파악하기 위한 발견의 도구로 활용할 것을 제안한다.

본 연구의 결과를 바탕으로 정책적 제언을 제시하면 다음과 같다.

첫째, 2022 개정 교육과정 개발을 대비하여 교사에게 성취기준 자율권을 부여하는 문제에 관해 심도 있는 논의가 필요하다. 본 연구의 결과에 따르면 성취기준을 도구로 사용하는 교사들이 학교급별로 33~38퍼센트에 이르는 것으로 나타났다. 이들은 성취기준을 교육과정 설계의 출발점으로 사용하는 '성취기준에 의거한 교육과정 개발(standards-driven curriculum planning)' (Sleeter, Carmona, 2017), '성취기준 내용 중심의 수업 개발'(이윤미, 2020a) 이 아닌, 성취기준을 도구나 수단으로 사용하는 '성취기준을 의식한 교육과정 개발(standards-conscious curriculum planning)'(Sleeter, Carmona, 2017), '성취기준을 도구로 사용하는 수업 개발'(이윤미, 2020a)을 하고 있는 것으로 유추된다.

이러한 교사들에게 학생들의 경험은 성취기준과 동등한 수준으로 고려되며 하나가 다른 하나의 목적이나 수단이 되지 않는다(조현희, 2019). [성도]형 교사가 1/3을 넘는다는 본 연구의 결과는 교사들이 더 이상 성취기준을 절대적인 것으로 인식하지 않는다는 현실을 보여주었다. 그러나 현재 제도적으로는 교사의 성취기준 권한을 추가, 통합 정도로만 제한하고 있어 수정, 삭제 등의 자율권은 부여하지 않고 있다. 교과서만 충실히 가르치던 과거와 달리 다수 교사가 성취기준을 사용하여 교사교육과정 생산자로 살아가고 있고, 상당수 교사가 성취기준에서 자유로운 교육과정을 실행하고 있는 현실을 고려한다면, 이제는 교사에게 성취기준 자율권을 부여하는 문제에 관해 심도 있는 논의를 해야 할 것이다.

둘째, 혁신학교 연구를 통해 교육과정 혁신의 모델을 창출하여 확산시킬 필요가 있다. 본 연구의 결과에 따르면, 혁신학교 교사들은 적극적으로 교사 교육과정을 개발하는 생산형(이윤미, 2020a)에 가까운 실행을 하고 있었다. 혁신학교 교사에게서 나타나는 특징을 요약하면, 첫째, 교과서 충실도가 낮은 편이고, 교과서 생성형의 비율이 높다. 둘째, 성취기준을 많이 사용하는 편으로, 성취기준을 교육과정 개발의 출발점으로 삼기도 하지만 수단이나 도구로도 사용하고 있다. 셋째, 동료와의 소통 정도가 높다. 이렇듯 혁신학교 교사들이 일반학교 교사에 비해 동료들과 소통하며 교육과정 개발자로 살아가는 생산형 교사의 비율이 높은 편이다. 이를 통해 혁신학교의 교사교육과정 개발이 일반학교보다 더 잘 이루어지고 있음을 알 수 있다. 따라서 혁신학교의 교육과정 실행을 체계적으로 연구하여 생산형 교육과정 개발의 모델을 창출하고 이를 확산시킬 필요가 있다. 혁신학교의 교육과정 구조, 문화, 지향점, 교육과정 개발 과정, 개발된 교육과정의 특징 등을 밝히기 위해 정책적으로 대학이나 현장의 연구자와 혁신학교를 연결하여 협력연구를 진행할 수 있도록 지원하고, 연구의 결과가 일반학교 교사들에게도 확산되어 함께 성장할 수 있는 기회로 작용할 수 있도록 지원할 필요가 있다.

셋째, 교육과정 실행 유형에 따른 맞춤형 연수, 경력에 따른 생애주기별 연수를 개발하여 필수 연수로 배치할 필요가 있다. 본 연구의 결과에 따르면 학교급, 근무지, 학교규모, 경력에 따라 교육과정 실행 양상과 유형이 다르게 나타났다. 예를 들어 10~20년 미만 경력을 가진 교사들이 가장 활발하게 교사교육과정을 개발하고 있는 것으로 나타났다. 이러한 결과는 생애주기별 교사 연수를 다르게 제공할 필요가 있음을 시사한다. 따라서 유형별로 갖고 있는 교육과정적 성향에 따른 맞춤형 연수, 경력별 특성에 맞는 생애주기별 연수 등을 만든다면, 현재보다 더 많은 의미와 효과를 창출할 수 있을 것이다. 또한 교육과정 혁신을 추구하는 유형의 비율을 높일 수 있는 연수를 개발해야 한다. 연수를 실행하기 전에 사전 설문을 통해 유형을 나누어 분반하고, 유형에 맞게 연수 과목을 배치하는 것도 좋은 방법이다. 예를 들어, 성취기준 출발형이 많은 분반에서는 도구형의 가능성을 제안해 주는 강좌를 마련하는 등 유형별로 부족한 부분을 채우는 기회를 제공한 다면 연수 효과를 극대화할 수 있을 것이다.

넷째, 교육과정 자료 발행체제를 자율화하고 다양화할 필요가 있다. 특히 교과서 자유발행제 추진, 교사들이 만든 수업을 디지털 교재로 변환 등을 추진해야 한다. 본 연구 결과에 따르면 교과서를 충실히 가르치는 형 교사 의 비율은 매우 낮게 낮은 상황이다. 이는 우리나라 교사들의 상당수는 이 미 교과서를 재구성하거나 자신만의 교과서를 생성하는 소비-생산형 또는 생산형 교육과정 실행을 하고 있음을 보여준다. 교과서를 충실히 가르치는 것을 중요하게 생각했던 과거와 달리 이제 교사들은 교과서를 하나의 자료 로 여기며 자신만의 교육과정을 구성해나가고 있고 이를 위해 다양한 형태 의 교육과정 자료를 요구하고 있다. 특히 코로나19로 원격수업이 본격적으 로 도입된 상황에서 많은 교사는 디지털 교재를 필요로 하고 있다. 따라서 서책형뿐 아니라 디지털 형태의 교재 개발에 적극적으로 나서야 한다. 현장 교사들이 만든 교사교육과정 개발의 결과물을 디지털 교재로 변환하여 제 공하는 것도 좋은 방안 중의 하나이다.

4. 창의적 체험활동 다시 보기[15]

창의적 체험활동은 학생의 주도적인 참여와 학교의 자율성을 발휘할 수 있는 영역으로 출발하였기에 별도의 성취기준이나 교과용 도서 없이 활동별 내용만을 제시하고 있다. 이에 창의적 체험활동은 학교와 교사의 교육과정 자율성과 융통성을 구현할 수 있는 최적의 통로로서 의미를 갖고 있다(임유나, 이수정, 2020). 이러한 교육적 의미 속에서 창의적 체험활동의 위상과 역할은 지속적으로 확대·강화되어 왔고(유제순, 2016), 이를 보여주듯 현행 2015 개정 교육과정에서 창의적 체험활동 배당시간은 1~2학년군 336시간(안전한 생활 64시간 포함), 3~4학년군과 5~6학년군 각각 204시간에 이른다(교육부, 2015a). 이는 학년군별 총 시수 대비 약 19.3퍼센트, 10.3퍼센트, 9.4퍼센트로 국어와 수학 다음으로 높은 비중이다.

그러나 창의적 체험활동의 근본 취지나 위상과 달리 교사의 교육과정 자율권을 통제하고 있다는 비판도 존재한다(이지은, 2019; 이현근, 2021). 범교과 학습 시수의 과도한 배정, 법령이나 유관기관에서 요청하는 교육의 과다, 고정되고 경직된 세부 영역 등으로 교사의 실질적 자율권이 구현되지 못함

---

15) 이 글은 다음 논문을 재구성한 것임: 이윤미, 김두겸(2021). 창의적 체험활동 운영 시 초등교사가 겪는 어려움 및 개선방안 탐색. 통합교육과정연구, 15(1), 79-106.

으로써 교사들이 창의적 체험활동을 운영하는 데에 있어 어려움을 겪고 있다는 것이다.

창의적 체험활동의 운영 실태를 살펴보기 위해 선행연구를 분석해보니 설문조사와 문헌연구가 주를 이루고 있어 창의적 체험활동 운영의 주체인 현장 교사들의 경험에 대한 질적 연구가 부족했다. 또한 2009 개정 교육과정 고시 직후 창의적 체험활동 관련 연구들이 비교적 활발히 수행되었던 것에 비해, 2015 개정 교육과정 고시 이후에는 교사의 인식에 관한 연구(한창록, 2017), 창의적 체험활동의 현재와 미래에 대한 초등교사 인식 연구(하강수, 장인실, 2018), 창의적 체험활동과 교과 교육과정의 연계에 관한 연구(이지은, 2019), 창의적 체험활동 편성·운영 실태 분석 연구(이수정 외, 2019; 임유나, 이수정, 2020) 정도에 그치고 있어 창의적 체험활동의 적용 실태나 개선 방향에 관한 연구가 활발히 이루어지지 않고 있었다.

그러나 정규 교육과정으로서 창의적 체험활동이 지닌 강점과 비중에 비추어 볼 때, 각 교과 못지않게 실태 파악 및 문제 개선, 발전적 방안 마련을 위한 연구가 지속적으로 수행되어야 한다(임유나, 이수정, 2020). 나아가 2022 개정 교육과정 개발을 앞둔 현시점에서 2015 개정 교육과정 체제에서의 창의적 체험활동 운영의 실태와 개선방안에 관한 심도 있는 연구와 논의가 진행될 필요가 있다. 특히 현장 교사들이 창의적 체험활동 운영 과정에서 실제 어떤 어려움을 겪고 있는지 살펴봄으로써 창의적 체험활동이 추후 어떤 방향으로 개선되어야 하는지 탐색해보는 일이 필요하다.

이에 이 연구는 창의적 체험활동 운영 시 초등교사가 겪는 어려움과 이를 해소하기 위한 개선방안을 탐색하는 데 목적을 두고 있다. 이를 위해 2015 개정 교육과정의 창의적 체험활동 관련 문서 및 6개 초등학교의 창의적 체험활동 관련 문서를 분석하고, 이 학교들의 교육과정 담당 교사를 대상으로 심층면담을 수행하였다.

주요 연구문제는 다음과 같다.

첫째, 창의적 체험활동 운영 과정에서 초등교사가 겪는 어려움은 무엇인가?

둘째, 초등교사가 겪는 어려움을 해소할 수 있는 개선방안은 무엇인가?

1) 창의적 체험활동에 관한 선행연구

'창의적 체험활동'은 교과와의 상호보완적 관계 속에서 앎을 적극적으로 실천하고 심신을 조화롭게 발달시키기 위해 실시하는 교과 이외의 활동이다(교육부, 2015d). 창의적 체험활동은 2009 개정 교육과정에서 도입되었지만, 그 근원을 찾아보면 제1차 교육과정의 '특별활동'으로 거슬러 올라간다. 창의적 체험활동의 전신인 특별활동은 제1차 교육과정부터 제5차 교육과정에 이르기까지 교과교육과 함께 학교교육의 한 축을 이루었다. 이후 제6차 교육과정에서 '학교재량시간'(초등 3~6학년)이 추가되었고, 제7차 교육과정에서 '학교재량시간'은 '재량활동'으로 변화하여 2007 개정 교육과정까지 학교교육과정은 '교과', '특별활동', '재량활동' 3대 영역으로 편제되었다. 그러다 2009 개정 교육과정에서 '특별활동'과 '재량활동'이 통합된 '창의적 체험활동'이 생겨나면서 현재와 같은 '교과', '창의적 체험활동' 양대 편제가 만들어졌다(조영남, 2015).

이렇듯 우리나라는 서구의 여러 나라와는 다르게 교과 외 활동 교육과정을 제1차 교육과정 제정 때부터 공식 교육과정으로 편제하고 있다. 이후 교과 외 활동 교육과정 확대·통합, 영역과 내용 그리고 시간 배당의 조정 등의 변화가 있었지만 계속해서 확대·강화되어 온 측면이 있다. 국가 수준에서 교과 외 활동 교육과정을 공식 교육과정으로 지속적으로 편제할 뿐만 아니라 확대·강화해왔다는 것은 이 교육과정이 그만큼 교육적 의의를 내재하고 있기 때문이라고 보아야 한다. 창의적 체험활동의 교육적 의의는 학생의 창의성 함양, 다양한 체험활동을 통한 앎과 수행의 간극 최소화, 학생 중심 교육의 실현, 전인교육 구현의 한 축으로서의 역할, 단위학교의 교육과정 개발, 실행, 평가의 자율권 보장 등이다(교육과학기술부, 2010).

창의적 체험활동의 교육적 의미가 큰 만큼 이에 관한 연구도 활발히 진행되어왔다. 관련 연구로는 첫째, 교사들의 인식에 관한 연구(김사훈, 이광우, 2014; 박한숙, 2011; 이광우, 이미숙, 2012; 하강수, 장인실, 2018), 둘째, 운영 실태 및 개선방안 탐색 연구(김영순, 오형훈, 김미라, 2012; 김현철, 윤혜순, 2013; 유솔아, 2012; 이수정 외, 2019; 이승미, 이수정, 정영근, 2020; 이지은, 2019; 임유나, 이수정, 2020; 최석민, 2014; 허숙, 2015), 셋째, 창의적 체험활동 역량에 관한 연구(박세훈, 장인실, 2019; 이미숙, 2015), 이외에 창의적 체험활동 교육과정 변천에 관한 연구(조영남, 2015), 연구 동향을 분석한 연구(김영환, 2015), 초등교사의 경험에 관한 연구(유제순, 2016) 등이 있다.

이 가운데 주를 이루는 연구는 교사들의 인식에 관한 연구와 운영 실태 및 개선방안 탐색 연구이다. 첫째, 교사의 인식 연구를 살펴보면, 창의적 체험활동에 대한 교사들의 관심도와 실행도가 낮다는 연구(김명훈, 2016; 박한숙, 2011; 조영남, 2013; 한창록, 2017), 교사들이 창의적 체험활동을 교과의 부수적 활동으로만 인식하고 있어 그 위상에 비해 가치를 낮게 평가하고 있다는 연구(하강수, 장인실, 2018) 등이 있다. 둘째, 운영 실태 및 개선방안 탐색 연구를 살펴보면, 대체적으로 창의적 체험활동의 성과, 문제점, 어려움, 개선방안에 관한 연구로 이루어져 있다. 창의적 체험활동의 성과로는 학생들의 체험중심 활동 강화, 단위학교 또는 교사 개인들의 교육과정 편성·운영의 자율성 인지, 교사들의 교육과정에 대한 전문성 계발의 기회 확대, 학교 나름의 특색 있는 사업이나 학교행사 구안, 지역사회의 여건이나 학부모와 학생들의 요구가 교육과정에 반영되는 사례 증가, 학생 중심의 동아리 활동 강화 등이 있다(허숙, 2015).

창의적 체험활동 운영 과정에서 나타나는 문제점으로는 형식적이거나 소홀한 운영(김명훈, 2016; 이지은, 2019; 한창록, 2017), 창의적 체험활동에 대한 무관심(박한숙, 2011; 이광우·이미숙, 2012; 이찬영; 2014; 최석민, 2014), 양과 질적 측면에서의 빈약(최석민, 2014), 교과와의 형식적 통합이나 피상적·소극적인 연계(이지은, 2019; 임유나, 이수정, 2020; 조상연, 2020; 허숙, 2015), 범교과 학습 시수 배정의 과다(이미숙, 2015; 이승미, 이수정, 정영근, 2020; 이지은, 2019; 임유나, 이수정, 2020), 순수한 체험 목적 활동의 빈약 또는 간접체험 중심 운영(이지은, 2019; 최석민, 2014), 행사 위주의 일회성 운영(최석민, 2014; 이수정 외, 2019), 학교의 고유의 특색이나 독창성 부족(최석민, 2014; 허숙, 2015), 역량에 따른 학교 및 교사의 격차(이수정 외, 2019) 등이 있다.

창의적 체험활동 운영의 어려운 점으로는 교육과정 편성에서 학교와 교사의 자율성 부족(박창언, 김경자, 2014; 이지은, 2019; 하강수, 장인실, 2018), 범교과 학습주제 과다(이미숙, 2015; 이승미, 이수정, 정영근, 2020; 이지은, 2019; 임유나, 이수정, 2020), 유관기관이 요청하는 주제 교육의 과다(이수정 외, 2019), 교육행정정보시스템(NEIS)의 기록 과다(한창록, 2017), 체험 및 외부 인사 초빙에 드는 예산 문제(이찬영, 2014; 허숙, 2015), 4개 영역의 고른 편성·운영에 대한 부담(임유나, 이수정, 2020), 지역사회 기관들과의 연계를 위한 학생 이동의 문제(한창록,

2017), 교외 활동에서 발생할 수 있는 안전사고와 그 대책의 문제(허숙, 2015) 등이 있다.

이들 연구는 창의적 체험활동의 개선방안으로 초등과 중등의 분리(박한숙, 2011), 범교과 주제의 축소(이승미, 이수정, 정영근, 2020; 조상연, 2020), 학교교육과정에서 창의적 체험활동에 대한 장기적 계획 수립(이수정 외, 2019), 유관기관의 요청이 범교과 학습주제로 편성·운영되는 형태 재고(이수정 외, 2019), 창의적 체험활동의 취지에 대한 이해 및 교육과정 문해력 함양(김영순, 오영훈, 김미라, 2012; 유제순, 2016; 최석민, 2014), 교육과정 개정 과정에서 교사들의 의견 수렴 확대(박한숙, 2011), 예비교사 교육 및 교사 연수 강화(유제순, 2016; 이승미, 이수정, 정영근, 2020; 하강수, 장인실, 2018; 이수정 외, 2019), 지역자원 모색(김영순, 오영훈, 김미라, 2012; 허숙, 2015; 이수정 외, 2019), 학교 및 교사 수준의 교육과정 편성의 자율권 실질적 보장(이광우, 이미숙, 2012; 허숙, 2015), 쉽게 참고하고 활용할 수 있는 프로그램 개발 및 보급(김영순, 오영훈, 김미라, 2012; 유솔아, 2012), 학생 안전사고에 대한 제도적 대처와 지원 방안 마련(허숙, 2015) 등을 제안하고 있다.

2) 연구 방법

① 연구대상

이 연구는 창의적 체험활동 운영에서 초등교사가 겪는 어려움과 이를 해소하기 위한 개선방안을 탐색하기 위한 것으로, 2015 개정 교육과정의 창의적 체험활동 관련 문서 및 6개 초등학교의 창의적 체험활동 관련 문서를 분석하고, 이들 학교의 교육과정 담당교사를 대상으로 심층면담을 수행하였다. 6명의 교사는 창의적 체험활동 운영에 대해 솔직하면서도 적극적으로 이야기를 해줄 수 있도록 연구자와 교사연구공동체를 함께하고 있거나 연구자와 같은 학교에서 근무한 경험이 있는 교사들로 구성하였다.

② 자료 수집 및 분석

가. 2015 개정 교육과정 창의적 체험활동 관련 문서 분석

창의적 체험활동 편성·운영 실태와 그 과정에서 교사들이 직면하는 어려움을 탐색하기에 앞서 초등학교 창의적 체험활동 교육과정의 전반적인 특징, 편성·운영상 지침 등을 파악하기 위해 2015 개정 교육과정 총론 및 해설서, 2015 개정 창의적 체험활동 교육과정 및 해설서를 분석하였다. 국가 교육과정이 학교교육과정의 공통적이고 일반적인 기준을 제시한바, 이들 문서에 제시된 교과 및 창의적 체험활동 편제와 시간 배당 기준, 창의적 체험활동 교육과정 편성·운영 기준 및 지침, 교수·학습 및 평가의 방향 등을 살펴보고, 이를 토대로 창의적 체험활동 편성·운영 실태와 운영 시 겪는 어려움을 파악하였다.

나. 학교교육과정의 창의적 체험활동 관련 문서 분석

창의적 체험활동과 관련하여 2015 개정 교육과정에 제시된 사항들이 학교에서 어떠한 양상으로 구현되고 있는지를 파악하기 위해 심층면담 참여 교사가 근무하고 있는 6개 학교의 학교교육과정과 관련 문서를 분석하였다. 창의적 체험활동 운영 및 평가 계획, 학교행사 등을 중심으로 학교교육과정 문서를 분석하였다. 또한 범교과 학습주제 과다가 창의적 체험활동 운영상의 난점 중 하나로 지적되어온바, 학교교육과정에 반영해야 할 범교

과 학습 시수를 명기한 교육청 공문과 사례 학교의 범교과 학습주제 운영
계획을 분석하였다. 특히 본 연구가 수행된 2020학년도에는 코로나19로 인
해 수업 시수가 감축되고 온·오프라인 병행으로 교육과정이 운영되는 등

연구대상 학교와 교사

참여자	성별	근무 학교(학급수)	교직 경력	담당 학년
A교사	남	M초등학교(27)	6년	6학년
B교사	여	W초등학교(30)	17년	전담
C교사	여	S초등학교(19)	10년	2학년
D교사	여	B초등학교(25)	9년	전담
E교사	여	R초등학교(6)	20년	1학년
F교사	남	이리동산초등학교(6)	14년	1학년

창의적 체험활동 운영 실태와 그 어려움을 파악하는 데 한계가 있어, 2019
학년도 학교교육과정 문서를 분석 대상으로 설정하였다.

다. 심층면담

창의적 체험활동 운영 시 초등교사가 겪는 어려움을 파악하고, 이를 기반
으로 창의적 체험활동 운영상의 개선방안을 탐색하기 위해 6명의 교육과정
담당교사를 대상으로 심층면담을 실시하였다. 심층면담은 다른 사람의 살
아 있는 경험과 그 경험에 부여된 주관적인 의미 생성의 방식을 이해할 수
있게 하는 연구 방법이다(Seidman, 2006).

면담 초반에는 '비구조화된 면담'으로 진행한 후, 개방적인 질문을 통해
각 교사들이 창의적 체험활동 운영 과정에서 겪는 어려움을 파악하였다. 이
후에는 연구문제가 구체화됨에 따라 '반구조화된 면담'이 이루어졌으며, 창
의적 체험활동 관련 문서 분석과 면담을 순환적으로 진행하였다. 심층면담

은 2021년 1월 4일에서 1월 10일 사이에 총 3회 진행하였으며, 면담 내용의 명료화가 필요한 경우에 단체와 개인 대화방을 통해 온라인 면담을 수시로 진행하였다.

심층면담 내용을 전사한 후, 이 자료에서 의미 있는 진술을 도출하여 이를 반복적으로 읽으면서 창의적 체험활동 운영에서 교사들이 겪는 어려움을 범주화하고, 각 범주에 대한 이해를 깊게 하는 데 초점을 두었다. 또한 질적연구 경험과 창의적 체험활동 운영 경험이 있는 교사 3명이 자료 분석과정에 참여함으로써 왜곡된 해석의 가능성을 줄여 분석 결과의 신뢰도를 확보하였다. 이후 범주화한 결과를 연구 참여자에게 확인받음으로써 연구의 신뢰도를 높였다.

3) 창의적 체험활동 운영 시 초등교사가 겪는 어려움

창의적 체험활동 운영 시 교사들이 겪는 어려움은 순수 재량시간의 부족, 증명에 대한 부담, 학교교육과정 문서와 실제의 불일치, 각종 인프라 및 예산의 한계, 초등학교에 적절하지 않은 영역의 편성인 것으로 나타났다.

① 순수 재량시간의 부족

연구 참여자들의 대다수는 창의적 체험활동을 자신만의 수업을 설계할 수 있는 자율성의 영역으로 인식하고 있었으나, 자신들이 순수하게 사용할 수 있는 재량시간은 많지 않다고 느끼고 있었다. 그 첫 번째 이유는 범교과 학습주제 등 외부에서 주어지는 의무교육이 점점 늘어나면서 자신이 순수하게 사용할 수 있는 시간을 확보하지 못하고 있기 때문이다.

창체로 주어지는 교사 자율시간은 저에게는 교과에서 자유로운 나만의 수업을 설계하는 통로에요. 저는 범교과 시수로 규정되는 의무교육 이외에 교사가 실제 자율로 쓸 수 있는 창체 시간을 '순수 재량시간'이라고 표현해요. 창체의 많은 시간이 자율이 아니라는 것을 말해주는 저만의 표현이에요. 학기 초 학급교육과정을 짤 때 순수 재량시간부터 계산해요. 창체 시간을 최대한 확보하기 위해 노력해보지만, 각종 행사를 교과에 배치하는 데는 한계가 있어요. 이런저런 행사, 범교과 시수, 점점 더 많아지는 의무교육 시수를 빼고 나면 정말 내가 하고 싶은 수업을 위해 확보할 수 있는 순수 재량시간은 얼마 없어요. 외부에서 일방적으로 주는 교육 말고 내가 나만의 교육을 위해 쓸 수 있는 시간이 겨우 이 정도인가 생각하게 됩니다.(1월 5일 B교사)

B교사는 자신이 자유롭게 사용할 수 있는 시수를 '순수 재량시간'이라고 부르며, 이 시간을 많이 확보할 수 없는 현실을 아쉬워하고 있었다. 실제 M, W, S, B초등학교의 5학년 창의적 체험활동 시수 편성 현황을 분석해본 결과, 교사가 학교, 학년, 학급 특색에 배당한 시수는 전체 창의적 체험활동 시간 대비 25.5%, 10.8%, 21.6%, 6.9%로 비교적 낮은 비중을 차지하고 있었다.

연구 참여자들은 범교과 학습주제 등 외부에서 요청하는 교육에 시수를 배정하느라 순수 재량시간을 많이 확보하지 못하는 것을 어려움으로 인식하고 있었다. 이러한 상황이 창의적 체험활동을 편성·운영하는 데 부담으로 작용하고 있었다.

해마다 2월이면 교육청으로부터 '교육과정 편성·운영에 반영할 시수표'가 내려와요. 그 표를 받은 연구부장들은 그 시수를 학급교육과정에 반영하라고 해요. 그럼 학년 연구가 다시 그 시수를 학년교육과정에 반영하죠. 그리고 하고 나면 남은 시수는 얼마 없어요.(1월 9일 B교사)

S초등학교의 범교과 학습주제 운영을 위한 시수 편성표를 분석한 결과, 대다수 학년에서 적게는 50시간, 많게는 72시간까지 창의적 체험활동 시수를 사용하고 있었다. 범교과 학습주제는 교과와 창의적 체험활동 등 교육활동 전반에 걸쳐 통합적으로 다룰 수 있음에도 불구하고, 6개 연구대상 학교에서는 범교과 학습주제를 주로 창의적 체험활동에 편성하고 있었다.

이러한 결과는 범교과 학습주제 운영을 위해 창의적 체험활동에 시수를 배정하는 평균시간이 56.49시간이고 71시간 이상의 시수를 편성하는 비율이 25.9퍼센트라는 이수정 외(2019)의 연구 결과와 맥을 같이 하고 있다. 이렇듯 창의적 체험활동은 범교과 학습주제와 같이 외부로부터 주어진 교육을 편성하는 '배정표'가 되고 있었다.

전라북도교육청이 2020년 2월 학교에 보낸 '교육과정 편성·운영' 지침의 일부(260쪽)를 통해 알 수 있듯, 각종 법률, 지침, 조례에 근거해 학교교육과정에 반영해야 할 범교과 교육 활동 시수는 상당했고, 지속적으로 늘어나고

초등학교 창의적 체험활동 영역 및 활동별 시수 편성 사례(5학년)

M초등학교			W초등학교			S초등학교		B초등학교		
자율활동	자치	22	자율활동	자치적응	협의	20	자율활동	자치	24	자율활동	자치	10
	적응	4			행사	6		적응	14		적응	22
	행사	6		창의주제	보건교육	17		보건교육	6		행사	7
	창의적특색	학교특색 12			식생활교육	2		정보교육	4		안전교육	8
		학년특색 14			안전교육	5					성·보건 교육	21
		보건교육 8			체험활동	12		학년창의 주제	22		전통·호국보훈(독도)	6
		독서 6			문화이해	3					영양·식생활 교육	2
					학년학급	11					학년특색	7
소계		72	소계			76	소계		70	소계		83
동아리활동		16	동아리활동			20	동아리활동		18	동아리활동		10
봉사활동		2	봉사활동			2	봉사활동		5	봉사활동		2
진로활동		12	진로활동			4	진로활동		9	진로활동	진로	1
										국악	6
계		102	계			102	계		102	계		102

있었다.

교육청으로부터 내려오는 의무교육 시수는 법령에 근거하여 교육과정에 반영해야 한다고 씌어 있어서 꼭 해야 하는 교육이구나 이렇게 생각하고 있었는데, 2020년 코로나 사태로 7대 안전교육 51차시를 33차시로 줄여주는 공문을 보면서, 꼭 해야 하는 교육이라면서 차시를 줄여주는 근거가 무엇인지 의문이 들었어요. 국가 재난 상황이라 시수를 줄인 거겠지만, 그렇게 줄여도 되는 거라면 왜 처음부터 시수를 의무적으로 배정했는지 이해가 되지 않았어요.(1월 5일 E교사)

E교사는 코로나 19로 인해 의무교육 시수를 줄일 수 있다는 공문을 보면서 그 근거가 궁금해졌다고 말한다. 교육부는 지난 2020년 5월 26일 '2020학년도 범교과 학습주제 탄력적 편성 · 운영 안내(교육부 교육과정정책과-3329)'

범교과 학습주제 운영을 위한 시수 편성 사례(S초등학교)

범교과 학습주제	1학년		2학년		3학년		4학년		5학년		6학년	
	교과	창체	교과	창체	교과	창체	교과	창체	교과	창체	교과	창체
안전교육	3	55	13	59	17	36	15	36	29	24	17	37
장애인식개선교육	0	2	0	2	0	2	0	2	0	2	0	2
다문화이해교육	0	2	0	2	0	2	0	2	0	1	0	2
인성교육	0	2	2	0	2	0	0	2	0	4	0	8
독도교육	-	-	1	2	-	-	-	-	0	1	-	-
경제교육	0	4	0	4	0	4	0	4	0	4	0	4
학교폭력예방교육	0	(3)	0	(3)	0	4(2)	0	(3)	0	3(2)	0	(2)
가정폭력예방교육	0	(1)	0	(1)	0	(1)	0	(1)	0	(1)	0	(1)
아동학대예방교육	0	1	0	(1)	0	(1)	0	(1)	0	(1)	0	(1)
흡연·음주예방 및 약물오남용예방교육	0	(2)	0	(2)	0	2(1)	0	2(1)	0	2(1)	0	3(1)
학생자살예방교육 및 생명존중교육	0	4(3)	(1)	(3)	0	(4)	0	4(3)	0	4(1)	0	(4)
영양·식생활교육	0	2	0	(2)	0	(2)	0	2(1)	1	(1)	0	(2)
소방훈련·교육	0	(2)	0	(2)	0	(2)	0	(2)	0	(2)	0	(2)
응급처치교육	-	-	-	-	-	-	-	-	0	(1)	0	(1)
성교육	12	3	12	3	12	3	12	3	12	3	12	3
수영교육	-	-	-	-	(10)	0	(10)	0	(10)	0	(10)	0
계	15	72	27	72	31	50	27	52	42	44	29	58

지침을 각 학교에 내려보냈다. 이 지침에 의하면 장애인식 개선 교육, 영양·식생활교육, 아동학대 예방교육, 가정폭력 예방교육, 인권교육은 시수 감축이 불가하지만, 보건교육, 성교육, 학교폭력 예방교육, 다문화 이해교육, 학생자살 예방 및 생명존중교육은 1~2시간 정도의 감축이 가능하다. 이렇듯 국가재난 상황에서 원격수업이 실시되고 있는 상황에서도 범교과 학습주제 시수에 대한 교사의 자율권이 보장되지 않고 있었다.

순수 재량시간이 부족한 두 번째 이유는 필수적으로 해야 하는 행사 활동 중 상당수를 창의적 체험활동 시간에 배정할 수밖에 없기 때문이다.

창체로 배정해야 할 행사 시수가 많으니까 창체 시간이 많이 부족해요. 그래서 교과에서 다룰 수 없는 주제통합수업을 하고 싶은데 시수를 확보하기 어려워요.(1월 7일 F교사)

행사는 교과와 창체 시간 모두를 이용하여 시수를 배정할 수 있다고 하지만, 실제 교과 시간에 넣기 모호한 것들이 많아요. 최대한 교과에 넣어보려고 해도 교과도 이수해야 할 교육과정이 만만치 않으니 시수를 빼기 쉽지 않아요. 결국 창체의 상당 시수를 행사에 할애하게 되는 것 같아요. 예전처럼 특별활동과 재량시간으로 다시 나누는 것도 좋을 것 같아요. 그때처럼 교사들 재량시간이 고정되어 있으면 좋겠어요.(1월 8일 E교사)

F교사는 여러 행사 시수를 창의적 체험활동에 배정하고 나면 교과에서 다루지 못하는 주제통합수업을 만드는 데 필요한 시수를 확보하기 어렵다고 말한다. E교사는 행사가 창의적 체험활동에 배정되기 쉬운 구조라고 말하며 편제를 재구조화할 필요가 있다고 말한다. W, S, B초등학교의 행사활동 운영 계획을 분석한 결과, 영어체험학습, 과학체험행사, 독서행사 등

교육과정 편성·운영에 반영해야 할 범교과 교육활동 영역과 시수

영역	교육과정 반영시수	관련 근거(법령, 지침 등)
안전교육	연 51시간	「학교안전사고 예방 및 보상에 관한 법률」 제8조 「학교안전사고 예방 및 보상에 관한 법률 시행규칙」 제2조 1항
장애인식 개선교육	학기당 1회 이상 (초·중·고)	「초·중등교육법」 제59조(통합교육) 「장애인 등에 대한 특수교육법」 제21조(통합교육) 「장애인복지법 시행령」 제16조(사회적인식개선교육)
수영교육	초3-4년 의무 (연 10시간)	「대한민국 정부 100대 국정과제」 [2017.8.] 「국민 안전교육 진흥 기본법」 [2017.7.26.] 「전라북도교육청초·중등학생수상안전교육지원조례」 [2017.8.]
보건교육	초·중·고 최소 1개 학년 17시간(1단위)이상	「학교보건법」 제9조(학생의 보건관리) 「학교보건법」 제9조의2(보건교육) [교육부 학생건강정책과-311(2019.1.11.)]
성교육	성교육(성폭력예방 3시간 포함) 연 15시간	「학교보건법」 제9조(학생의 보건관리) [교육부 학생건강정책과-311(2019.1.11.)]
흡연·음주 등 약물오남용 예방 교육	초등(연 2시간) 중등(연 1시간)	「학교보건법」 제9조(학생의 보건관리) [교육부 학생건강정책과-311(2019.1.11.)] <흡연·음주 등 약물 오·남용 예방>
심폐소생술 등 응급처치 교육	초5년 이하 (1개 학년) 초6-고등학교 (1개 학년 이상 연 3-4시간)	「학교보건법」 제9조(학생의 보건관리) [교육부 학교정책과-7094 (2015.12.30.)]
학생자살예방 및 생명존중교육	학년별 연 4시간 이상	「학교안전사고 예방 및 보상에 관한 법률 시행규칙」 제2조 1항 7대 표준안 주요 내용 [교육부 학생건강정책과-6202 (2015.9.7.)] <학생자살예방 및 생명존중교육 강화>
영양·식생활교육	2회 이상(초·중·고)	「식생활교육지원법」 제26조(학교에서의 식생활 교육)
다문화 이해교육	연 2시간 이상(권장)	「다문화가족지원법」 제5조(다문화가족에 대한 이해증진) 「다문화가족지원법」 제10조(아동·청소년 보육·교육) 「전라북도교육청 다문화교육 진흥 조례」
학교폭력 예방교육	학기별 1회 이상 연 4시간 이상	「학교폭력예방 및 대책에 관한 법률」 제15조(학교폭력 예방교육 등) 「학교폭력예방 및 대책에 관한 법률 시행령」 제17조(학교폭력 예방교육)
아동학대 예방교육	연 1시간 이상	「아동복지법 시행령」 제28조(아동의 안전에 대한 교육)
가정폭력 예방교육	연 1회 이상(연 1시간 이상)	「가정폭력방지 및 피해자보호 등에 관련 법률 시행령」 제1조의2 제2항(2017.1.1.시행)
인성교육	시간, 횟수는 학교 자율 결정	「인성교육진흥법」 제10조(학교의 인성교육 기준과 운영)
인권교육	학기당 2시간 이상 (연 4시간 이상)	「전라북도 학생인권조례」 제30조(학생에 대한 인권교육)
소방훈련교육	연 2회 이상	「화재예방, 소방시설 설치·유지 및 안전관리에 관한 법률」 제24조(공공기관의 소방안전관리) 「공공기관의 소방안전관리에 관한 규정」 제14조(소방훈련과 교육)
학교석면안전교육	연 1회(석면 보유 학교)	「전라북도교육청 학교석면 안전관리 조례」 제11조
신재생에너지 설비 사용교육	연 1회 신재생에너지 설비 설치된 각급 공립학교	「전라북도교육청 신재생에너지 설비 유지관리에 관한 조례」 제16조

특정 교과 관련 행사 활동을 제외하고는 대다수가 창의적 체험활동에 편성
되어 있었다.

> 저는 특별활동을 창체에서 분리시켰으면 좋겠어요. 예전 재량활동처럼 교사의 자율성이 보장
> 되는 영역을 따로 뺐으면 좋겠어요. 특별활동과 재량활동을 합쳐 놓으니까 특별활동이 재량활
> 동을 잠식하게 돼요. 예전처럼 세 개로 했으면 좋겠어요. 교과와 특별활동 그리고 교사의 자율
> 적 교육과정 영역을 만드는 거죠. 그 영역은 활동으로 이름 짓지 않았으면 좋겠어요. 재량이라
> 는 단어는 좋은데 활동은 아닌 것 같아요. 경기도처럼 '학교자율과정'이라는 이름으로 가든지
> 전북처럼 '학교교과목'으로 가든지 새로운 이름으로 교사 재량의 영역을 따로 만들어주었으면
> 좋겠어요.(1월 7일 B교사)

> 재량활동과 특별활동이 합쳐져 창의적 체험활동이 된 건데, 체험과 활동이라는 단어에 갇히고
> 재량의 의미는 부각되지 못하고 있는 것 같아요. 창체의 명칭을 수정했으면 좋겠어요.(1월 7일 E
> 교사)

B교사의 경우, 편제를 수정해서 특별활동과 자율 및 재량의 영역을 분리
했으면 좋겠다고 생각하고 있었다. 그가 근무하고 있는 학교의 경우, '학교
교과목' 개설을 실험하는 학교이기 때문에 학교교과목을 포함하여 편제를
구성할 필요가 있다는 의견을 나타냈다. E교사는 현재의 창의적 체험활동
이라는 이름이 재량의 의미를 제대로 살리지 못하고 있다고 생각하며 명칭
을 바꿀 것을 제안하였다.

② 증명에 대한 부담

연구 참여자들은 창의적 체험활동을 운영하는 데 있어 수업 실행 여부를 증명하는 일에 부담을 느끼고 있었다. 특히 범교과 학습주제 및 외부 요청 교육을 했다는 것을 증명하기 위해 창의적 체험활동을 활용하고 있었다. 교과보다는 창의적 체험활동을 활용하는 것이 이를 증명하기에 더 편하다고 생각하기 때문이었다. 또한 외부 요청 교육을 했다는 증거를 남겨놓기 위해 각종 계획서 및 누가기록을 생성하고 있었다. 창의적 체험활동 관련 문서가 더 방대해지고, 그에 따라 교사들이 느끼는 창의적 체험활동의 기록에 대한 부담 또한 컸다.

범교과 주제를 교과 진도표에 관련 내용을 찾아 넣는 것보다 창체 계획표에 끼워 넣는 게 더 증명하기 쉬워요. 교과에서 하면 수업 계획표를 별도로 만들어야 하는데 창체에서 하면 누가 기록에 남기면 되거든요. 창체는 그 수업을 했다는 근거를 남기기 쉽죠. 교과에서 일정 시간을 할애해서 범교과 주제 수업을 했다면 또 그 수업을 증명하는 문서가 필요하잖아요. 진도표에 기록을 해야 한다든지…. 기록을 해놓지 않으면 불안한 거죠. 누군가 증명을 요구했을 때 할 말이 없으니까요. 족보처럼 만들어진 예시표가 여기저기 쓰인다는 것은 그만큼 범교과 시수를 교육과정에 기록, 증명하는 것에 대한 교사들의 피로감이 크다는 것을 보여주는 것이죠.(1월 8일 B교사)

이번 학기에 인권교육을 교과와 창체를 엮어서 했는데, 그중 6시간을 창체 시간으로 했어요. 그런데 실제로는 2시간만 입력했어요. 양성평등교육 등 다른 것들을 했다고 기록해 놓아야 하기 때문에 어쩔 수 없어요. 실제 양성평등교육은 교과시간에서 했는데 창체에 넣었어요. 교과는 증명하기 어려우니까 창체에 넣고 있어요.(1월 8일 E교사)

초등학교 연간 행사 활동 운영 계획 사례

행사명	W초등학교							S초등학교							B초등학교						
	대상	교과	창체 자	동	봉	진	계	대상	교과	창체 자	동	봉	진	계	대상	교과	창체 자	동	봉	진	계
개학식	2-5	0	1	0	0	0	1	2-6	0	1	0	0	0	1	2-6	0	1	0	0	0	1
입학식	1,6	0	2	0	0	0	2	1,6	0	1	0	0	0	1	1	0	2	0	0	0	2
학급어린이회 조직	4-6	0	1	0	0	0	1	4-6	0	1	0	0	0	1	4-6	0	1	0	0	0	1
학교폭력예방교육	-	-	-	-	-	-	-	1-6	0	1	0	0	0	1	1-6	0	2	0	0	0	2
생명존중자살예방교육	1-6	0	2	0	0	0	2	-	-	-	-	-	-	-	1-6	0	2	0	0	0	2
학생인권교육	1-6	2	0	0	0	0	0	-	-	-	-	-	-	-	1-6	0	1	0	0	0	1
장애인권개선교육	1-6	1	0	0	0	0	0	1-6	0	1	0	0	0	1	1-6	0	1	0	0	0	1
교통안전교육	1-6	0	1	0	0	0	1	-	-	-	-	-	-	-	-	-	-	-	-	-	-
과학체험행사	-	-	-	-	-	-	-	1-6	2	0	0	0	0	0	1-6	2	0	0	0	0	0
현장체험학습1	1-6	0	6	0	1	0	7	1-6	3	2	0	1	0	3	1-5	6	0	0	0	0	0
민속놀이한마당	-	-	-	-	-	-	-	1-6	0	2	0	1	1	4	1-6	0	2	0	0	0	2
교권보호교육	-	-	-	-	-	-	-	1-6	0	1	0	0	0	1	-	-	-	-	-	-	-
다문화이해교육	1-6	0	2	0	0	0	2	1-6	0	2	0	0	0	2	1-6	0	1	0	0	0	1
통일이해교육	1-6	2	0	0	0	0	0	1-6	0	1	0	0	0	1	-	-	-	-	-	-	-
자체소방훈련	1-6	1	0	0	0	0	0	1-6	0	1	0	0	0	1	1-6	0	1	0	0	0	1
재난대응안전훈련	-	-	-	-	-	-	-	1-6	0	1	0	0	0	1	-	-	-	-	-	-	-
스팀어울마당	-	-	-	-	-	-	-	1-6	2	0	0	0	0	0	-	-	-	-	-	-	-
흡연예방교육	1-6	2	0	0	0	0	0	1-6	0	1	0	0	0	1	1-6	0	2	0	0	0	2
가정폭력예방교육	-	-	-	-	-	-	-	-	-	-	-	-	-	-	1-6	0	1	0	0	0	1
진로의 날	1-6	0	0	0	0	2	2	-	-	-	-	-	-	-	-	-	-	-	-	-	-
줄넘기대회	1-6	1	0	0	0	0	0	1-6	1	0	0	0	0	0	-	-	-	-	-	-	-
전교어린이회 조직	4-6	0	2	0	0	0	2	4-6	0	1	0	0	0	1	4-6	0	1	0	0	0	1
여름방학식	1-6	0	1	0	0	0	1	1-6	0	1	0	0	0	1	1-6	0	1	0	0	0	1
개학식	1-6	0	1	0	0	0	1	1-6	0	1	0	0	0	1	1-6	0	1	0	0	0	1
학급어린이회 조직	4-6	0	1	0	0	0	1	4-6	0	1	0	0	0	1	-	-	-	-	-	-	-
학교폭력예방교육	-	-	-	-	-	-	-	1-6	0	1	0	0	0	1	1-6	0	1	0	0	0	1
생명존중자살예방교육	1-6	0	2	0	0	0	2	-	-	-	-	-	-	-	1-6	0	2	0	0	0	2
책의 날 행사	1-6	2	0	0	0	0	0	1-6	1	0	0	0	0	0	1-6	2	0	0	0	0	0
가을운동회	1-6	4	0	0	0	0	0	1-6	1	2	0	2	0	4	-	-	-	-	-	-	-
학습발표회	-	-	-	-	-	-	-	-	-	-	-	-	-	-	1-6	4	0	0	0	0	0
전통놀이한마당	-	-	-	-	-	-	-	-	-	-	-	-	-	-	1-6	0	1	0	0	0	1
독도교육	1-6	2	0	0	0	0	0	-	-	-	-	-	-	-	1-6	0	2	0	0	0	2
합동소방훈련	1-6	1	0	0	0	0	0	1-6	0	1	0	0	0	1	1-6	0	1	0	0	0	1
현장체험학습2	1-5	0	6	0	1	0	7	1-5	3	2	0	1	0	3	1-6	6	0	0	0	0	0
6학년 테마학습	6	8	6	0	1	0	7	6	4	0	0	2	6	8	6	16	0	0	0	0	0
다문화이해교육	-	-	-	-	-	-	-	-	-	-	-	-	-	-	1-6	0	1	0	0	0	1
아동학대예방교육	-	-	-	-	-	-	-	-	-	-	-	-	-	-	1-6	0	1	0	0	0	1
정보통신윤리교육	1-6	2	0	0	0	0	0	-	-	-	-	-	-	-	-	-	-	-	-	-	-
s/w교육의 날	1-6	0	0	0	0	2	2	-	-	-	-	-	-	-	-	-	-	-	-	-	-
장애인식개선교육	1-6	1	0	0	0	0	0	-	-	-	-	-	-	-	1-6	0	1	0	0	0	1
학생인권교육	1-6	2	0	0	0	0	0	-	-	-	-	-	-	-	1-6	0	2	0	0	0	2
전교어린이회 조직	3-5	0	2	0	0	0	2	3-5	0	1	0	0	0	1	4-6	0	1	0	0	0	1
JA경제교육	-	-	-	-	-	-	-	1-6	0	2	0	0	2	4	-	-	-	-	-	-	-
겨울방학식	1-6	0	1	0	0	0	1	1-6	0	1	0	0	0	1	1-6	0	1	0	0	0	1
개학식	1-6	0	1	0	0	0	1	1-6	0	1	0	0	0	1	1-6	0	1	0	0	0	1
졸업식	6	0	2	0	0	0	2	6	0	2	0	0	0	2	5,6	0	2	0	0	2	4
종업식	1-5	0	1	0	0	0	1	1-5	0	1	0	0	0	1	1-4	0	1	0	0	0	1
합계		31	41	0	3	4	48		17	34	0	7	11	52		36	39	0	0	0	39

실제 교과 시간에 실시한 교육도 창의적 체험활동 시간에 한 것처럼 기록하는 경우도 있었다. 연구 참여자들은 혹시라도 의무교육 시수를 제대로 챙기지 못했다는 문제 제기를 받게 될까 봐 두려워 증거를 남기기 위해 노력하고 있었다.

올해 코로나19 때문에 교육과정 시수 계산이 복잡했어요. 특히 범교과 시수를 교과 시수에 넣어 계산하기가 어려웠을 거예요. 선생님들 대부분은 이지에듀 클릭 몇 번으로 생성된 진도표를 쓰는데, 이지에듀에 클릭 몇 번으로 코로나로 20퍼센트 증감분을 자동 계산하여 진도표를 만들어주는 기능이 생겼거든요. 자동으로 생성된 진도표의 내용에 필수적인 범교과 시수 반영하기가 상당히 복잡해요.(1월 8일 D교사)

범교과 학습주제 관련 시수를 교과에 반영했다는 것을 증명하기 어려운 이유는 교과는 진도표를 자동으로 생성하는 이지에듀를 사용하고 있기 때문이라는 의견도 있었다. 실제 상당수 학교에서 자체 예산을 들여 이지에듀 프로그램을 구입하고 있고, 이 프로그램이 만든 진도표를 정보공시에 올리는 경우가 많은 상황이다(이윤미, 2020a).

창체는 손이 많이 가요. 학기 초에 꼼꼼하게 시수 계산해서 계획표를 만들어야 해요. 교과 진도표 만드는 것보다 창체의 시수표와 계획표 만드는 것이 더 힘들어요. 학교교육과정에 창체가 차지하는 페이지가 더 많을 거예요.(1월 7일 F교사)

F교사는 창의적 체험활동 시수표와 계획표가 교과 진도표보다 더 많은 비율을 차지한다고 말한다. 이에 6개 연구대상 학교의 학교교육과정 책자

에서 교과, 창의적 체험활동, 범교과 학습 계획이 차지하는 페이지를 분석해 보았다.

분석결과, 학교교육과정 책자에서 교과 계획이 차지하는 비율에 비해 창의적 체험활동과 범교과 학습 계획이 차지하는 비율이 높게 나타났다. 교과와 창의적 체험활동의 시수 비율을 감안하면, 위와 같은 창의적 체험활동의 쪽수는 비교적 많은 것으로 볼 수 있다. F교사의 이야기처럼 창의적 체험활동을 위해 교사들이 만들어내는 문서의 양이 교과에 비해 더 많다고 볼 수 있었다.

> 창체는 품이 많이 들어요. 학기말에는 학생별로 영역별 누가기록과 특기사항도 써야 해요. 특별할 것이 없는 내용 위주로 구성되어 있는데, 그 안에서 특별한 것을 찾아 적어야 하니까 힘들더라고요. 특히 누가기록은 의미 있는 작업이 아니어서 잡무처럼 느껴져요. 자율적인 시수는 얼마 안 되는데 해야 할 일이 많으니 정말 교사들을 위한 것인지 의구심이 들 때가 있어요.(1월 5일 C교사)

C교사는 창의적 체험활동의 기록 측면에서 개선이 필요하다고 생각하고 있었다. 특히 교사들은 교육행정정보시스템(이하 NEIS)에 기록할 사항들이 많은 점에 대한 피로도가 높았다. 심지어 누가기록을 무의미한 업무, 즉 잡무라고 여기는 교사들이 많았다. 의미 있는 피드백을 남기기 어려운 영역이라 생각하고 있기 때문이다. 누가기록은 NEIS에 입력하지 않아도 되는 선택 항목이지만, 교육부 훈령 제321호 4조에 의하면 창의적 체험활동의 누가기록은 '전산 입력하여 관리한다'고 되어 있다. 따라서 전산화된 파일을 의무적으로 갖고 있어야 하는 상황이다. 창의적 체험활동의 기록에 대한 피로

도가 높다는 결과는 NEIS에 창의적 체험활동을 기록하는 시간이 많이 소요되어 개선책을 희망하는 교사가 많다는 선행연구의 결과와 일치했다(한창록, 2017).

요컨대 범교과 학습주제와 관련한 교육이 교과나 창의적 체험활동 못지않게 또는 그 이상으로 학교교육과정 문서에서 다루어지고 있으며, 주로 창의적 체험활동에 편성되어 있다는 점에서 교사가 창의적 체험활동 운영과 이에 대한 증명에 투여하는 시간과 노력이 상당하다는 것을 알 수 있었다.

③ 학교교육과정 문서와 실제의 불일치

연구 참여자들은 창의적 체험활동 계획이 담긴 학교교육과정 문서와 그 실제를 일치시키는 일이 어렵다고 말하였다. 즉, 학기 초에 계획을 완성하여 제출해야 하는 상황, 범교과 주제 수업 실행 여부를 증명해야 하는 상황 등으로 인해 학교교육과정 문서와 실제가 분리될 수밖에 없고, 이로 인해 창의적 체험활동에 들이는 교사의 노력이 학교교육과정 문서에 잘 드러나지 않는다는 것이다.

저는 개인적으로 창체야말로 잘만 운영된다면 교사의 재량을 펼치면서도 재미있는 수업을 만들 수 있는 영역이라고 생각해요. 문제는 교육과정을 세우는 학년 초가 너무 분주하고, 만들어가는 교육과정을 표방하지만 실상은 교육과정이 학년 초에 이미 완성되어 나와 있어야 하는 모순적인 상황이 연출된다는 거예요. 수업 준비하고 학생들 파악하기도 힘든 시기에 이 아이들의 특성에 맞춘 동아리나 학급 특색활동을 내실 있게 구성한다는 게 현실적으로 불가능해요. 그래서 결국 최대한 민원 소지 없고 관리자의 결재를 득하기 편한 소재로 결정해서 급하게 계획서를 만들어 제출하게 되더라고요. 저는 창체의 교육과정 문서와 실제는 불일치한다는 생

학교교육과정 문서에서 교과, 창의적 체험활동, 범교과 학습주제 관련 내용 쪽수

학교	교과 운영·평가 계획	창체 운영·평가 계획	범교과 학습 계획	전체 학교교육과정 문서
M초등학교	7쪽(8.2)	8쪽(9.4)	27쪽(31.8)	85쪽(100.0)
W초등학교	3쪽(4.9)	3쪽(4.9)	11쪽(18.0)	61쪽(100.0)
S초등학교	39쪽(23.5)	11쪽(6.6)	20쪽(12.0)	166쪽(100.0)
B초등학교	16쪽(16.7)	18쪽(18.8)	6쪽(6.3)	96쪽(100.0)
R초등학교	9쪽(6.0)	7쪽(4.7)	13쪽(8.7)	150쪽(100.0)
이리동산초등학교	6쪽(13.0)	3쪽(6.5)	4쪽(8.7)	46쪽(100.0)

각이 들어요.(1월 5일 A교사)

교사들이 창체를 충실히 운영하지 못한다기보다는 학교교육과정과 실제가 분리되어 운영되는 것이 문제라고 생각해요. 학년에서 대표로 내는 학년교육과정에 자기만의 수업 내용을 담아서 제출하는 사람은 없을 것 같아요. 학년에서 한 명이 대표로 학년교육과정을 낸다고 하면, 내 것이 아닌 대표할 수 있는 것 또는 문제 삼을 게 없는 것으로 내용을 작성할 테고, 그렇다면 분리되어 운영될 수밖에 없지요.(1월 5일 D교사)

A교사와 D교사는 창의적 체험활동이 학기 초에 제출하는 계획서와 실제 운영이 분리되어 실행된다고 말한다. 결국 학교교육과정을 통해 파악할 수 있는 창의적 체험활동 실태는 '문서 따로 실제 따로' 현상으로 인해 실제와 다를 확률이 높다는 점에서 창의적 체험활동의 실제적인 운영 상황을 파악하는 일은 쉽지 않아 보인다.

범교과 주제 수업을 할 때 교과에서 하는 경우도 창체에 넣어요. 양성평등교육을 교과에서 했어도 NEIS 입력할 때에는 교과에 넣기가 어려워서 창체 누가기록에 넣었어요. 기록으로 남기

고 싶으니까요. 기록과 실제가 따로 노는 거죠.(1월 7일 F교사)

또한 F교사는 기록으로 남기기 위해 교과에서 한 수업도 창의적 체험활동에서 한 것처럼 시수를 배정하면서 실제와 다르게 입력하기도 한다. 이러한 사례는 증명에 대한 부담이 문서와 실제를 분리시키고 있음을 보여준다.

창체에 우리 반만의 특색을 반영하고 있는데 학기 초 제출하는 문서를 기한을 맞추느라 부랴부랴 실제 학교교육과정 문서에는 특색을 담는 게 한계가 있어요. 창의적 체험활동을 운영하다 보면 학기 초에 제출하는 계획서보다는 오히려 내부결재 문서가 더 많이 생성되는 것 같아요.(1월 7일 D교사)

학기 초 제출하는 창의적 체험활동 관련 교육과정 문서와 실제 실행이 일치하지 않기 때문에 창의적 체험활동의 실제를 파악하는 일이 어려운 상황이다. 실제 창의적 체험활동의 일환으로 치르는 행사 등은 그때그때 내부결재 문서를 생성하는 방식으로 운영하고 있어서 이러한 기안문서가 그 실제를 더 잘 드러내 준다고 볼 수 있다.

창체 시간이 학생들과 교사의 개성을 담아낼 수 있는 시간이라고 생각해요. 그래서 창체 수업을 계획할 때에는 교과서나 성취기준에서 벗어나서 학생들을 중심에 두고, 학생들의 삶과 경험세계에서 출발해서 수업을 계획하려고 노력해요. 그러다 보니 계획을 세우는 단계에서부터 에너지가 많이 들어요. 자료도 많이 찾아야 하고 상상력과 창의력도 많이 발휘해야 해요. 몇 차시 안 되는 수업에 많이 에너지를 쏟아야 하니 쉽지 않은 일이죠.(1월 7일 C교사)

아이들에게 의미 있는 창체 시간을 만들어주려면 몇 시간의 수업을 위해 전 교사들이 함께 고민하고 협의하는 과정들이 필요해요. 텃밭 마무리 잔치의 경우 일 년 동안 아이들이 함께 생활한 것들을 사진으로 500여 장 이상 출력해서 강당 벽면에 다 붙이고 아이들 작품은 전시하고 나눔을 위한 캠페인과 봉투 만들기 등 교육과정과 연결 지어 많은 준비 시간이 필요했어요.(1월 8일 E교사)

C교사와 E교사는 창의적 체험활동을 계획할 때 교과서와 성취기준에서 다루지 못한 교육, 학생들의 경험세계를 담아낼 수 있는 의미 있는 교육을 지향하며 삶과 앎이 연결되는 수업을 하기 위해 노력하고 있다. 그러나 C교사, E교사가 근무하는 학교교육과정 문서에는 이러한 수업이 잘 드러나 있지 않았다.

창의적 체험활동 고유의 목표, 성취기준, 수업을 개발하기 위해서는 상당한 수준의 교육과정 문해력과 상상력이 필요하다. 교육과정을 개발함과 동시에 실행해야 하는 일은 그리 쉬운 일이 아니다. 교육과정을 계획하고 수업자료를 만들어 실행하는 일련의 작업은 시간과 노력이 많이 소요되기 때문이다. 그러다 보니 교사들은 수업 개발에 들이는 노력만큼 실행한 수업을 기록하는 일까지는 챙기지 못하고 있어, 실제 실행하고 있는 수업이 학교교육과정 문서와 분리되고 있었다.

④ 각종 인프라 및 예산의 한계

창의적 체험활동을 내실 있게 운영하기 위해서는 인적, 물적 자원의 지원이 필수적이다. 따라서 각종 인프라 및 예산이 충분히 확보되어야 한다. 그러나 대다수 학교에는 창의적 체험활동을 운영하기 위한 별도의 예산이 책정되어 있는 경우는 매우 드물다.

아무래도 체험을 하려면 학교 밖으로 나가야 해요. 학교 안에서 체험하기가 쉽지 않죠. 학교가 갖추고 있는 시설은 강당과 운동장 정도니까요. 그런데 학교 밖으로 나가려면 전세버스가 필요하잖아요. 전세버스를 빌리는 비용, 체험하는 데 필요한 비용 등을 학교 예산으로 하는 것은 불가능해요. 그러니 겨우 학기에 한 번 수익자 부담으로 가는 현장학습이 전부죠. 그래도 전라북도교육청에서 몇 년 전부터 실시하고 있는 '에듀버스' 제도가 있어 일 년에 한 번 정도 추가로 현장학습을 갈 수 있게 되었어요. 그러나 이 역시도 체험비를 걷어야 하는 상황이 되니 학생들의 부담이 되고, 학교는 할 일이 많아지죠. 현 제도 안에서 체험을 위해 밖으로 나가는 일은 엄청난 업무와 안전사고의 위험을 감수해야 하는 일이에요. 학교에 스쿨버스가 있다면 모를까 쉽지 않죠.(1월 8일 B교사)

체험활동을 위한 예산이 확보되지 않은 현재의 학교 체제에서 학교 밖으로 체험을 나가는 일은 연중행사에 머물기 쉽다. 각종 인프라 및 예산이 지원되지 않는다면, 체험과 활동이 살아 있는 창의적 체험활동 운영은 불가하다.

동아리 활동의 경우, 동학년 교사가 5명이면 5개 동아리밖에 못 만들어요. 외부강사를 지원해주는 것도 아닌데, 동아리 활동이 제대로 될 수 있을까요? 아이들이 원하는 부서는 많은데 교사 수가 너무 제한되어 있으니 동아리 활동 자체가 내실 있게 운영되기 어려워요. 동아리 활동을 제대로 할 수 있도록 강사를 지원하고 토대를 마련해주는 일이 필요해요.(1월 7일 C교사)

진로교육의 일환으로 '꿈을 job아라' 프로젝트를 했었는데 예산이 많이 필요했어요. 다양한 직업인들을 만나는 활동을 만들 때 거의 200만 원에 가까운 예산이 소요되어서 예산을 구하느라 힘들었어요. 혁신학년 공모를 해서 확보해놓은 예산이 있어서 그걸 사용했었어요. 사실 돈이 없으면 체험활동을 하기 어려워요. 체험 없는 체험활동 시간이 되는 거죠.(1월 5일 B교사)

초등학생의 경우, 교사가 없는 공간에서 학생들끼리만 동아리 활동을 하기에는 안전사고의 위험이 크다. 따라서 한 교사가 한 교실에서 여러 동아리를 운영하거나 두세 개 공간을 바쁘게 오가며 운영한다. 이렇게 실시하는 동아리 활동이 내실 있게 운영되기는 쉽지 않은 일이다. 이에 동아리 활동에 전문성을 갖고 있는 강사 지원이 필요한 상황이다. 그러나 동아리 활동에 강사를 부를 수 있는 예산은 확보하기 어렵기에 형식적으로 운영되거나, 특별히 동아리 활동이라 부르기 어려운 평이하고 천편일률적인 동아리 활동이 오랜 세월 반복되고 있다.

⑤ 초등학교에 적절하지 않은 영역

연구 참여자들은 창의적 체험활동에 초등단계에 적절하지 않은 영역이 포함되어 있고, 이 영역들이 형식적인 활동으로 운영되다 보니 의미 있는 창의적 체험활동이 이루어지기 어렵다고 말하였다.

진로활동과 봉사활동은 특히 1, 2, 3, 4학년에는 정말 의미가 없다고 봐요. 현장학습 갈 때 창체를 한두 시간 꼭 넣는 이유는 봉사활동 때문이에요. 봉사활동 시간을 채우기 위해 기계적으로 넣는 거죠. 또 진로수업도 저학년에서는 체계적으로 하기 어려워요.(1월 7일 D교사)

연구 참여자들은 초등학교에 적절하지 않은 영역, 예를 들어 봉사활동이나 진로활동을 운영하는 데 어려움을 겪고 있는 것으로 나타났다. 교사들은 저학년에서 봉사활동과 진로활동을 실시하는 데 한계가 있다고 말하였다. 따라서 이러한 영역은 최소한의 시수를 배정하여 형식적으로 운영하면서 계획과 기록으로만 그 실체를 증명하고 있었다.

> 총론에 자동봉진을 학교급, 학년군별, 학기별로 선택해서 집중 운영할 수 있다고 씌어 있는데, 이 문구가 애매한 것 같아요. 4개 영역 중 일부를 누락시켜 6년 동안 아예 안 해도 된다는 의미인지, 아니면 초등학교 6년에 걸쳐 4개 영역을 모두 다루는 범위 안에서 학년과 학기별로 선택과 집중이 가능하다는 의미인지 잘 모르겠어요. 의미가 모호하다 보니 안전하게 가기 위해 4개 영역을 모두 다루는 학교가 많아요. 특히 NEIS에 입력해야 하니까 4개 영역 모두를 다루게 돼요. '선택해서 집중 운영할 수 있다'는 문구가 무엇을 의미하는지 명확히 해줬으면 좋겠어요.(1월 8일 B교사)

2015 개정 교육과정 총론에 의하면 학교는 창의적 체험활동의 영역을 학생들의 발달 수준, 학교의 여건 등을 고려하여 학년(군)별로 선택적으로 편성·운영할 수 있다. 그러나 이 문구의 의미가 명확하지 않아, 학교 현장에서는 4개 영역 중 일부를 전혀 다루지 않아도 된다는 입장과 일부 학기와 학년에 집중적으로 다룰 수 있다는 의미이지 4개 영역의 일부를 아예 안 해도 된다는 의미는 아니라는 입장이 상충하고 있다. 또한 NEIS에 4가지 영역을 입력해야 하기 때문에 실질적으로 4개 영역을 모두 다룰 수밖에 없는 한계가 있다고 말한다. 상황이 이러다 보니 초등단계에서는 적절하지 않은 영역인 봉사활동, 진로활동의 경우, 형식적으로 이루어지고 있다고 말하는 교사가 많았다. 이에 창의적 체험활동의 4개 영역이 어떻게 운영되고 있는지를 살펴보기 위해 M, W, S, B초등학교의 영역별 시수를 분석하였다.

4개 초등학교의 창의적 체험활동 영역별 시간 배당 사례

학교	학년	자율활동	동아리활동	봉사활동	진로활동	계	
M초등학교	1	143(84.1)	21(12.4)	3(1.8)	3(1.8)	170(100.0)	272
	2	80(78.4)	14(13.7)	4(3.9)	4(3.9)	102(100.0)	272
	3	78(76.5)	20(19.6)	2(2.0)	2(2.0)	102(100.0)	204
	4	78(76.5)	20(19.6)	2(2.0)	2(2.0)	102(100.0)	204
	5	72(70.6)	16(15.7)	2(2.0)	12(11.8)	102(100.0)	204
	6	75(73.5)	20(19.6)	2(2.0)	15(14.7)	102(100.0)	204
W초등학교	1	141(82.9)	23(13.5)	2(1.2)	4(2.4)	170(100.0)	272
	2	72(70.6)	24(23.5)	2(2.0)	4(3.9)	102(100.0)	272
	3	75(73.5)	20(19.6)	2(2.0)	5(4.9)	102(100.0)	204
	4	76(74.5)	20(19.6)	2(2.0)	4(3.9)	102(100.0)	204
	5	76(74.5)	20(19.6)	2(2.0)	4(3.9)	102(100.0)	204
	6	76(74.5)	20(19.6)	2(2.0)	4(3.9)	102(100.0)	204
S초등학교	1	136(80.0)	25(14.7)	5(2.9)	4(2.4)	170(100.0)	272
	2	67(65.7)	25(24.5)	4(3.9)	6(5.9)	102(100.0)	272
	3	74(72.5)	18(17.6)	5(4.9)	5(4.9)	102(100.0)	204
	4	76(74.5)	18(17.6)	5(4.9)	3(2.9)	102(100.0)	204
	5	70(68.6)	18(17.6)	5(4.9)	9(8.8)	102(100.0)	204
	6	52(51.0)	18(17.6)	8(8.8)	24(23.5)	102(100.0)	204
B초등학교	1	137(80.6)	15(8.8)	2(1.2)	6(3.5)	170(100.0)	272
	2	67(65.7)	15(14.7)	4(3.9)	16(15.7)	102(100.0)	272
	3	66(64.7)	16(15.7)	2(2.0)	18(17.6)	102(100.0)	204
	4	73(71.6)	10(9.8)	2(2.0)	17(16.7)	102(100.0)	204
	5	83(83.4)	10(9.8)	2(2.0)	7(6.9)	102(100.0)	204
	6	82(80.4)	10(9.8)	2(2.0)	8(7.8)	102(100.0)	204

*1~2학년군 안전한 생활 시수 미포함, 반올림으로 인해 비율의 합이 100미만이거나 초과할 수 있음.

창의적 체험활동 봉사활동 영역 운영 계획 사례(5학년)

학교	날짜	활동내용	비고	시수
M초등학교	7.24	학교 주변 쓰레기 줍기	환경보호활동	1
	2.7	학교 주변 쓰레기 줍기	환경보호활동	1
S초등학교	5.3	민속놀이한마당 후 학교 주변 정리	환경보호활동	1
	5.24	현장체험학습	환경보호활동	1
	10.18	어울한마당 후 학교 주변 정리	환경보호활동	2
	10.24	현장체험학습	환경보호활동	1
B초등학교	7.12	학급 정리 정돈	환경보호활동	1
	2.13	학급 정리 정돈	환경보호활동	1

영역별 시수를 분석한 결과, 4개 학교 모두 진로활동과 봉사활동에 배정된 시수가 현저히 적다는 사실을 확인할 수 있었다. 대체적으로 자율활동, 동아리활동이 가장 많이 편성되어 있고, 봉사활동의 비중이 특별히 작아 존재감이 없는 것으로 나타났다.

앞의 표를 살펴보면, 봉사활동은 형식적으로 운영되고 있음을 알 수 있다. 1~2시간 편성된 봉사활동도 환경보호활동 일변도로 운영되고 있었다. 이러한 결과는 봉사활동이 형식적으로 이루어지고 있다는 다수의 선행연구의 결과와도 일치했다(이수정 외, 2019; 임유나, 이수정, 2020). 이렇듯 봉사활동처럼 초등단계에 적절하지 않은 영역의 경우, 형식적으로 운영할 수밖에 없어 교사들에게 어려움과 부담으로 작용하고 있었다.

4) 연구결과

이 연구는 창의적 체험활동 운영 시 초등교사가 겪는 어려움과 이를 해소하기 위한 개선방안을 탐색하였다. 주요 연구결과는 다음과 같다.

첫째, 교사들은 범교과 학습주제와 행사 활동의 배정으로 인해 창의적 체험활동에서 자신이 자율적으로 사용할 수 있는 순수 재량시간이 부족하다고 느끼고 있었다. 둘째, 외부에서 요청되는 교육 대부분이 창의적 체험활동을 통해 이루어지고 있었고, 교사들은 창의적 체험활동 실행 여부를 증명하는 것에 대해 부담을 갖고 있었다. 셋째, 학교교육과정 문서와 실제 실행을 일치시키는 데 어려움을 겪는 것으로 나타났다. 넷째, 교사들은 각종 인프라와 예산의 한계로 인해 창의적 체험활동을 내실 있게 운영하는 데 어려움을 겪고 있었다. 다섯째, 봉사활동과 같이 초등 단계에 적절하지 않은 영역이 편성됨으로써 의미 있는 창의적 체험활동을 하지 못하고 있었다.

이상의 연구 결과를 바탕으로 창의적 체험활동의 개선방안을 다음과 같이 논의하였다.

첫째, 학교와 교사의 자율성을 제대로 구현할 수 있는 교육과정 편제로 개편할 필요가 있다. 교과와 창의적 체험활동으로 구성된 현행 편제는 2009 개정 교육과정기에 도입된 것이다. 2009 개정 교육과정기에 도입된 창의적 체험활동은 기존 특별활동과 재량활동 영역 및 내용 구분의 모호성과 형식적 운영 양상을 개선하고, 교과 외 활동에 대해 학교와 교사의 자율적이고 창의적인 구현을 강화하기 위해 특별활동과 재량활동을 통합한 것이다(교육과학기술부, 2011b: 13). 하지만 그 의도와 달리 체험과 활동이라는 단어에 갇히게 되었고, 형식적 운영은 개선되지 못했으며, 교사의 자율성 또한 더 강화되지 못했다. '재량'의 의미는 점점 약해졌고 이제 교사들은 창의적 체험활동을 '특별활동+범교과 학습주제' 영역으로 인식하고 있다. 창의적 체험활동으로 개편한 의도가 실질적으로 구현되지 못한 것이다. 따라서 교육자치 시대를 맞이하여 학교와 교사의 자율성이 제대로 구현될 수 있는 편제로 바꿀 필요가 있다.

본 연구에 참여한 교사들은 과거의 '교과, 특별활동, 재량활동' 편제를 더 긍정적으로 평가하고 있었다. 현재 편제와 관련하여 새로운 방안을 내놓고 있는 곳은 경기도교육청과 전라북도교육청이다. 경기도교육청의 경우 교과, 창의적 체험활동 이외에 '학교자율과정'이라는 새로운 편제를 경기도교육과정에 담았고(경기도교육청, 2020), 전라북도교육청은 '학교교과목'이라는 새로운 편제를 전라북도교육과정 총론에 담았다(전라북도교육청, 2020). 이 외에 이현근(2021: 19)은 '국가교육과정'과 '지역교육과정'으로 편제를 구성하고, 그 비율을 6:4로 할 것을 제안한 바 있다. 이러한 흐름과 제안을 참고하여 본 연구에서 제안하는 편제 개편 방안은 '교과, 특별활동, 학교교과목'으로 삼원화하는 것이다.

특별활동과 재량활동을 창의적 체험활동으로 통합한 결과, 재량활동의 의미를 갖는 교사의 자율적 시간이 외부로부터 주어지는 각종 교육이나 특별활동에 의해 잠식되기 쉬운 구조가 형성되었다. 특별활동과 재량활동을 통합한 의의가 구현되기보다는 재량활동이 축소되는 결과가 나타난 것이다. 따라서 다시 교사들이 자율권을 발휘할 수 있는 편제 즉, 재량활동의 의미를 담은 편제를 다시 복원하는 일이 필요해 보인다. 이러한 맥락에서 재량활동의 의미를 가진 편제를 만들되, 그 편제의 명칭은 '활동'이 아닌 '교육과정'으로 부여해야 할 것이다. 교사의 교육과정 자율성을 강조하는 '교사교육과정 개발'[16] 시대에 걸맞게 교사가 만든 교육과정을 '교육과정' 차원으로 인식하여 '학교교과목'(전라북도교육청, 2020)이나 '학교자율과정'(경기도교육청, 2020)이라는 명칭을 붙이는 것도 좋은 방안 중 하나이다.

학교교과목은 '단위학교 교사교육과정 차원에서 교과와 범교과 영역을 포괄하여 지역과 학생 실정에 맞게 학교 자체적으로 개설하는 교과목으로, 분과적 접근을 넘어 통합적으로 접근할 수 있으며 주요 영역에는 언어, 수리, 사회 탐구, 과학 탐구, 예술 및 신체 활동 영역, 마을교육과정 등'을 의미

---

16) 일부 시·도 교육청은 '교사교육과정 개발'을 정책으로 반영하여 지역교육과정 지침 등을 수정하고 있다(경기도교육청, 2020; 전라북도교육청, 2020). 이들 교육청은 '교사교육과정'을 "교사가 학생의 삶을 중심으로 국가, 지역, 학교 수준 교육과정을 공동체성에 기반하여 적극적으로 해석하고 학생의 성장 발달을 촉진하도록 편성·운영하는 교육과정"(경기도교육청, 2020: 34), "교원이 교육과정 문해력을 바탕으로 학생의 삶을 중심에 두고 국가, 지역, 학교 교육과정의 기반 위에 학교공동체의 철학을 담아 계획 실천하면서 '만들어가는' 교육과정이다. 이를 통해 교사의 교육과정-수업-평가 전문성을 높일 수 있으며, 교과서 재구성, 주제통합 수업, 성취기준 재구조화, 참학력 기반 학교교과목 운영 등 다양한 형태로 운영할 수 있다"(전라북도교육청, 2021: 2)고 설명하면서 교사의 교육과정 개발을 적극적으로 지원하고 있다.

한다(전라북도교육청, 2021). 초등학교에서의 학교교과목 개설은 전라북도교육청에서 추진하고 있는 교사교육과정 활성화 정책 중 하나로, 최근 전라북도 지역 초등학교를 중심으로 활발하게 추진되고 있고, 이에 관한 연구도 활발히 진행되고 있다(김세영, 이윤미, 2020; 이동성, 2020; 이윤미, 2020b). 이러한 현장의 적극적 실천과 연구 흐름을 반영하여 차기 국가교육과정 개발 과정에서 교사에게 주어진 재량의 영역을 활동 차원이 아닌 '학교교과목' 차원으로 위상을 높이는 방안을 적극적으로 검토할 필요가 있다.

둘째, 외부에서 주어지는 범교과 학습주제 및 유관 기관의 요청에 따른 교육을 최소화하기 위해 각종 법령과 지침을 정비할 필요가 있다. 최근 국회나 지역 의회의 요구로 범교과 학습주제 관련 시수가 200~300시간에 이르고 있다(양윤정, 2016). 현재 총론에서 제시하고 있는 범교과 학습주제는 안전·건강교육, 인성교육, 진로교육, 민주시민교육, 인권교육, 다문화교육, 통일교육, 독도교육, 경제·금융교육, 환경·지속가능발전교육의 10개이다. 이외에도 문화 예술교육, 미디어교육, 의사소통·토론중심교육, 정보화 및 정보윤리교육 등은 범교과 학습주제로 포함하지 않았으나 관련 교과에서 충실하게 다뤄지도록 했다(교육부, 2016: 60). 또한 초등의 경우 '정보통신활용교육, 보건 교육, 한자 교육 등은 관련 교과(군)와 창의적 체험활동 시간을 활용하여 체계적인 지도가 이루어질 수 있도록 한다'는 조항으로 3개 영역과 7대 안전교육이 추가되었다. 여기에 각종 유관기관의 의무교육이 계속 추가되고 있는 상황이다.

이제 학교는 외부에서 일방적으로 주어지는 교육을 구현할 시수를 마련하기 어려운 상황에 직면해있다. 따라서 차기 교육과정 개발에서는 범교과 학습주제의 축소(이승미, 이수정, 정영근, 2020; 조상연, 2020), 학교 및 교사의 교육과정 자율권의 실질적 보장(이광우, 이미숙, 2012: 허숙, 2015)을 위한 획기적인 방안을 마련해야 할 것이다.

셋째, 창의적 체험활동과 교과와의 관계를 재설정할 필요가 있다. 2015 개정 교육과정에 진술하고 있는 창의적 체험활동과 교과의 관계는 다음과 같다. "교육적 효과를 높이기 위하여 교과와 창의적 체험활동 또는 창의적 체험활동의 영역 및 활동을 연계·통합하여 주제 중심으로 편성·운영할 수 있다"(교육부, 2015d: 8), "창의적 체험활동은 교과와 상호보완적 관계에 있으며 교과와 연계·통합을 지향한다"(교육부, 2015d: 18), "창의적 체험활동에서는 교과와의 연계·통합과 더불어 창의적 체험활동 각 영역 및 활동 간의 연계·통합을 적극 권장한다"(교육부, 2017: 42). 이 진술들에 의하면, 창의적 체험활동은 교과와의 연계·통합이 가능함을 넘어서 지향점이 된다.

그러나 연구 참여자들은 창의적 체험활동과 교과를 연계·통합하는 것을 지향하지도, 의식하지도 않고 있었다. 오히려 창의적 체험활동을 '교과서나 성취기준에서 벗어나서 학생들을 중심에 둔 수업', '학생들의 경험세계에서 출발한 수업', '교과서와 성취기준에서 다루지 못한 교육', '학생들의 경험세계를 담아낼 수 있는 의미 있는 교육', '학생들과 교사의 개성을 담아낼 수 있는 시간'으로 간주하며, 교과에서 자유로운 영역이라 인식하고 있었다. 따라서 교사들이 창의적 체험활동과 교과 시수를 통합하여 운영하는 행위들은 유기적인 연계를 위한 것이 아니라, 시수 활용 측면에서 접근하고 있는 것이라 할 수 있다. 교사들은 유기적 연계가 지향할 방향이라고 인식하지 않고 있기 때문이다.

본 연구에 참여한 교사들은 창의적 체험활동과 교과와의 관계를 특별히 규정하지 않고 있었다. 이에 교과와의 상보적 연계는 창의적 체험활동의 교육 목적을 구현하는 데 중요하기 때문에 시수 확보 차원에서의 연계가 아니라 양자 간의 의미 있는 연계를 지향해야 한다(임유나, 이수정, 2020), 교과와 의미 있는 연계에 대한 교사의 인식이 부족하여 형식적, 피상적 연계가 이루어지고 있다(이수정 외, 2019), 창의적 체험활동과 교과의 연계가 형식적으로 이루어지고 있어 체험의 실질성을 추구하기 어렵다(최석민, 2014; 한창록, 2017), 교과의 지식과 기능을 창의적 체험활동의 실제적인 실천과 경험으로 의미 있게 연계·통합하는 방안을 모색해야 한다(이지은, 2019) 등의 비판은 교사들에게 의미 있게 다가오지 않을 수 있다. 따라서 현장 교사의 인식을 연구하고 실제 의견을 반영하여 창의적 체험활동과 교과와의 관계와 지향점을 재설정할 필요가 있다.[17]

넷째, 창의적 체험활동 운영을 '증명'하는 장치보다는 교육과정 개발과 실행을 '지원'하는 장치를 마련하는 일에 더 큰 관심과 노력을 기울일 필요가 있다. 창의적 체험활동은 만들어질 때부터 교사의 교육과정 자율성을 강조하기 위해 교과서와 성취기준을 제공하지 않았다. 그러나 누가기록을 의무화하는 등의 책무성 강화 방안을 과도하게 강조하면서 자율성의 영역이기보다는 잡무와 증명의 영역이 되고 말았다. 이에 교사들이 창의적 체험활동을 교사의 자율성이 보장되는 장으로 인식하기보다는 불필요한 기록과 시수 계산의 장으로 여기는 경향이 심화되고 있다. 창의적 체험활동 개발과 실행을 적극적으로 지원하기 위해서는 교사들이 창의적 체험활동 누가기록을 무의미하고 불필요한 잡무로 여기고 있는 현실을 반영하여 평가와 기록

---

17) 이수정 외(2019: 56)의 연구에 의하면 교과와 창체의 통합이 더 활성화되어야 한다고 응답한 교사가 90.5%로 매우 높게 나타났다. 그러나 이 연구에서 연계와 통합 문항에 대한 선택지가 '활성화되어야 한다'와 '지양되어야 한다' 두 개로만 구성되어 있어, 연계와 통합이 지양할 필요도 없지만 지향점도 아니라고 생각하는 교사들이 선택할 답변 예시가 없었다는 한계가 있음을 감안하여 해석해야 한다.

에 있어서 자율권을 주어야 할 것이다. 실질적으로 필요한 기록, 자신들의 교육과정과 문서를 일치시키려는 노력이 일어나기 위해서는 무의미한 기록에서 벗어나게 하는 것이 선행되어야 할 것이다.

본 연구의 결과를 통해 알 수 있듯, 문서로 드러나지 않는 혹은 문서와 분리된 실제 창의적 체험활동이 수면 아래의 빙하처럼 큰 비중으로 존재하고 있다. 몇 시간을 위해 며칠을 준비하는 시간과 노력을 문서로 나타내는 일은 불가능에 가깝다. 학기 초 부랴부랴 제출되는 학교교육과정 문서로 보았을 때, 특색이 없는 창의적 체험활동(최석민, 2014; 허숙, 2015)으로 비판받을 수 있겠으나, 문서로만 교육과정을 평가하는 것은 경계해야 할 것이다. 이수정 외(2019)의 연구에 의하면, 교사들은 창의적 체험활동이 교육 목표에 맞춰 어느 정도 내실 있게 이루어지고 있다고 생각하는 것으로 나타났다. 자신의 교육과정에 대한 평가가 긍정적이라는 점은 선행연구에서 바라보는 문제점과 한계점이 실제보다 더 부각되었거나, 학교교육과정 문서가 지속적으로 수정되지 않았다는 점에서 기인했을 수 있다. 따라서 학교교육과정 문서로만 창의적 체험활동을 평가하는 일은 보다 신중해야 할 것이다. 교사들 또한 학교교육과정 문서에 있는 창의적 체험활동 기록을 실제에 맞게 지속적으로 수정하며 업데이트시켜 나가고, 실행 결과를 체계적인 기록으로 남기려는 노력을 기울일 필요가 있다. 그랬을 때 실제적인 창의적 체험활동 실태를 파악할 수 있을 것이다.

다섯째, 세부 영역을 초등단계에 맞게 재정비하고, 제안된 세부 영역이 예시임을 명시하여 선택 권한을 명확히 할 필요가 있다. 연구 참여자들은 중등과의 연계를 위해 동일하게 만들어진 영역 중 일부는 초등에 부적절하다고 생각하고 있었다. 특히 봉사활동의 경우, 중등에서 필요한 영역으로 초등에 무리하게 들어온 영역이라 생각하고 있었다. 봉사활동의 경우 실제는 없고 누가기록으로 존재하며 형식적으로 운영되고 있는 현실이 이를 방증한다. 따라서 초등학생들에게 적절한 영역만을 남기고 불필요한 영역은 삭제하는 등 초등과 중등 영역을 분리할 필요가 있다(박한숙, 2011).

이수정 외(2019: 65)의 연구에 의하면, 초등교사들은 '현재의 4개 영역 그대로 유지' 33.4%, '축소' 25.1%, '영역을 예시로만 제공' 10%, '영역을 없애고 구체적인 활동 예시로 제공' 10.4%, '필수영역만 제시' 20%로 나타났다. 이를 통해 유지 33.4%를 제외한 나머지 교사들은 영역 측면에서의 변화와 자율성을 원하고 있음을 알 수 있다. 이에 영역 개선방안으로 초등과 중등을 분리하여 초등에는 자율특색, 동아리만 남기는 것을 제안하였다. 또한 기존 자율활동을 보다 학교, 학년, 학급의 특색을 살리는 영역으로 개선하고자 '자율특색' 영역으로 명칭을 변경하고 '동아리활동' 영역에서 '활동'을 삭제하는 방안을 제안하였다(이수정 외, 2019).

특별활동 영역에 대해 이 연구는 2007 개정 교육과정 시기에 존재했던 자치, 행사를 추가하여 자치, 행사, 동아리 등을 예시 영역으로 제안하는 것이 적절하다고 본다. 실제 6개 초등학교의 학교교육과정 문서를 보면, 자치와 행사에 시수 편성이 많이 되어 있다. 이는 이 영역이 학교에 꼭 필요한 것임을 나타내고 있는 것으로 보아야 한다.

학교는 학교 급별, 학년(군)별, 학기별로 4개의 영역 중에 1개 이상의 영역을 선택하여 편성·운영할 수 있다. 예를 들어, 초등학교 1, 2학년 군에서는 자율활동과 진로활동 영역, 3, 4학년 군에서는 자율활동과 동아리활동 영역, 5, 6학년 군에서는 자율활동, 동아리활동, 봉사활동 영역을 편성·운영할 수 있다. 또한 각 영역별로 제시된 활동 중에서도 학교가 학교 급별, 학년(군)별,

학기별로 1개 이상을 선택하여 집중적으로 편성·운영할 수 있다.(교육부, 2015d: 20)

2015 개정 교육과정 총론에 의하면 학교는 학교급별, 학년(군)별, 학기별로 4개의 영역 중에 1개 이상의 영역을 선택하여 편성·운영할 수 있다. 그러나 이 문장의 의미가 모호하여 초등학교 6년 동안 4개 영역 중 일부를 전혀 다루지 않아도 되는지에 대해 의견이 분분한 상황이다. 따라서 교사들이 혼란스럽지 않도록 영역을 선택할 수 있는 권한의 범위를 명확히 제시할 필요가 있다.

참고문헌

강인애, 주현재(2009). '학습자 중심 교육'의 의미에 대한 재조명: 현직교사들의 이해와 실천을 중심으로. 학습자중심교과교육연구, 9(2), 1-34.

강일국(2002a). 새교육운동 연구: 1950년대 초등교육과정을 중심으로. 서울대학교 박사학위논문.

강일국(2002b). 해방 후 초등학교 현장의 교육과정 개혁: 새교육운동 주도 학교를 중심으로. 교육과정연구, 20(3), 99-117.

강충열(2012). 초등교육의 정체성과 초등교사의 전문성. 한국교원대학교대학원·경희대학교 교육대학원 공동 학술 세미나 자료집, 5-19.

강충열, 정광순(2009). 미래형 초등통합교육과정 개정 방향. 한국통합교육과정학회 학술대회 자료집, 5(단일호), 1-21.

강충열, 정광순(2017). 통합교육과정 연구 공동체의 지난 10년에 대한 회과와 향후 10년을 내다보면서. 한국통합교육과정학회 학술대회자료집, 21(단일호), 1-18.

경기도교육청(2016). 교육과정-수업-평가의 일체화를 위한 교사의 교육과정 문해력 신장 방안 연구. 수원: 경기도교육청.

경기도교육청(2019a). 경기혁신교육 10년: 혁신학교에서 마을교육까지. 수원: 경기도교육청.

경기도교육청(2019b). 2020 혁신교육 추진 기본 계획. 수원: 경기도교육청.

경기도교육청(2020). 경기도 초중고 교육과정 총론 개정안(10. 20). 미간행자료.

경상남도교육청(2020). 함께 길러요 교육과정 문해력. 창원: 경상남도교육청.

곽병선(2009). 지식융합시대와 통합교육과정. 한국통합교육과정학회 학술대회자료집, 4, 1-13.

교육과학기술부(2010). 초등학교교육과정 해설: 총론. 서울: 교육부.

교육과학기술부(2011a). 초등학교 교육과정. 교육과학기술부 고시 제 2011-361호. 서울: 교육과학기술부.

교육과학기술부(2011b). 초·중·고 창의적 체험활동 교육과정 해설. 서울: 교육부.

교육부(1997). 초등학교 교육과정 해설(I): 총론, 재량활동. 서울: 교육부.

교육부(2015a). 초,중등학교 교육과정 총론. 교육부 고시 제2015-74호 [별책 1].

교육부(2015a). 2015 개정 교육과정 총론 해설: 고등학교. 세종: 교육부.

교육부(2015b). 2015 개정 교육과정 총론 해설: 중학교. 세종: 교육부.

교육부(2015c). 2015 개정 교육과정 총론 해설: 고등학교. 세종: 교육부.

교육부(2015d). 창의적 체험활동(안전한 생활 포함) 교육과정. 교육부 고시 제2015-74호 [별책 42]. 세종: 교육부.

교육부(2016). 2015 개정 교육과정 총론 해설: 초등학교. 발간등록번호 11-1342000 -000188-01. 세종: 교육부.

교육부(2017). 2015 개정 교육과정 초등학교 창의적 체험활동 해설서. 세종: 교육부.

권낙원(2001). 학습자중심교육의 성격과 이론. 학습자중심교과교육연구, 창간호, 29-40.

김대현(2011). 교육과정의 이해. 서울: 학지사.

김두정, 김소영(2017). 학교교육과정 실행 기준과 인식에 관한 연구. 한국교육, 45(4), 255-272.

김명훈(2016). 초등학교 교사의 창의적 체험활동 정책에 대한 관심도와 실행 수준에 관한 연구. 한국교원대학교 석사학위논문.

김사훈, 이광우(2014). 고등학교의 창의적 체험활동 교육과정 편성·운영에 관한 교사 인식 조사. 한국교사교육연구, 31(2), 373-395.

김선영(2020). 공동체 역량 증진을 위한 교과통합형 성취기준 재구성 사례 연구; 초등학교 성취기준을 중심으로. 학습자중심교과교육연구, 20(10), 229-253.

김선영, 김가은(2015). 교육과정 실행 과정에서 교사가 경험하는 갈등에 대한 고찰. 학습자중심교과교육연구, 15(1), 261-285.

김세영(2017). 교사의 교육과정 사용을 둘러싼 문제점과 그 해결책. 교육과정연구, 35(1), 65-92.

김세영, 이윤미(2020). 학교교과목 개발 절차에 관한 사례 연구. 교육과정연구, 38(3), 7-32.

김세영, 정광순(2014). 교사의 입장에서 본 초등 교과교육과정의 내용 구조. 초등교육연구, 27(2), 27-51.

김승호(2015). 혁신학교 운동의 성격 변화 과정 분석과 전망. 한국교육사회학회 학술대회자료집. 11-28.

김승호(2016). 교육과정의 개념 모색. 교육논총, 53(1), 1-19.

김왕근(2003). 교과서의 발전 방향: 교육과정과 교과서의 관계에 대한 비판적 해석을 중심으로. 교과서연구, 40, 27-32.

김영순, 오영훈, 김미라(2012). 창의적 체험활동 운영 실태에 관한 연구. 열린교육연구, 20(2), 85-304.

김영환(2015). 초등 창의적 체험활동 연구동향 분석. 교육혁신연구, 25(3), 45-65.

김종서, 이영덕, 황정규, 이홍우(1997). 교육과정과 교육평가. 서울: 교육과학사.

김종훈(2017). 교사들이 형성한 '교육과정 재구성'의 의미 탐색. 교육과정연구, 35(4), 281-301.

김진규(2002). 교육과정과 교육평가. 서울: 동문사.

김현규(2015). 국가교육과정 문서 안에서의 '교육과정 재구성' 용어의 의미 연역. 통합교육과정연구, 9(2), 54-81.

김현규(2020). 화이트헤드의 '현실적 존재'로 본 교과의 의미와 통합교과의 의의. 한국교원대학교 박사학위논문.

김현규, 정광순(2018). 교육과정 자료 사용자로서의 교사와 교육과정 자료 개발자로서 교사 개념 탐색. 통합교육과정연구, 12(3), 49-72.

김현철, 윤혜순(2013). 창의적 체험활동 활성화를 촉진하는 학교 내외적 요인에 대한 사례연구. 한국청소년연구, 24(1), 5-33.

김호권, 이돈희, 이홍우(1982). 현대교육과정론. 서울: 교육출판사.

문혜림(2017). 국내 혁신학교 연구들에 대한 종합 분석. 석사학위논문. 동아대학교.

박민정(2012). 교육과정 실행경험에 대한 초등 교사들의 내러티브 분석. 교육과정연구, 30(3), 247-270.

박삼서(2003). '좋은 교과서' 개발과 정책 수립의 방향. 교과서연구, 40, 8-13.

박세훈, 장인실(2019). 창의적 체험활동 교육과정 분석을 통한 역량 연구. 교육과정연구, 37(4), 51-71.

박승배(2012). 전라북도 혁신학교 운동의 태동과정에 대한 연구. 교육종합연구, 10(4), 1-34.

박승배, 이윤미(2020). 교육과정 유형분류 및 척도개발 연구. 전라북도교육청 2020-370.

박승배, 이윤미, 박정기(2018). 시·도교육청 교육과정 지침 개발 방향 연구. 교육부 연구보고 CR 2018-24.

박창언, 김경자(2014). 법령과 국가 정책에 의한 범교과 학습주제와 요구 시수의 문제 및 교육과정의 과제 탐색. 교육과정연구, 32(3), 71-93.

박한숙(2011). 2009 개정 교육과정 창의적 체험활동에 관한 초등학교 교사들의 관심도 분석. 교원교육, 27(4), 297-315.

방기용·강현석(2014). 근거이론을 적용한 교육과정 저해 요인 분석. 교육종합연구, 12(3), 23-54.

산청간디학교(2019). 2019학년도 간디학교 교육계획서. 산청: 산청간디학교.

서경혜(2009). 교사들의 교육과정 재구성 실천 경험에 대한 사례연구. 교육과정연구, 27(3), 159-189.

서명석(2011). 교육과정 재구성의 개념적 애매성과 모호성의 비판. 교육과정연구, 29(3), 75-91.

서명석, 김외솔, 박상현(2012). 교육과정, 수업, 거대담론, 해체. 파주: 아카데미프레스.

서울특별시교육청(2019). 과정중심평가, 교육과정 문해력으로 시작해볼까? 서울: 서울특별시교육청.

성열관, 김진수, 양도길, 엄태현, 김선명, 김성수(2017). 교육과정 통합, 어떻게 할 것인가?. 서울: 살림터.

성열관, 온정덕, 강에스더(2018). 고등학교 과목 선택 만족도 조사 연구. 세종: 교육부.

세종특별자치시교육청(2019). 2020년 세종혁신학교 운영계획. 세종: 세종특별자치시교육청

소경희(2003). 국가수준에서 개발된 교육과정의 실행 양상에 대한 이해: 초등학교 국어과 사례를 중심으로. 교육과정연구, 21(1), 129-153.

소경희(2019). 한국의 국가교육과정의 변천과 최근의 개혁 동향. The SNU Journal of Educational Research, 28(1), 87-103.

손승희(2008). 교육과정 실행과 실행형태의 탐색: 연구동향과 발전동향. 교육연구논총, 29(2), 1-20.

신은희(2019). 교육과정 변화에 대한 신제도주의 분석: 혁신학교를 중심으로. 한국교원대학교 박사학위 논문.

안종욱, 이용백, 김덕근, 김광규, 임윤진, 정연준, 차경미(2020). 교과용도서 발행체제의 재구조화 연구. 한국교육과정평가원 연구보고 RRT 2020-1.

안지호(2011). 동서독 행정 비교 연구서설: Bourdieu의 아비투스와 장 개념을 중심으로. 한국행정학보, 45(2), 139-157.

양윤정(2016). 초등학교 교육과정에 나타난 범교과 학습주제 현황 분석. 학습자중심교과교육연구, 16(10), 1005-1028.

울산광역시교육청(2018). 울산광역시 초등학교 교육과정 편성·운영 지침. 울산-2018-640. 울산: 울산광역시교육청.

유솔아(2012). 창의적 체험활동 교육과정 운영 실태 분석: 100대 교육과정 우수학교를 중심으로. 교육과정연구, 30(2), 83-109.

유제순(2016). 한 교사의 '창의적 체험활동'에서의 경험의 의미. 내러티브와 교육연구, 4(3), 121-141.

윤은주(2009). 교육과정 통합의 준거로서의 '삶': 남대구 통합교육과정 모델. 한국통합교육과정학회 학술대회자료집. 3(단일호), 1-23.

이광우, 이미숙(2012). 초등학교 창의적 체험활동 교육과정 편성·운영에 대한 인식조사. 초등교육연구, 25(2), 187-211.

이광우, 정영근, 민용성, 이근호, 이주연, 이미숙, 김창원, 박병기, 모경환, 박철웅, 진재관, 박경미, 곽영순, 진의남, 서지영, 이경언, 박소영, 임찬빈, 온정덕, 김사훈(2015). 국가교육과정 각론 조정 연구 (연구보고 CRC 2015-25-1). 서울:한국교육과정평가원

이경원(2014). 교육과정 콘서트. 서울: 행복한 미래.

이경진(2006). 초등 교사의 교육과정 실행에 나타난 교육과정 변화의 내용에 대한 연구. 초등교육연구, 19(2), 69-98.

이경진, 김경자(2005). '실행'을 중심으로 본 교육과정의 의미와 교사의 역할. 교육과성연구, 23(3), 57-80.

이경진, 최진영(2008). 교육과정 실행 변화 과정에 나타난 초등교사의 신념 변화와 그 요인에 관한 사례 연구. 초등교육연구, 21(2), 207-232.

이돈희(1994). 교과교육학의 성격과 과제. 이돈희, 황정규, 윤희원, 조영달, 권요량, 우정호, 최승언, 강신복, 교과교육학 탐구. 서울: 교육과학사.

이동성(2020). 2020 광역형 혁신+학교 정착을 위한 미래형 교육과정 편성·운영 방안 연구. 전라북도교육청 정책연구보고서, 2020-371.

이미숙(2015). 창의적 체험활동의 발전 방향 탐색. 학습자중심교과교육연구, 15(10), 547-568.

이상길(2015). Bourdieu 사회학의 주요개념. Bourdieu & Wacquant(편)(2015). 성찰적 사회학으로의 초대(pp. 477-538). 서울: 그린비.

이상호(1997). 사회질서의 재생산과 상징권력: Bourdieu의 계급이론. 현택수(편)(1998). 문화

와 권력: 부르디외 사회학의 이해(pp. 163-181). 서울: 나남출판.

이수정, 이승미, 정영근, 임유나(2019). 2015 개정 창의적 체험활동 편성·운영 실태 분석 연구. 한국교육과정평가원 연구보고 CRC 2019-7.

이승미, 이수정, 정영근(2020). 창의적 체험활동에서 편성·운영되는 다양한 교육 활동의 실태 및 개선 방향 탐색. 교육연구논총, 41(2), 53-80.

이영선(2015). 교육과정 재구성에 관한 쟁점 및 과제 고찰. 석사학위논문. 한국교원대학교.

이원희(2014). 교육과정 개념화의 이미지 유형. 대경교육학회, 35(2), 61-78.

이윤미(2018). 상상 이상의 교육과정. 2018 혁신미래학교 연구보고회 자료집. 8-21.

이윤미(2020a). 아비투스 분석으로 본 초등교사의 교육과정 실행. 한국교원대학교 박사학위논문.

이윤미(2020). 한 초등학교에서 개발한 '학교교과목'의 의미 탐색. 초등교육연구, 33(3), 27-48.

이윤미(2020b). 초등학교 '학교교과목'의 통합적 성격 탐색. 통합교육과정연구, 14(3). 81-106.

이윤미(2021). 통합교과서 개발 경험에 대한 자문화기술지연구. 질적탐구, 7(2), 29-66.

이윤미, 서정아, 노현주, 정남주, 이우익, 이길화, 하늘빛, 박미영, 원혜진, 박현혜, 송민주, 정광순(2014). 아이들이 주인공이 되는 주제 통합수업. 서울: 살림터.

이윤미, 정광순(2015). 초등교사의 교육과정 실행 경험으로 본 교육과정 실행 관점과 의미. 교육과정연구, 33(4), 66-89.

이윤미, 정광순(2016). 지역형 동학년 교사학습공동체 실천 사례 기술. 통합교육과정연구, 10(2), 45-69.

이윤미, 조상연, 정광순(2015). 교육과정 실행 관점 국내 연구에 대한 문제제기. 교육과정연구, 33(3), 79-100.

이윤미, 조상연, 정광순(2017). 교사의 교육과정 실행에 대한 '아비투스 분석'의 가능성 탐색. 교육과정연구, 35(2), 118-143.

이자연(2008). 교사의 교육과정 재구성 방식과 특징에 대한 사례 연구. 이화여자대학교 석사학위논문.

이종원, 이경진(2016). 통합교육과정에 있어서 탈근대적 예술 지식의 의미와 역할. 통합교육과정연구, 10(4), 147-172.

이지은(2019). 창의적 체험활동과 교과 교육과정의 연계 도구로서 내러티브. 내러티브와 교육연구, 7(2), 151-170.

이찬영(2014). 창의적 체험활동 교육과정에 대한 초등교사의 관심도 및 실행수준 분석. 한국교원대학교 석사학위논문.

이한나(2019). 통합교육과정 실행으로 본 내러티브적 지식으로서 교사 지식 탐구. 한국교원대학교 박사학위논문.

이혁규(2000). 제7차 사회과 교육과정 개정 과정에 대한 문화기술적 연구. 교육인류학연구, 3(3), 89-139.

이현근(2021). 국가위임사무로서의 교육과정과 지방자치사무로서의 교육과정 구분을 통한 지역 교육과정 실현. 2020 지역교육과정 지원단 포럼 자료집, 1-20.

이현애(2017). 학교 신설 과목의 특성 연구: 수도권 지역의 일반고등학교 및 자율고등학교를 중심으로. 석사학위논문. 서울대학교.

이형빈(2020). 학교의 공동체적 가치에 기반한 학교교육과정 개발 가능성 탐색. 통합교육과정연구, 14(2), 55-81.

임유나, 이수정(2020). 2015 개정 초등학교 창의적 체험활동 교육과정 편성·운영 실태 분석. 학습자중심교과교육연구, 20(20), 1047-1077.

전라북도교육청(2018). 전라북도 혁신미래학교 연구. 전북: 전라북도교육청.

전라북도교육청(2019). 2019 혁신교육 기본계획. 전북: 전라북도교육청.

전라북도교육청(2020). 2020 혁신교육 기본계획. 전북: 전라북도교육청.

전라북도교육청(2021). 전라북도 초등학교 교육과정 총론. 전북: 전라북도교육청.

전라북도교육청(2020b). 전라북도 초등학교 교육과정 총론 시안(9. 29). 미간행자료.

전라북도교육청(2021). 2021 전라북도 초등학교 교육과정 세움 지원 자료. 전북교육 2021-105.

정광순(2010). 초등교육과정 실행 수준에서 본 '통합'. 통합교육과정연구, 4(1), 99-113.

정광순, 박채형(2003). 2009개정 초등통합 교과서 개발 과정 기술. 통합교육과정연구, 7(2), 37-63.

정광순, 홍영기, 강충열, 조상연, 김세영, 이주영, 이한나, 이윤미, 최보인, 김경하, 박희원(2019). 2015 개정 교육과정에 다른 초등학교 통합교과 교육론. 서울: 학지사.

정광순(2017). 초등교사가 교육과정을 사용하는 양상 탐색. 통합교육과정연구, 11(1), 213-238.

정건영(1979). John Dewey 실험학교의 이론과 실제에 대한 연구. 춘천교육대학 논문집, 19, 49-69.

정미향(2015). 초등학교 동학년 교사의 교육과정 개발 과정 기술. 통합교육과정연구, 9(1), 43-68.

정혜승(2002). 국어과 교육과정 실행 요인의 작용 양상에 관한 연구: 제 6, 7차 중학교 교육과정을 중심으로. 박사학위논문. 고려대학교.

정혜진, 정광순(2019). 초등교사의 교육과정 실행으로 본 교육과정 가능성 논의. 초등교육연구, 32(1), 95-119.

조상연(2015). 초등교사가 교과교육과정 성취기준을 사용하는 양상 탐색. 학습자중심교과교육연구, 15(8), 587-614.

조상연(2018). 우리나라 초등학교 통합교육과정 연구의 세 가지 이야기. 통합교육과정연구, 12(4), 46-75.

조상연(2020). 우리나라 범교과 학습의 개선 방향 논의. 인격교육, 14(1), 91-117.

조상연, 김세영, 정광순(2013). 교과서에 기초한 교육과정 개선 방안 탐색: 초등 통합교과를 중심으로. 교육과정연구, 31(3), 121-151.

조영남(2013). 창의적 체험활동에 대한 대구 지역 초등교사들의 인식. 초등교육연구논총, 29(1), 129-156.

조영남(2015). 창의적 체험활동 교육과정에 제시된 교수·학습 방법의 변천. 교육학논총, 36(2), 63-85.

조영태(1997). 교육과정 운영 모형으로서의 R&D 모형에 대한 검토: 합리주의적 해석 비판. 교육과정연구, 15(1), 325-366.

조현희(2019). 2015 개정 교육과정에 근거한 학교 및 교실 수준의 역량기반 교육과정 설계 유형 탐색. 교육과정평가연구, 22(2), 1-30.

청계자유발도르프학교. http://www.cgfreeschool.kr 2020.02.27. 검색.

최석민(2014). 창의·인성교육을 위한 창의적 체험활동의 실태와 문제점. 교육학논총, 35(2), 39-59.

추광재(2018). 교육과정 재구성 저해요인 탐색. 한국교원교육학회 학술대회자료집, 8, 427-442.

충청북도교육청(2016). 충청북도 초등학교 교육과정 편성·운영 지침. 충북-2016-130. 충북: 충청북도교육청.

하강수, 장인실(2018). 창의적 체험활동의 현재와 미래에 대한 초등교사 인식 연구. 교육논총, 38(1), 217-239.

하언지, 정광순(2018). 교과서 벗어나기 수업을 하는 교사의 동인 탐색. 학습자중심교과교육연구, 18(5), 61-80.

한광웅(2010). 두 교사의 교육과정 재구성 이미지에 의한 2007 개정초등사회과교육과정 실행 양상 해석. 사회과교육연구, 17(4), 145-167.

한창록(2017). 혁신학교와 일반학교 창의적 체험활동의 운영에 대한 교사들의 인식 분석. 경인교육대학교 석사학위논문.

함종규(2003). 한국교육과정변천사연구: 조선조 말부터 제7차 교육과정기까지. 서울: 교육과학사.

황현정(2019). 교육자치 관점의 지역교육과정 개념화. 교육문화연구, 25(6), 199-225.

허경철(2014). 교육과정 통합의 꿈, 어디까지 이루어져야 하나?. 한국통합교육과정학회 정기 학술대회 발표자료, 1-15.

허숙(2015). 창의·인성 함양을 위한 초등학교 창의적 체험활동 운영 방안 모색. 교육과정연구, 33(1), 19-40.

현택수(1998). 아비튀스와 상징폭력의 사회비판이론. 현택수(편)(1998). 문화와 권력: 부르디외 사회학의 이해(pp. 101-120). 서울: 나남출판.

홍성민(2000). 문화와 아비투스: Bourdieu와 유럽정치사상. 파주: 나남.

홍웅선, 김재복(1989). 한국 교육과정의 생성과정에 대한 재조명. 통합교과 및 특별활동연구, 5(1), 137-278.

홍원표, 김용진, 전영대, 진동섭, 최보금(2018). 시·도 교육청 개설 승인 과목의 운영실태 분석 및 질 관리 방안 연구. 세종: 교육부.

Alberta Education(2007). Primary programs framework for teaching and learning. Alberta: Alberta Education.

Alexander, R. (Ed.).(2010). Children, their world, their education: final report and recommendations of the cambridge primary review. Abingdon: Routledge.

Beane, J. A.(1995). Curriculum integration and the disciplines of knowledge. The phi delta kappan, 76(8), 616-622.

Beane, J. A.(1997). Curriculum integration: Designing the core of democratic education. Teachers College Press.

Ben-Peretz, M.(1990). The teacher-curriculum encounter: freeing teachers from the tyranny of texts. Thousand Oaks, NY: State University of New York Press. 정광순·김세영(역)(2014). 교사, 교육과정을 만나다. 서울: 강현출판사.

Boyd, W.(1921). The history of western education. 이홍우, 박재문, 유한구 역(1994). 서양교육사. 서울: 교육과학사.

Bourdieu, P.(1985). The genesis of the concepts of habitus and of Field. Sociocriticism, 2(2), 11-24.

Bourdieu, P. & Wacquant, L.(1992). An invitation to reflexive sociology, Chicago: The University of Chicago Press. 이상길(역)(2015). 성찰적 사회학으로의 초대. 서울: 그린비.

Central Advisory Council for Education(England)(1967). Children and their primary schools: a report of the central advisory council for education(the Plowden Report). London: Her Majesty's Stationary Office.

Connelly, F. M.(1972). The functions of curriculum development. Interchange, 2(3), 161-177.

Cuban, L.(1992). Curriculum stability and change. In P. W. Jackson (Ed.), Handbook of research on curriculum(pp. 216-247). New York: Macmillan.

Dewey(1971). The child and the curriculum. Chicago, IL: The University of Chicago Press.

Drake, Susan M.(1993). Planing integrated curriculum. Alexandria. Virginia: ASCD.

Eisner, E. W.(1994). The Educational Imagination. New York: Macmillan Publishing co.

Fogarty, R. & Stoehr, J.(2008). 다중지능 활용 통합교육과정 만들기. 박채형, 박한숙, 정광순, 조상연, 홍영기 역. 서울: 교육과학사.

Fullan, M. & Porfret, A.(1977). Research on curriculum and instruction implementation. Review of educational research, 47(2), 335-397.

Glatthorn, A. A.(1987). Curriculum leadership. New York: Harper Collins.

Ingram, J. B.(1979). 교육과정 통합과 평생교육. 배진수, 이영만 역. 서울: 학지사.

Jenkins, R.(1992). Pierre Bourdieu. London and New York: Routeledge.

Kennedy, K. J.(1992). School-based curriculum development as a policy option for the

1990s: An Australian perspective. Journal of Curriculum and Supervision, 7(2), 180-195.

Lortie, D. C.(1975). Schoolteacher-A Sociological Study. 진동섭 (역)(2017). 미국과 한국의 교직사회. 파주: 양서원.

Marsh, C.(1990). Toward a Reconceptualization of SBCD. C. Marsh., C. Day., L. Hammay., G.

Marsh, C. J., & Willis, G.(1995). Curriculum: Alternative approaches, ongoing issues. Englewood Cliffs, NJ: Merrill.

Marsh, C. J., & Willis, G.(2003). Curriculum: alternative approaches, ongoing issues.(4rd ED). Upper Saddle ..River, New Jersey: Pearson Education.

McCombs, B. L., & Whisler, J. S.(1997). The learner-centered classroom and school. San Francisco: Jossey-Bass Publishers.

McCutcheon(eds.) Reconceptualizing school-based curriculum development(pp.175-194), NY: The Falmer Press.

Merriam, S. B.(1998). Qualitative research and case study application in education. San Francisco: Jossey-Bass Publishers.

Reay, D.(1995). 'They employ cleaners to do that': Habitus in the primary classroom. British Journal of Sociology of Education, 16, 353-371.

Reay, D.(1997). Feminist theory, habitus and social class: Disrupting notions of classlessness Women's Studies International Forum, 20, 225-233.

Schwab, J. J.(1973). The Practical 3: Translation into curriculum. School Review, 81(4), 501-522.

Seidman, I.(2006). Interviewing as qualitative research: A guide for researchers in education and the social sciences. NY: Teachers College Press.

Short, E. C.(1993). Three levels of questions addressed in the field of curriculum research and practice. Journal of Curriculum Supervision, 9(1), 77-87.

Silberstein, M., & Ben-Peretz, M.(1983). The use of syllabus analysis in teacher education programs in P. Tamir, A. Hofstein, and M. Ben-Peretz(eds.) Preservice and inservice Training of Science Teachers, Philadelpia, Rehovot: Balaban International Science Services.

Sleeter, C. E. & Carmona, J. F.(2017). Un-standardizing curriculum: Multicultural teaching in the standards-based classroom(2nd ed.). NY: Teachers College Press.

So, K., & Kang, J.(2014). Curriculum reform in Korea: Issues and challenges for twenty-first century learning. The Asia-Pacific Education Researcher, 23(4), 795-803.

Snyder, J., Bolin, F., Zumwalt, K,(1992). Curriculum implementation. In P. W. Jackson (Ed.), Handbook of research on curriculum(pp. 402-435). New York: Macmillan.

standard paradigm(pp. 135-162).

Stengel, S. S.(1997). 'Academic discipline' and 'school subject': contestable curricular concepts. Journal of Curriculum Studies, 29(5), 585-602.

Tanner. D., & Tanner, L., N.(1980). Curriculum development: Theory unto practice. NY: Mcmillan Publishing Co., Inc.

Tyler, R. W.(1949). Basic principles of curriculum and Instruction. Chicago: The University of Chicago Press.

Walker, D. F.(1971). A naturalistic model for curriculum development. The school review, 80(1), 51-65.

Yin, R. K.(2009). Case Study Research: Design and Methods, 4th ed. Thousand Oaks, CA: SAGE. 신경식·서아영(역)(2011). 사례연구방법. 서울: 한경사.

Young, M. F. D.(1998). The curriculum of the Future: From the 'New Sociology of Education' to a Critical Theory of Learning. London: Falmer Press.

Zais, R. S.(1976). Curriculum: Principles and foundation. New York: Harper and Row.